Rossana Rossanda

Auch für mich

Aufsätze zu Politik und Kultur

Aus dem Italienischen von Leonie Schröder

Mit einem Vorwort von Frigga Haug
und einem Vorwort zur deutschen Ausgabe
von Rossana Rossanda

ARGUMENT-SONDERBAND NEUE FOLGE AS 224

Coyote Texte
Feminismus als Gesellschaftskritik
Herausgegeben von Frigga Haug und Kornelia Hauser

© Rossana Rossanda

Lektorat: Peter Jehle, Iris Konopik

Alle Rechte vorbehalten
© Argument-Verlag 1994
Rentzelstraße 1, 20146 Hamburg
Telefon 040 / 45 36 80 – Telefax 040 / 44 51 89
Titelgestaltung: Wolfgang Geisler, Berlin, unter Verwendung des Gemäldes
The Hunters in the Snow von (1565) Pieter Brueghel d.Ä.
Texterfassung durch die Übersetzerin
Fotosatz: Steinhardt, Berlin
Druck: Alfa-Druck, Göttingen
Erste Auflage 1994
ISBN 3-88619-224-5

Zum Vorhaben der Reihe

In indianischen Erzählungen taucht Coyote als ein Wesen auf, das für die Welt, wie sie ist, Sorge tragen muß. Für solch unmögliche Aufgabe muß Coyote ständig Gestalt und Namen wechseln, mal Tier, mal Mensch, mal Mann, mal Frau, muß listig, subversiv, humorvoll und immer in Bewegung sein. Coyote handelt stets gegen bestehende Ordnung, lügt und stiehlt, weshalb er auch als Symbol für Feigheit und Geschwätzigkeit, schmutzige Anarchie gelesen werden könnte. Die Figur ist ambivalent und widersprüchlich.

Für die schwieriger werdenden Aufgaben von Feministinnen heute scheint es uns wichtig, sich auf die Coyote-Tradition in subversiver Weise zu beziehen. Der Name, angeregt von der US-amerikanischen Feministin Donna Haraway, ist doppeltes Programm. Zum einen wollen wir, Eurozentrismus überschreitend, an diese andere Kultur anknüpfen, in der dem unordentlichen Treiben listiger Schelme so viele Erinnerungen gelten. Wir werden daher in jedem Buch die Coyote-Kultur mit Geschichten und Analysen vermitteln. Zum anderen wird diese Reihe Texte umfassen, die so subversiv, streitend, widerständig und paradox vielfältig sind, wie die Figur, die ihr den Namen gab.

Die Durchsetzung der »neuen Weltordnung« braucht sichtbaren und kontinuierlichen Widerspruch und die Formulierung von alternativen *Möglichkeiten*. Die siebziger Jahre hatten einen Feminismus ermöglicht, der vor allem das Patriarchat in gesellschaftlichen Institutionen in die Kritik nahm: Familie, Zwangsheterosexualität, Ehe und Gattungsreproduktion wurden analysiert und ihr herrschaftlicher Charakter gezeigt. Die politischen Forderungen und Zielbestimmungen waren so radikal wie die Einsichten: Die kapitalistischen Gesellschaften sollten vollkommen transformiert werden, Frauenbefreiung war ohne die Enthierarchisierung der gesellschaftlichen Bereiche nicht denkbar. Die neunziger Jahre sind für den gesellschaftskritischen Feminismus Jahre des Rückschlags und der Defensive.

Herrschaftskritik wurde – auch als Resultat eines starken Feminismus – aus ihrer polymorphen Gestalt in eine universitäre depolitisierte Institution ge- und verdrängt.

Das feministische Projekt ist international. Indem wir die alten und neuen Fragen, Probleme, Herrschaftszusammenhänge in der

Coyote-Reihe aneinanderrücken, stellen wir uns in eine gesellschafts-
kritische Tradition, deren Radikalität es theoretisch und politisch
weiter auszubauen gilt.

Coyote sucht die feministischen Fragen der Frauenbewegung der
siebziger Jahre, ihre radikale Herrschaftskritik mit den Fragen des
aktuellen Feminismus zu verbinden. Die Reihe versteht sich als Mit-
gestalterin eines kollektiven Gedächtnisses, als Versuch, den wissen-
schaftlichen Feminismus in seiner Geschichte lebendig zu halten.
Sie will den öffentlichen Gebrauch feministischer Wissenschaft
fördern.

Inhalt

Einleitung zur deutschen Veröffentlichung

Von Rossana Rossanda sind schon eine Reihe von Büchern in deutscher Sprache publiziert, am einflußreichsten für die Frauenbewegung wurde die 1980 erschienene *Einmischung* (Gespräche mit Frauen über ihr Verhältnis zu Politik, Freiheit, Gleichheit, Brüderlichkeit, Demokratie, Faschismus, Widerstand, Staat, Partei, Revolution, Feminismus). Dieses Buch dokumentierte einen Bruch. Er verknüpft die individuellen Erfahrungen von Frauen mit Politischem und dokumentiert zugleich vielfältige Stimmen. Es ist so Aufbruch in einen politischen Feminismus. Diese Anstrengung gehört selbst zu Rossanas Lernerfahrungen bis heute.

Ich nenne sie bei ihrem Vornamen, weil es mir ungebührlich distanziert vorkäme, nach der Lektüre ihrer im vorliegenden Buch versammelten Texte aus den letzten fast zwanzig Jahren und der langen Bekanntschaft in ganz ähnlichen Politiken auf konformer Angabe von Nachnamen zu bestehen.

Im Vorwort zu dieser Ausgabe fürchtet sie, Antworten auf Fragen zu geben, die heute keine mehr stellt. Ist es denkbar, daß der Bruch zwischen der Generation von Rossana und den kommenden Generationen bereits unheilbar sein könnte? Obwohl nur die Jüngeren auf diesen Zweifel zu antworten versuchen können, kommt mir solcher Kleinmut auch unberechtigt vor: Wenn etwas aktuell bleibt und Zukunft hat, dann die Art, wie Rossana scharf und zugleich behutsam, fast fürsorglich Probleme bewegt. Ihre Texte sind keine Abhandlungen, sondern Einmischungen in Fragen, die zeitpolitisch relevant sind. Hier führt sie die einzelnen Positionen vor, stärkt die Schwächeren, daß sie überhaupt in der allgemeinen Diskussion gehört werden können, untersucht die Berechtigung der jeweiligen Vorschläge, um sodann das Politikfeld zu verschieben, die Argumente einzulassen in einen anderen Kontext, in dem sie ihre alte Überzeugungskraft verlieren.

Eine solche Frageverschiebung lockert nicht nur Denkmöglichkeiten, sie bezieht auch die Leserinnen ein als solche, die jetzt ebenfalls Lösungen suchen, neue Felder betreten und sich selbst überzeugen. Die Schreibweise ist zugleich demokratisch und revolutionär. Immer ist Rossana selbst Teil der behandelten Themen und zeigt sich als beteiligt. In der Überprüfung der verschiedenen Thesen und Antithesen macht sie selbst Lernerfahrungen, über die sie berichtet, Erfahrungen, in denen Vernunft und Gefühl in einen Zusammenhang

kommen. Das zieht die LeserInnen auch in eine Nähe, die zum Teil
aufrührt, zum Teil ungehalten stimmt. Kein Text läßt gleichgültig.
Aber wie steht es mit der Aktualität von Beiträgen, die sich zum
Teil auf vergangene »Aktualität«, auf »gerade« erschienene Bücher,
auf einen »neuen« Film von vor Jahren beziehen? Die Befürchtung,
hier sei nur die Vorgehensweise in Darstellung und Analyse noch
interessant, nicht aber die verhandelten Fragen selbst, erwies sich
als Verkennung der »Aktualität« und der Schnelligkeit von Gegen-
wartsgeschichte. So gut wie alle Fragen von »damals« stehen »heute«
noch auf der Tagesordnung, ja, werden dringlicher von Tag zu Tag.
Da geht es um die »Übervölkerung«, um Abtreibung, um die schwierige Politik von linken Feministinnen und das Verhältnis von »richtigen politischen« Fragen zu Frauenpolitik, um den Selbstmord, um
die Frage, ob Frauen sich aus Politikgeschäften heraushalten können, weil sie nicht »beteiligt« sind, um die wieder ganz aktuelle
Frage, ob Feministinnen zum Schutz von Frauen und Kindern die
Justiz und den Staat anrufen können, wenn sie beide als patriarcha-
lisch wissen, um die ambivalente Notwendigkeit einer eigenen Kultur von Frauen, um Sexualität, um Freud und das Rätsel Frau in den
psychoanalytischen Mittwochsgesprächen, um Simone de Beauvoir
und um Frauenfreundschaft, um das Israelproblem und um die
eigene Jugend. Es sind Schriften der Erfahrung und der Weisheit,
Ratschläge, nicht wie zu handeln ist, sondern wie anders auf die
Wirklichkeit geblickt werden könnte. Selbst wenn man eine Position
nicht teilt, stiftet ihre Darlegung zu neuen Überlegungen an, macht
aufrührerisch. Rossana begreift Feminismus auch als den Standpunkt einer Zärtlichkeit gegenüber Frauen. Über Virginia Woolf
schreibt sie: »Virginia ist keine Feministin ihrer Epoche. Ihr fehlt
eine wahre Zärtlichkeit für ihr Geschlecht, der Stolz, ihm anzugehören.« Ihre allgemeinste Frage gilt dem Sprung, den Frauen machen
müssen, um das kulturelle Schweigen zu durchbrechen. Sie müssen
dafür die Subalternität, die sich u.a. der Nachahmung des Männlichen verdankt, aufgeben, ohne doch schon zu wissen, wie sie sich,
wie wir uns als Frauen schreiben könnten. Wie können wir kollektive Erfahrungen machen und uns als Geschlecht mit Vergangenheit
und also Zukunft erleben, wenn es keine oder wenige historische
Zeugnisse gibt, die als Erfahrungen von Frauen überliefert wären,
die gedacht wurden und Sprache haben? Rossanas Fragen sind ein-
gelassen in unsere Geschichte und Gegenwart, ihre Antworten
sprechen, wo Stille herrschte.

                                                    Frigga Haug

Vorwort

Noch einmal lese ich im Mai 1994 die Artikel und kurzen Aufsätze, die dank Frigga Haugs Initiative nun in deutscher Sprache erscheinen. Ein Jahrhundert scheint vergangen zu sein, seit ich sie geschrieben habe. Und doch erschien die Sammlung, der die meisten Texte entstammen, erst vor sieben Jahren, und einige wurden noch später in *Il manifesto* veröffentlicht. Warum dieser Eindruck der Distanz? Ich würde heute dasselbe schreiben, wenn man mich dazu aufforderte. Nur daß mich heute niemand mehr dazu auffordern, mir niemand mehr die Fragen stellen würde, auf die ich einige Antworten zu umreißen versuchte.

Es waren keine Fragen zum Tagesgeschehen, und tatsächlich handelt es sich bei diesen Texten nicht um die Leitartikel oder Kommentare, die ich jeden zweiten Tag für unsere seit 1971 erscheinende Zeitung geschrieben habe. Die Fragen sind Teil einer Art Dialog mit leichter Zeitverschiebung, zu dem mich Leser aufforderten, die im allgemeinen sehr viel jünger waren, oder Leserinnen aus der Frauenbewegung, die weniger unmittelbare und radikalere Fragestellungen aufwarfen. Fragen moralischer Natur, nach dem heutigen Sinn des Lebens oder des Frauseins, der Haltung zu bereits unsicher gewordenen Hoffnungen in die Entwicklung der Menschheit, oder Fragen an die Vergangenheit. Es waren die Jahre, in denen eine große Bewegung auseinanderbrach, die in Italien nicht nur Sache der Studierenden und ArbeiterInnen gewesen war und auch die Kulturen erfaßt hatte; daraus folgten Zweifel oder Enttäuschungen, die auf der Schnittstelle von politischer und persönlicher Sphäre lagen. Auch ich wurde davon ergriffen oder wußte jedenfalls, daß niemand meines Alters und meiner Geschichte – die vor dem Zweiten Weltkrieg geboren und vor seinem Hintergrund groß geworden waren – sich als »maître à penser« aufspielen konnte. Wir mußten Erklärungen abgeben, etwas erwidern – diese jungen Männer und Frauen wandten sich an jemanden, die oder den sie respektierten, aber als einer anderen Welt zugehörig empfanden. So ist es immer zwischen den Generationen, es gehört zum Leben, aber in dieser zweiten Jahrhunderthälfte ähnelt die Trennung einem Bruch und ist nicht frei von Feindseligkeiten. Als hätten wir Älteren illusorische, wenn nicht gar sträfliche Gewißheiten – ein Wort, das in den Siebzigern einen vorwurfsvollen Ton annahm – vermittelt und zudem eine anmaßende Erfahrung daraus abgeleitet, als hätten wir alles in allem mehr Glück gehabt als die nachfolgende Generation. Wir waren verdächtig, unentschuldbar, beneidenswert. Mir ist es noch einigermaßen gut ergangen: Ich machte mit sehr viel jüngeren Leuten eine linke Zeitung, war gezwungenermaßen mit ihren Problemen vertraut, ein Dialog/Streit fand immer statt, ja er war unausweichlich. Und daher die Briefe oder Anregungen und die Antworten darauf.

Jetzt wäre das nicht mehr so. Die deutschen Leserinnen oder Leser werden denken, daß der Fall der Berliner Mauer das ist, was uns vom Jahr 1986 trennt, die große Unterbrechung, der große Graben (ein Graben ist das Gegenstück zur Mauer, gleichermaßen unüberwindlich), der die Kommunikation verhindert und sogar die Geschichte derer, die sich Kommunistinnen und Kommunisten nennen, zu spalten scheint. Doch stimmt dies nur zum Teil. Die junge Generation, die für *Il manifesto* schrieb, oder die Frauenbewegung, die mich in den achtziger Jahren angriff, waren von der Krise der kommunistischen Länder und Parteien am wenigsten betroffen: Weder die einen noch die anderen waren kommunistisch in dem Sinn gewesen, daß ihre Hoffnungen und Enttäuschungen besonders an die UdSSR oder an die Kommunistische Partei geknüpft gewesen wären. Nach 1968 standen die jungen Leute in Italien der KPI kritisch gegenüber, die ihrerseits zurückhaltend war gegenüber den Protesten von ArbeiterInnen und Studierenden, die bis 1974/76 hohe Wellen schlugen. Und die Frauenbewegung hatte sich sehr bald polemisch gegen die nur scheinbare Offenheit der Studierenden und ArbeiterInnenorganisationen ihr gegenüber gewandt. Im Gegensatz zu anderen Ländern wurde der Dialog zwar fortgesetzt, implizierte aber kein Zusammengehen. Andererseits war *Il manifesto* aus einer Gruppe ehemaliger KPI-Mitglieder hervorgegangen, die 1969, unter anderem auf Grund ihrer radikalen Kritik an den Regimen des Ostens, aus der Partei ausgeschlossen wurden: Der Fall der Mauer überraschte die Redaktionsmitglieder und Leserinnen und Leser meiner Zeitung weniger als alle anderen. Wir mußten damals keine von Nostalgie Befallenen trösten oder uns an die Brust schlagen. Eher haben wir die Sogwirkung des Jahres 1989 unterschätzt, die mit den Regimen des Ostens die Idee einer möglichen anderen Gesellschaft überhaupt zu Fall brachte. Die Krise des »revolutionären« Raums hatte sich seit langem angebahnt, auf subtile Weise, sie brach nicht von einem Tag auf den andern herein. Der plötzliche Umschwung zwischen einem Vorher und einem Nachher hat in Italien nicht 1989, sondern zwischen 1992 und heute stattgefunden.

In diesen beiden Jahren hat eine Lawine die Erste Republik mit sich gerissen, deren Gründung 1945 auf einen Krieg folgte, der für uns, die wir seit 1922 vom Faschismus regiert worden waren, in gewissem Sinn auch ein Bürgerkrieg war. Es gingen eine Republik und eine Verfassung daraus hervor, die sich durch einen betonten Antifaschismus, durch eine große Achtung der persönlichen und kollektiven Freiheiten (Presse, Parteien, Gewerkschaften, Vereinswesen) und eine fortschrittliche Idee vom Sozialstaat (Recht auf Arbeit, Bildung, Fürsorge) auszeichnete. Der politische Kampf hatte sich innerhalb dieses Horizonts abgespielt, der selbstverständlich schien; für den Protest von links blieb es dabei, daß er sogar weiterentwickelt werden mußte, hin zu entschiedenerem Antikapitalismus und Selbstregierung, ein Zurück jedoch unmöglich war. Genau dieses Gleichgewicht ist aber zerbrochen, und die ihm zugrunde liegenden politischen Kategorien und Rechtsvorstellungen sind heute im Bewußtsein eines Großteils der Bevölkerung verblaßt; zu der von ihr gewählten Mehrheit und Regierung gehört eine Partei, die ihre Kontinuität mit der alten faschistischen Partei und der subversiven neuen europäischen Rechten kaum verhehlt. Italien ist nicht faschistisch geworden, sieht den Antifaschismus aber auch nicht mehr als Basis der Republik an. Und die Linke ist plötzlich beiseite gedrängt und in die Schranken verwiesen worden.

Diese symbolische Transformation war ein Erdbeben. Und darin spielt die Wende von 1989 gewiß eine Rolle, als die »Krise des Kommunismus« jegliche Vorstellung einer nicht ausschließlich Unternehmens- und Marktmechanismen überantworteten Gesellschaft erfaßte. Was seither in ganz Europa in Frage gestellt wird, ist in Wahrheit nicht die Idee einer Revolution, die nach den zwanziger Jahren nicht einmal mehr versucht worden ist, sondern die Idee einer Regulierung des kapitalistischen Modells durch staatliches Eingreifen, um einen gewissen sozialen Ausgleich zu garantieren. Die Entscheidung für dieses Modell war nach der Krise von 1929 in Roosevelts Vereinigten Staaten und in Keynes' England, das heißt, von den herrschenden Klassen, getroffen worden und hatte die Entwicklung der großen europäischen Sozialdemokratien ermöglicht. 1989 waren die Beweggründe für diese Entscheidung in Vergessenheit geraten, und es schien so, als hätten sie in der Existenz der »realsozialistischen« Länder bestanden. Diese Länder hatten einen sozialen Ausgleich auf niedriger Stufe, aber für alle garantiert, hatten ihn mit politischer Freiheit bezahlen lassen und waren auch zu Großmächten geworden. So riß die Implosion der UdSSR, ihr Ende als Staat und Staatenblock, auch die Hypothese irgendeines öffentlichen

14   *Vorwort*

Besitzes im Gegensatz zum reinen Gesetz des Privateigentums und
des Marktes mit sich.

Es wäre interessant zu untersuchen, warum das auch in Italien –
wo kein revolutionäres Modell auf der Tagesordnung gestanden
hatte, weder in den zwanziger Jahren, in denen der Faschismus es
verhinderte, ehe es sich abzeichnen konnte, noch nach 1945, weil die
Aufteilung von Jalta Italien der westlichen Sphäre zugeschlagen
hatte, und auch die KPI einverständlich in diesem Rahmen gewach-
sen war – dazu geführt hat, die Problematik einer italienischen
Sozialdemokratie zu begraben, der die Kommunistische Partei in
ihrer Praxis in vielem ähnelte. Jedenfalls dringen in Italien die wirt-
schaftsliberalen Weichenstellungen spät durch, als nämlich die
Deregulierung in den Vereinigten Staaten und in England, wo sie
von Ronald Reagan und Margaret Thatcher bis zum Äußersten vor-
angetrieben worden war, zum Teil bereits in Frage gestellt wird. Sie
betreffen in Italien einen »öffentlichen« Sektor, der sehr viel ausge-
dehnter ist als anderswo und in dem die Linke durch die Einforde-
rung von Rechten und durch aktives Eingreifen einen entstandenen
sozialen Konflikt hatte vorantreiben können, was sie zu einer großen
Kraft gemacht hatte. Durch die Deregulierung wird dieser Sektor
drastisch eingeschränkt; man sucht die gesamte institutionelle Ordnung den Bedürfnissen der Privatunternehmen anzupassen.

Diese Welle hat die italienische Linke und in gewisser Weise die
gesamte Idee der Politik fortgerissen; denn wenn eine Revolution
nicht auf der Tagesordnung steht, der Konflikt sich aber auch nicht
in den Bereich der Gesetzgebung und der Exekutive der Gesellschaft
verlagern kann, welcher Raum bleibt ihr dann noch, außer dem symbolischen Protest? Doch hätte diese Welle sich nicht ausbreiten
können, wäre von 1991 an die öffentliche Sphäre Italiens nicht durch
den Korruptionsskandal erschüttert worden. Ein Ermittlungsverfah-
ren in Mailand, der größten Industriestadt des Nordens, in der ein
linkes Kabinett mit sozialistischer Mehrheit regierte, setzte einen
Prozeß in Gang, der sich bald auf das ganze Land erstrecken sollte:
Das gesamte öffentliche System, von den Ministerien über die Gemeinden bis hin zum staatlichen Sektor der Industrie und des Dienst-
leistungsgewerbes, wurde als Ort der Aushandlung von Macht und
Geld unter den Parteien der Mehrheit sichtbar, bei stillschweigender
Duldung oder zumindest ohne Einschreiten der kommunistischen
Opposition. Der Skandal sollte im Laufe von zwei Jahren die
Führungsspitzen der Parteien, die seit 1948 regiert hatten – die
Christdemokraten und ihre gemäßigteren Verbündeten, Liberale,

Republikaner, Sozialdemokraten –, stürzen und die Sozialistische Partei, die in den siebziger Jahren ein Regierungsbündnis mit der Democrazia Cristiana (DC) eingegangen war und in den achtziger Jahren den Ministerpräsidenten stellte, buchstäblich zerstören. Hier ist nicht der Ort, um die Mechanismen zu erläutern, durch die sich die politische Szenerie verkehrt hat; es sei lediglich daran erinnert, daß dieses Zentrum 18 Millionen Stimmen verlor, fast die Hälfte aller Wahlberechtigten, und 15 Millionen davon an die Rechte gingen. Und die Rechte, die die Hegemonie über den Prozeß gewann, setzte sich aus der neofaschistischen Partei, die ihre Stimmen verdreifachte, und aus zwei Neuformierungen zusammen: der Lega Nord, einer in den Industrieregionen entstandenen Gruppe mit ethnisch-ökonomischen Grundlagen, und der »Forza Italia« Silvio Berlusconis, eines Fernseh- und Medien-Magnaten, die innerhalb weniger Wochen zu einer national verbreiteten Partei wurde.

Die Welle der Wut über die Korruption hatte sich in Mißtrauen gegenüber allen Parteien des konstitutionellen Systems – etwas gemäßigter gegenüber den Ex-KommunistInnen – und gegenüber dem Staat verwandelt, der als Jagdgrund angesehen wurde, in dem die Apparate gemeinsam die Aufteilung von Macht und Ressourcen betrieben. In diesem Staat, so wurde behauptet, sei der Konflikt nur ein scheinbarer, der einzige echte Widerspruch sei der zwischen dem kapitalistischen Unternehmen gewesen, das auf dem Weg der einzig möglichen Entwicklung voranzuschreiten versucht, indem es auf geradezu natürliche Weise eine »Demokratie« mit sich führt, die die Ausgaben der Bürger achtet, und dem »Staat«, der unproduktiven, schmarotzerhaften und arroganten politischen Sphäre. Und zu der gehörte auch die Linke, die künstliche Konflikte innerhalb des Unternehmens schürte, das das Gute an sich darstellt. Die neue Mehrheit, die sich in diesen Monaten gebildet hat, liebt es, in Italien einen Großbetrieb zu sehen, der mit betriebswirtschaftlicher Logik und betriebswirtschaftlichen Methoden, ohne politische Vermittlungen, wieder auf Vordermann gebracht werden muß, wobei dem Staat nur noch die Rolle der Repräsentation, der Erfassung von Personendaten und der Repression zukommt (Außenpolitik, Justiz und Verteidigung).

Diese Verwüstung des Politischen im Namen der Marktgesetze, die die einzig anerkannten und zu unveränderlichen, fast mit einer eigenen Moralität ausgestatteten gesellschaftlichen Regeln erhoben worden sind, hat mit der Niederschlagung einer Hegemonie der Linken die politische Reflexion der siebziger Jahre abrupt eingeengt.

Die elementaren Kategorien haben den Sieg davongetragen: »Ehr-
lichkeit« versus »Unehrlichkeit« und – bereits mit dem Jahr 1989
aufgekommen – »neu« versus »alt«, in einer Bewegung aus Mißtrauen und Regression. Diese einfachen Kategorien sind auch der
Fernsehbotschaft angepaßt, die um so besser funktioniert, als sie
suggestive und emotionale Identifizierungen erlaubt; und den Wahl-
analysen zufolge ist sie angekommen, vor allem bei Frauen und ganz
jungen Menschen. D.h. bei denjenigen, die die Fragen und Probleme aufgeworfen haben, von denen diese Textsammlung Zeugnis
ablegt. Gewiß waren diejenigen, die schrieben und mich zum
Schreiben bewegten, auch in den siebziger und achtziger Jahren eine
Minderheit. Gewiß hat es keinen Sinn, dem Fernsehen die Schuld zu
geben, das lediglich sammelt und emphatisch betont, was in den
Köpfen ist. Fest steht aber, daß diese Frauen und jungen Leute, die
jetzt nicht mehr so jung sind, und ihre Kinder die Probleme, die
heute noch komplexer sind als vor zehn Jahren, zwar noch sehen,
aber nicht mehr in die Diskussion bringen. Sie sprechen nicht, sind
nicht mehr deutlich sichtbar. Es ist, als seien sie durch den antipoliti-
schen, antiintellektuellen, demagogischen, rachsüchtigen und mora-
listischen Lärm, der das Kommando übernommen hat, mundtot
gemacht worden.

    Daher die Distanz, die ich beim Wiederlesen dieser Texte spüre.
Dies sei vorausgeschickt, damit die, die sie lesen möchten, sie zur
Gegenwart ins Verhältnis setzen können. Meine feste Überzeugung
ist und bleibt jedoch folgende: Wenn die Kultur der Linken über ihre
WählerInnenstimmen hinaus ihre Kraft eingebüßt hat, nicht länger
Bezugspunkt der italienischen Debatte ist und ihre Faszination für
die Jüngeren verloren hat, so liegt das auch daran, daß sie es nicht
verstanden hat, die zentralen Punkte einer Sinnfrage zu behandeln –
einer Sinnfrage, die durch die Krise von 1989 aufgeworfen wurde,
aber nicht nur durch sie. Sie stellte sich auch infolge der Entwicklung
und der Serialität der Modernisierungen, der Akkulturations- und
Konsumformen, der Veränderung der Arbeit und ihres Stellenwertes,
des Auftauchens der Frauenfrage. Wenn die Ungewißheiten, Zweifel und Abenteuer der Person umgangen werden, die sich in den letzten beiden Jahrzehnten abzeichneten und auf sehr bescheidene Weise
im Mittelpunkt der vorliegenden Texte stehen, wird die gesamte
Position der »Politikerin« bzw. des »Politikers«, ganz zu schweigen
von der der KommunistInnen oder RevolutionärInnen, anfechtbar
und schwach bleiben. Denn heutzutage ist die Frage nach dem Verhältnis von Politik und Ethik, Individuum und gesellschaftlicher

oder Klassenidentität, sexuierter Person und scheinbar geschlechts-
neutraler Gemeinschaft akuter denn je: Keines der beiden Elemente
dieser Begriffspaare läßt sich jeweils auf den anderen reduzieren
oder ist im anderen enthalten. Die italienische Linke hatte die Notwendigkeit ihrer Unterscheidung und Interaktion nicht vollkommen
begriffen, und gewiß hatte sie den Reifungsprozeß und die Komplexität der Subjekte nicht beachtet, denen sie selbst, während sie im
Aufwind war, Kraft und Stimme verliehen hatte. Und sie hatte auch
nicht verstanden, was doch bei Geburt der kommunistischen Idee
klar war, wie eng nämlich die Idee einer anderen – der sozialistischen – Gesellschaft mit der Selbstwahrnehmung des Ichs in der
Welt zusammenhing und wie sehr die lange Krise der »Realsozialismen« diese Idee ausgehöhlt hatte. Gleichzeitig mit der Utopie, die
man rasch hatte loswerden wollen, hat man sich auch einer immer
dringlicheren Frage der Ethik entzogen, und Politik wurde auf eine
Technik der Beziehungen reduziert.

Da wir uns in diese Gebiete nicht vorgewagt haben, sind wir heute
in einer zu schwachen Position, um den Immoralismus der anderen,
die Entfremdung erzeugende Serialität der Modernisierungen oder
die vieldeutigen Schritte der Postmoderne zu kritisieren. Schwach
nicht gegenüber der Rechten, sondern gegenüber den Leuten auf
unserer Seite. Es ist, als hätten wir den einzelnen oder die einzelne
sich selbst überlassen, ohnmächtig angesichts der Überdeterminierungen durch die realen Mächte und doch skeptisch hinsichtlich
einer gemeinsamen Aktion. Und die Jüngeren schutzlos gegenüber
der Faszination des Negativen, von der Gewalt bis zum Faschismus,
das paradoxerweise motivierend wirkt in einer Welt, die ebenso kon-
ditioniert wie sie sich als unergründlich erweist. Kurz, das Jahrhundert geht zu Ende und gibt uns alle Probleme zurück.

Rom, im Mai 1994

Zu viele, viele, wenige

In *Tempo illustrato* sagt Giulio Maccacaro einige einfache, aber notwendige Wahrheiten über das zur Mode gewordene Aufbauschen der Übervölkerungsgefahr, die die Menschheit bedrohe. In Chicago, so erzählt er uns, wurde eine riesige phosphoreszierende Uhr eingeweiht, die Minute für Minute anzeigt, um wieviel wir uns vermehren, und die voraussagt, daß wir in einem Jahr um die gleiche Zeit vier Milliarden Menschen auf der Erde sein werden. Im Jahr 2000 sieben Milliarden und so weiter. Hält man dieses ganze Gewimmel von Neugeborenen und neuen KonsumentInnen neben die berühmten, vom MIT erhobenen Rohstoffreserven, so ergibt sich das apokalyptische Bild eines Planeten, auf dem sich unsere Urenkelinnen und Urenkel um das letzte Stück Brot schlagen werden.

Maccacaro widerlegt den Mechanismus der Uhr mit Hilfe einer historischen und einer ideologischen Kritik. Auf der historischen Ebene beweist er, daß die Extrapolationen, die durch Projektion der gegenwärtigen Wachstumsraten in die Zukunft gemacht werden, wertlos sind: Sie sind falsch, sagt er, weil die Ungleichgewichte zwischen armen und reichen Völkern, Ausgebeuteten und Ausbeutenden durch ein zweifaches, nichtlineares Phänomen verursacht werden. Erstens, je ärmer man ist, desto häufiger stirbt man während des ersten Lebensjahres und desto kürzer ist das Leben; zweitens sterben zwar bei wachsendem Wohlstand weniger Neugeborene, es stellt sich aber auch eine Geburtenregelung ein, die wiederum ein Passivsaldo bewirkt. Ein Beispiel: Im vorindustriellen Schweden wurden ebenso viele Menschen geboren wie Menschen starben; gegen 1850, in der schwedischen Industrialisierungsphase, wurden so viele Kinder geboren und überlebten, daß – bei Extrapolation dieser Tendenz – anstelle der acht Millionen im heutigen Stockholm, die Menschen dort so dicht gedrängt leben würden wie in Kalkutta. Statt dessen wurde Schweden reicher, die Bevölkerung schrumpfte und fand zu einem neuen Gleichgewicht. Maccacaro folgert zu Recht daraus, daß die Kampagnen von wegen »wir werden zu viele« »die Armut der Zahlreichen zur großen Zahl der Armen mystifizieren«, um die Armen leichter einschüchtern und unterdrücken zu können.

Das stimmt. Und doch kommt an diesem Punkt der Verdacht auf, daß diese Selbstregulierung der entwickelten Länder, wenn sie auch das vorsätzliche Schwarzsehen widerlegt, doch gewiß ebensosehr

ein Produkt der kapitalistischen Entwicklung ist wie die beklagens-
werte Unter- oder Übervölkerung der unterentwickelten Länder.
Daß die SchwedInnen die Geburten (und sogar eine Selbstmordrate)
regeln, ist das Ergebnis einer Lebensanschauung, die sich von der
der Pakistanis unterscheidet; ist sie aber im Hinblick auf eine Idee
der Zivilisation, in der der Mensch erneut im Mittelpunkt steht,
»fortgeschrittener« als die der Pakistanis? Ich bezweifele es. Ich
glaube eher, daß es die beiden Seiten ein und derselben Zivilisation
sind.

   Sicher stellt sich hier ein sehr großes Problem. Ich habe es an
anderer Stelle im Zusammenhang mit der Abtreibungsfrage aufgeworfen (und dabei betrüblicherweise Zorn auf mich gezogen),
indem ich bemerkte, daß die Entscheidung, sich fortzupflanzen oder
nicht, technisch und politisch in einer geschichtlichen Phase möglich wird, die durch die höchste Entwicklung der kapitalistischen
Produktionsverhältnisse bestimmt und folglich durch die individua-
listische Ethik der »Entwickelten« gekennzeichnet ist.

   Es kann sein, daß die Menschheit, bevor sie sich befreit, von der
Grenze des Existenzminimums durch die Engen des Kapitalismus
gehen muß (Produktionsweise, Entfremdung und von da aus Wieder-
eroberung eines neuen Sinns und einer neuen Dimension der Gesell-
schaftlichkeit). Es kann sein (und vieles deutet darauf hin, daß es so
sein muß, auch gewisse Länder des sogenannten »Sozialismus«);
aber zum einen ist es paradox, zum anderen stellt es die revolutionäre Linke vor ein großes Problem. Es ist paradox, insofern die Formen des kapitalistischen Systems gerade in dem Augenblick, da sie
in eine Krise geraten, ihr Wertesystem nicht nur zu verändern, sondern auszuweiten scheinen: so sehr, daß wir es als selbstverständlich
und sogar als ein Gut ansehen, daß die Menschheit, nachdem sie in
den Geburtenmechanismus eingegriffen hat, davon Gebrauch macht
wie Schweden, das heißt, daß die Zahl der Lebensberechtigten
bewußt reduziert wird statt durch Hungersnöte, Epidemien oder Ver-
folgungen. Es ist ein Problem für die revolutionäre Linke, weil diese
Lösung, die individualistisch und wesentlich konsumistisch ist,
nicht akzeptiert werden kann, ohne daß wir etwas von uns, und zwar
etwas ziemlich Tiefgehendes, verleugnen, ohne den Kommunismus
allein auf die Summe der »wenigen Glücklichen« zu reduzieren –
eine geordnete statt anarchische extreme Projektion der Freiheiten
und der Idee der bürgerlichen Person.

Ich möchte nicht, daß man gegen mich einwendet: »Du Hexe«
(vielmehr »alte Hexe«, denn die jungen[1] sind sympathisch), »du
willst uns wieder dahin bringen, Leben und Tod zu erleiden, anstatt
zwischen ihnen wählen zu können.« Nein, das ist nicht mein Ansinnen. Nicht zufällig werde ich erlöschen, ohne jemandem das
Leben geschenkt zu haben. Doch bin ich mir bewußt, daß in mir
nicht so sehr eine *Freiheit* gewirkt hat als vielmehr eine Reihe komplexer Konditionierungen, die zu einer privilegierten individuellen
Lage geführt haben. Läßt sich auf das, was meine Wahl gewesen ist,
eine neue Gesellschaft gründen? Ich glaube nicht. Unsere, meine
Moral ist eine provisorische und persönliche. Jetzt, da der Geburtenmechanismus in unsere Hände gelangt ist, werden wir auch die alten
Unterdrückungsmechanismen einer ungleichen Welt nicht mehr als
»kategorischen Imperativ« auffassen. Doch werden wir wohl eine
egalitäre Moral finden müssen, auf die sich Quantität und Qualität
eines Lebens gründen lassen, das wir endlich selbstbestimmt führen
können. Kann diese Moral die gleiche sein, die uns – ob wir wollten
oder nicht, Objekte oder Individuen – bisher »eingeschränkt« hat?
Und wenn nicht, welche dann?

Mai 1976

---

1 Im Orig.: »nuove streghe«: Selbstbezeichnung der italienischen Feministinnen. (Anm. d.
   Übers.)

Die Feministinnen gehen

Bologna, Organisationskonferenz des PDUP (Partito di unità proletaria per il comunismo), 14. November, im Salone dei Trecento. Draußen regnet es in Strömen, drinnen sind die Genossinnen und Genossen unruhig wie die Katzen. Es gibt keine politische Auseinandersetzung, sondern Mühsal, Unverständnis, ein gewisses Mißtrauen, was um elf unvermeidlich zum Verlesen des Briefs der feministischen Genossinnen führt, die ihren Weggang ankündigen. Die Stimme der Genossin, die liest, ist bewegt, klingt daher leicht bedrohlich. Die anderen – die, die gehen, und die, die bleiben – hören mit gesenktem Kopf zu; die Männer stumm, teils verärgert, teils unglücklich. Man wußte es vorher, also zu den Akten und weiter.

Mit diesen Genossinnen habe ich diskutiert und beschlossen, ihren Brief in der Zeitung zu veröffentlichen. Nicht aus Anmaßung oder um über Positionen zu bestimmen, was zum einen mir nicht zukommt, zum anderen werden sie erst beim nächsten Koordinierungstreffen festgelegt. Nur um zu sprechen, zu verstehen und einander zu verstehen. Ich glaube tatsächlich, daß sie unrecht haben. Und nicht nur oder nicht so sehr, weil sie uns verlassen: Von denen, die gehen, verlassen die Feministinnen uns am allerwenigsten.

Sie vollziehen keinen Bruch wegen eines Linien-Streits, leugnen die Krise des Kampfes; sie sind zu der Einsicht gelangt, so schreiben sie, daß es ihnen unmöglich ist, *auch* in unserer Organisation zu leben. Wo auch immer: ob dort, wo der traditionelle Mann sie völlig vor den Kopf gestoßen hat (aber das sind inzwischen wenige, und sie sind fast legendär), dort, wo das verbreitetste Exemplar, der ratlose Mann, mit den Achseln gezuckt und sie hat gewähren lassen, oder dort, wo der »feministische« Mann sich auf ihr Terrain geworfen hat. In Bologna ist das kürzlich der Fall gewesen. Die Männer haben genausoviel über die Abtreibung gearbeitet wie die Frauen. In der Fabrik auf einer richtigen Linie, aber mit ihrer Methode. Und das heißt, daß der Mann bereits weiß und belehrt; die Frau hört zu. Der Mann zwingt die richtigen Ideen auf, und so – sagen sie mir – seien sie bereits weniger richtig; die Frauen möchten sie selbst hervorbringen. Je »feministischer« der Mann, desto mehr offenbare sich eine andere Weise, Politik zu machen. Deshalb gehen sie weg, um allein zu arbeiten. Den Vorwurf des Desengagements weisen sie leidenschaftlich zurück, und vielleicht werden sie, nachdem sie einmal von der Partei befreit sind, mit ihr in Verbindung bleiben. Es ist, als würden sie uns weniger übelwollen, wenn sie nur erst von unserer Schwerfälligkeit befreit sind.

Sie geben das Parteibuch nicht zurück, schreiben die Bologneserinnen, weil der PDUP keine schlechte Partei sei, aber sie erneuern es nicht, weil er keine »neue« Partei sei, in der sie sich mehr als »eingegliedert« fühlen würden. Sie bescheinigen uns, ansatzweise eine nicht-traditionelle Organisation für sie eingeführt zu haben, werfen uns jedoch vor, nicht über eine formale Operation hinausgegangen zu sein. So würden wir sie entweder allein lassen oder wütend zur Rechenschaft ziehen, wenn sie sich zu »unseren« Terminen, die zudem »äußerlich« seien wie die Wahlen, nicht an ihrem Platz fänden. Sie sind der Ansicht, daß die *Manifesto*-Gruppe ursprünglich mehr verstanden hätte als die anderen, jedoch auf ihrem weiteren Weg eine neue, egalitärere, weniger hierarchische und nicht von vornherein durch die Rollenteilung verurteilte Existenzweise vergessen habe.

Draußen dagegen gebe es, noch relativ unverdorben oder wenigstens nicht aufgebraucht, die Bewegung. Welche Bewegung, frage ich? Würden in den Universitäten – selbst ein wenig verrückte – Studierende, in den Fabriken – selbst übertrieben autonomistische – Räte, auf den Straßen protestierende Frauen toben, dann wäre ihr Verlust ernst, gefährlich für uns, aber das kostbare Zeichen einer lebendigen Welle, mit der wir uns messen müßten. Diese Bewegung sehe ich nicht; ich sehe, daß wir uns angesichts einer mehr als zweideutigen politischen Lage und einer Offensive trennen, die uns zurückweichen läßt. Werdet ihr nicht »weich« angesichts einer Offensive, die uns zersetzt? Sie wehren ab: Nein, die Bewegung ist da, ihr irrt euch, wenn ihr glaubt, daß es mit den öffentlichen Großdemonstrationen und den kleinen Gruppen vorbei ist; jetzt gerade sammelt sie sich und findet eine eigene Dimension, ihre eigene Politik in der langen Zeit nach dem 20. Juni.[1] Habt Vertrauen zu uns, eines Tages werden wir vielleicht wieder zusammenfinden.

Sicher, wer nicht stirbt, sagt ein Sprichwort, sieht sich wieder. Aber wir laufen Gefahr, uns dann wiederzusehen, wenn die Feministinnen, wie in anderen Ländern, auf ein von der Klassenbewegung getrenntes, sporadisch aufflackerndes Bewußtsein reduziert sein

---

1 Bei den Wahlen vom 20. Juni 1976 erzielte die KPI ein ausgezeichnetes Ergebnis und wurde zweitstärkste Kraft in Italien hinter der DC. Gegen diejenigen Stimmen der Linken, die nun den Zeitpunkt für gekommen sahen, eine einheitliche Opposition für eine durchgreifende Reformpolitik als Alternative zur christdemokratischen Politik zu schaffen, setzte sich die Linie des »historischen Kompromisses« durch. (Anm. d. Übers.)

werden. Und dahin hätte es nicht kommen müssen, weil in Italien beispiellose Bedingungen bestanden – bestehen – (hinsichtlich der Qualität der Kämpfe, des Wertewandels, der totalen Krise der Gesellschaft), um gemeinsam zu wachsen. Und was uns angeht, werden wir durch diese Verstümmelung verarmt dastehen, »gealtert«, weil wir die verloren haben, die uns jeden Augenblick daran erinnerten, daß wir gealtert waren, daß wir zu müde waren für eine »utopische« Dimension und uns abgefunden hatten mit der Entzauberung der Politik. Wir wissen doch, daß der Gegner Schlachtfeld und Waffen wählt und man sich, will man ihn nicht durchkommen lassen, zu nicht harmlosen Kriegen rüsten muß. Werden gerade wir vergessen, daß sie nicht harmlos sind?

Deshalb ist es schlimm, die Feministinnen zu verlieren. Doch werden wir sie ganz sicher weder dadurch zurückhalten, daß wir sie auffordern, bei uns zu bleiben, »um uns zu bessern« – eine immer etwas heuchlerische Angelegenheit –, noch dadurch, daß wir glauben, sie gingen, weil sie eine »politische« Dimension verloren hätten.

Denn »ihre« Krise unterscheidet sich von anderen Verlusten, die sich entweder innerhalb des traditionellen politischen Horizonts abspielen (die zur KPI gehen) oder im Horizont der Entscheidung zwischen Persönlichem und Kollektivem (die nach Hause gehen). Viele junge Leute der neuen Generation entscheiden sich für letzteres, für den Weg, der einer Generation wie der meinigen entgegengesetzt ist. Meine Generation wurde entsetzlich individualistisch geboren und hat stolz entschieden, sich »einzureihen«, hat die Sache der Massen, die Sache einer anderen Klasse gewählt, ohne irgendeine Illusion. Und es käme ihr nicht mehr in den Sinn, Niederlagen und Erfolge mit dem Maß zu messen, das noch 1956 funktionierte: »O Gott, es besteht keine Einheit zwischen dem, was ich gesucht, und dem, was ich gefunden habe«. Es kommt vor, daß wir wie beim Fiebermessen auf die Uhr sehen, nicht um uns die Temperatur des Lebens zu messen, sondern die Kilometer, die uns von dem Projekt trennen, das wir uns vorgenommen haben. Wenn wir an unseren Tod denken, so schiene es uns richtig (wozu es nicht kommen wird, weil es zuviel menschlichen Respekt gibt), daß jemand zu uns sagte: »Liebe Genossinnen und Genossen, die da hat beschlossen, die Revolution zu machen statt der Universität, doch war kein Ergebnis zu sehen; sie ruhe nicht in Frieden«.

Für die 68er-Generation gilt das nicht, aber ich bezweifle, daß ihr dafür Schuld oder Verdienst zugeschrieben werden kann (auch wenn meine Generation natürlich dazu neigt, sie für schuldig zu erklären).

Wer kindisch nach der Einheit von Politik und Leben schreit und mich in ihrem Namen in der Patsche sitzen läßt, macht sich aus dem Staub, das stimmt; aber in diesem Schrei, der noch vor zehn Jahren undenkbar gewesen wäre, steckt das Echo jenes Kommunismus oder Bedürfnisses nach Kommunismus, das unserem Tun einen Sinn gibt. Und in dieser vagen Hoffnung, die so schnell in Enttäuschung umgeschlagen ist, muß ich doch trotzdem die Füße des alten Maulwurfs spüren und unsere Verspätung abschätzen sowie das Ausmaß der – nicht nur subjektiven – Schwierigkeiten, um sie aufzuholen.

Doch wenn dies ein Zeichen ist, das uns die junge Generation gibt, die auf so lästige Weise unglücklich ist, so ist das Zeichen der Frauen noch wichtiger. Denn dieses hat plötzlich den moralischen Horizont, der den modernen Revolutionen bei Rousseau und Marx zugrunde liegt, überschritten. Man muß sich fragen, warum sie der gesellschaftlichen Zerrissenheit in diesen Jahren auch in der Entfremdung von Mensch und Natur, in der Trennung von Bewußtsein und Materialität des Körpers nachgespürt haben, auf der unsere ganze Geschichte wie auf einer nunmehr jahrhundertealten »Verdrängung« aufgebaut worden ist. Als sie geschrien haben »Mein Bauch gehört mir, und ich mache damit, was ich will«, haben wir ihnen geantwortet – und ich wüßte auch heute keine andere Antwort –, daß das Leben weder einer Hälfte des Himmels noch einer Hälfte der Erde gehört. Und das ist auch ihnen im Grunde völlig klar. So hat uns diese Reaktion weit weniger aufgewühlt als die lange Trennung vom Körper, gegen die sie sich wehrten, die Wiederentdeckung, daß wir bis in die Materialität der Person hinein bedrängt und gespalten sind. Höchstens sehen die Feministinnen nicht, daß der scheinbar triumphierende Mann gleichermaßen Opfer ist.

Zerbricht nicht mit dieser Intuition des Feminismus die alte jüdisch-christliche Moral, welche die tragende Säule der ungleichen Gesellschaft ist? Spricht nicht der Kommunismus auch mit dieser uns so fremden Stimme? Ist nicht gerade deshalb der Feminismus der extremste Protest, der am wenigsten geneigt ist, sich mit den Gegebenheiten abzufinden: der ins Dunkelste, Undurchsichtigste, Fernste vorgedrungen ist?

Deshalb will auch er alles und sofort und befürchtet, aufgesogen zu werden, je mehr er Gefahr läuft, sich zu verirren. Dem zieht er die Selbsterhaltung vor: Uns macht das, was ihr als »Stillstand« bezeichnet, nichts aus, schreiben die Genossinnen aus Bologna, wenn wir von da aus eines Tages wieder neu anfangen können.

Wir büßen mit dem Verlust dieser politischen Haltung der Feministinnen zwangsläufig eine wichtige Botschaft ein. Und sie wiederum
laufen ohne uns Gefahr, im Namen einer Absolutheit der Bedürfnisse an den Bedürfnissen vorbeizugehen, im Namen einer neuen
Welt sich auf eine Hälfte von ihr zu beschränken, im Namen einer
Hälfte der Welt die Frauen, die die Gesellschaft in all ihre Bezüge
verstrickt, eine nach der anderen zu verlieren. Wenn wir uns über
diese doppelte Gefahr verständigen können, gibt es vielleicht noch
einen Weg, um nicht erst morgen, sondern schon heute wieder
zueinander zu finden.

November 1976

Genossen, wenn ich mich umbringe

Liebe Genossen,
da über Selbstmorde von Jugendlichen und von Genossen geredet
wird, möchte auch ich, der ich jung und Genosse, zudem Selbst-
mordanwärter bin, meine Meinung äußern.

Der Leitfaden meines Lebens ist »die Pflicht« gewesen: das
Pflichtgefühl und die tagtäglich erfüllten Pflichten. Ich habe 27
Jahre lang eine an die andere gereiht (Studium, Arbeit, politischer
Kampf, jawohl, Militärdienst usw.) und sie aus reinem Vertrauen in
eine Zukunft auf mich genommen, die endlich mir gehören sollte.
Und erst jetzt verstehe ich, wie sehr dieses Pflichtgefühl durch Ent-
scheidungen anderer und zum Nutzen anderer stimuliert und ausge-
richtet worden ist. Jetzt, da ich weiter Pflichten erfüllen möchte
(welche Ansprüche, diese Jugend von heute! sie wollen alles und
sofort!), nun aber auch zu meinem Nutzen, ist es mir nicht gestattet,
und außer den üblichen wenigen und machtlosen Freunden kümmert
sich niemand darum.

Ich habe weiter standgehalten. Mit all meinen Kräften habe ich
Wohnung und Arbeit gesucht. Nichts. Ich weiß nicht einmal mehr, wo
ich wohne, ob noch bei meinen Eltern oder bei jenen wenigen Genos-
sen, die noch die Möglichkeit haben, jemanden aufzunehmen. Wahr-
scheinlich nirgendwo. Idiotische Gelegenheitsarbeiten garantieren
mir nichts und erlauben mir nicht, auch nur entfernt an eine unab-
hängige Existenz zu denken.

Die Hoffnung auf die Lösung derartiger Probleme auf kollektiver
und politischer Ebene, die einzig glaubhafte, überlasse ich denen,
die Möglichkeit und Lust haben zu warten.

Wenn Einsamkeit »Alleinsein« bedeutete, wäre es nicht schlimm.
Die seltenen heiteren Momente meines Lebens habe ich schließlich
auch allein verlebt. Es bedeutet aber, sich von der Umgebung, in der
man lebt, unbeachtet, schlimmer noch, bedroht zu fühlen. Und ich
spreche nicht von den fremden Personen und den üblichen Feinden,
deren Abneigung gegenüber deinem Anderssein, deinen seltsamen
persönlichen Problemen, deiner ganzen Person offensichtlich und
ungefährlich ist. Ich spreche gerade von den Genossen (von uns), bei
denen die alte Unduldsamkeit, wenn sie überwunden wurde, so gut
es ging durch sterile Formen von Verständnis und scheinbarer Hilfs-
bereitschaft ersetzt worden ist. Wir akzeptieren einander, wir lassen
einander leben; wir kennen einander nicht, helfen einander nicht.

Das Ergebnis sind weder Solidarität noch Zuneigung, sondern, im günstigsten Fall, gegenseitiges Mitleid.

Die über unsere Zeitung hereingestürzte Debatte hat mir nicht viel gegeben. Obwohl sie reich an aufrichtiger Teilnahme ist, finde ich sie – verständlicherweise – wirr und schematisch. Denn sie beschränkt sich darauf, einerseits die toten Genossen zu sehen (sich leidenschaftlich über ihr Leben und die möglichen Gründe für ihren Selbstmord befragend) und andererseits die lebenden Genossen, die »gekonnt hätten oder gemußt hätten«. Der Selbstmord der Genossen wird zum Problem: In der Anstrengung zu begreifen, liegt die Gefahr unnützen Theoretisierens, und vor allem wird die Existenz tausend anderer Genossen nicht wahrgenommen, die sich mit der gleichen Situation herumschlagen. Jeder neue Selbstmord ist eine furchtbare Überraschung. Kurzum, es wird vergessen, daß wir noch viele sind, die den toten Genossen näherstehen als Euch, die Ihr schreibt, viele, für die sich alles erst noch entscheiden muß, wirkliche »Herbstblätter«.

Wir sind diese Langweiler, diese Beschwerlichen, Unzugänglichen, die zuviel rauchen und trinken, diese Unsympathischen, mit denen man nicht reden kann, weil sie gar nichts mehr verstehen, diese Störenfriede, auf die man keine Zeit verschwenden will. Aber wir sind auch diese Temperamentvollen, die aus Gewohnheit oder Großmut stets Gutgelaunten, die bei den Versammlungen zuviel reden (oder schweigen), mit denen man gerne verkehrt, die einen dann aber doch nicht besonders interessieren. Kurz, die, die Ihr erst seht, wenn es zu spät ist.

Was mich angeht, will ich also nicht länger leben.

Weil ich müde bin und keine Hoffnung mehr habe. Weil ich absolute Ruhe brauche. Ich bin in einen Zustand völliger Gleichgültigkeit und Untätigkeit geraten, dessen Aspekt der Ruhe ich nicht genießen kann, insofern sie vorläufig ist: ein Luxus, den ich mir nur kurze Zeit leisten kann.

Der letzte Grund, der mich noch zurückhält, sind meine Eltern, die einzigen, die den Schmerz über meinen Selbstmord nicht verwinden könnten. Deshalb versuche ich, zu ihnen eine vollständige, gegenseitige emotionale Distanz zu schaffen, die allein mir die Freiheit garantieren kann, mich gegen das Leben zu entscheiden.

Der Selbstmord der Genossen löst bei mir Schmerz aus, aber auch Respekt und einen gewissen Neid. Denn war ihre Entscheidung aller Wahrscheinlichkeit nach auch schmerzhaft und verzweifelt, so ist doch nicht ausgeschlossen, daß sie klarsichtig und alles in allem mit innerer Ruhe getroffen wurde. Meine wird, sollte es je dazu kommen, zweifellos so sein.

Ciao **B. R.** – *Rom*

P.S.: *Wenn Ihr diesen meinen Brief für unpassend, entmutigend oder unnütz für die begonnene Debatte haltet, verzichtet ruhig darauf, ihn zu veröffentlichen; wenn Ihr seine Logik jedoch für etwas verrückt oder den Stil der Debatte und der Zeitung jedenfalls für fremd haltet, macht Ihr einen Fehler. Entweder man ist bemüht, sich auf das Problem und alle seine möglichen Aspekte, einschließlich der ärgerlichen (das Peinliche, Groteske, Tragische), einzulassen, ohne auf jemanden herabzublicken bzw. sich zu schämen, oder es ist wirklich unnütz.*

Soll man Briefe wie diesen veröffentlichen? Einige sagen ja, weil eine Zeitung Briefe, wenn sie nicht nur etwas wiederholen oder beleidigend sind, veröffentlichen müsse; dies sei eine Verpflichtung gegenüber den Leserinnen und Lesern. Andere sagen nein, denn wenn richtig ist, was in einem von ihnen steht: »Der Faden, der uns ans Leben bindet, ist in diesen Jahren so dünn, daß ein Augenblick der Trostlosigkeit reicht, um ihn zu durchtrennen«, so sei eben diese Diagnose eine Botschaft, eine Einladung, vielleicht die Herausforderung, um den Sprung zu machen (»es braucht Mut, wenn ich Mut hätte, würde ich springen«). Veröffentlichen heiße, sich zum Vehikel dieses Zeichens für den Tod zu machen.

Und doch schreibt uns jemand, weil sie oder er noch spricht und auf Antwort wartet. Einer dieser GenossInnen hat hinzugefügt: »Wenn Ihr antwortet, sprecht über Euch als Personen, kompromittiert Euch«. Also spreche ich über mich. Ich denke, man muß veröffentlichen, weil das Schweigen der Verschwörung ähnelt. Einmal vor langer Zeit, nach dem Krieg, in einem Dorf im Süden, habe ich hinter einem Hügel einen Zug aufgebrachter Menschen auftauchen sehen. Sie liefen, eine Bahre auf den Schultern, und im Lauf wandten sie sich heftig und wütend und Beleidigungen ausstoßend gegen den Aufgebahrten. Dann verschwanden sie, um ihn zu begraben. Es war ein Selbstmörder, der keinen Platz in der geweihten Erde hatte. Diese Zeremonie erschien mir wie eine Austreibung der Selbstmordversuchung, die wir in uns tragen: eine Sünde, welche, glaube

ich, die Kirche nicht vergibt, die denjenigen durch eine göttliche
Regel die Gemeinschaft verweigert, die sich ihr verweigern; es ist
eine Schuld nicht gegen sich selbst, sondern gegen die anderen, die
man verläßt.

Diese Versuchung (und nicht nur die zufällige, der schwarze
Augenblick des Genossen, der schreibt:»Ich fahre wie ein Verrück-
ter, möchte mit dem Auto von der Fahrbahn abkommen, vielleicht
schreibe ich Euch so, weil ich getrunken habe, ich bin betrunken«),
glaube ich, tritt im Leben eines jeden Menschen auf, der nicht zu
jener Kategorie von kindischen Leuten gehört – und es gibt sie –, die
fähig sind, leicht wie ein Korken über alle Untiefen hinwegzu-
schwimmen oder, schlimmer noch, den eigenen Kopf in jedem Fall
aus der Schlinge zu ziehen und dafür eher anderen das Genick zu
brechen. Diese hören und geben niemals Zeichen des Todes, und
selten bemerken sie die, die neben ihnen sterben (oder leben). Aber
das sind Personen, die nie gereift sind; wie Kinder können sie töten,
aber nicht sich töten. Für alle, die wachsen, kommt in den schwierigsten Phasen – Jugend und Alter –, aber auch in gewissen quälen-
den Engpässen der Gedanke an das Ende als Möglichkeit. Es ist eine
der Begegnungen, die man macht und an denen man Maß nimmt.

Wann?

Ich glaube nicht, wie der teure, alte Freund Musatti, daß wir sie
machen, wenn wir nicht wissen, an wem und wie wir unsere Aggressivität abreagieren sollen. Der Psychiater hat auf alles eine Antwort, das Zweideutige ist sein Reich. Ich verzehre mich wie eine
Kerze? – Das kommt, weil ich ein übermächtiges Bedürfnis habe zu
essen. Ich habe den Zug verpaßt? – Das kommt, weil ich ihn nicht
nehmen wollte. Ich bin keusch? – Das kommt, weil ich meine gren-
zenlose Lüsternheit nicht eingestehen kann. Ich bringe mich um? –
Das kommt, weil ich niemand anderen gefunden habe, den ich hätte
umbringen können. Ich weiß, daß die Analyse so nicht abgetan
werden kann. Ich will lediglich sagen, daß mir die Aggressivität
allein nicht reicht, um zu verstehen, warum jemand sich selbst statt
einer oder eines anderen umbringt; es bedeutet doch, daß die
Aggressivität auf Grund eines *anderen* Verhältnisses zu sich und zu
anderen so kanalisiert wird. Folglich ist mir nicht das wichtig, was
SelbstmörderInnen und BrigadistInnen gemeinsam haben, sondern
das, was die einen zu SelbstmörderInnen macht, die anderen zu BrigadistInnen. Ich muß den Genossinnen und Genossen recht geben,
die schreiben:»Paß auf, verallgemeinere nicht, es gibt eine unüber-
schreitbare Tiefe, einen Bereich, der durch Schweigen geachtet sein

will«, eine schmerzliche Andersheit also, die niemand auf eine Kurz-
formel bringen oder, schlimmer noch, instrumentalisieren darf. Und
doch sprechen die, die sich umbringen; sie verschwinden nicht.
Haben ein Gewicht. Sagen etwas. Und die, die schreiben, wollen
gehört werden, wollen nicht, daß man sie zornig hinter sich wirft
wie in jener wahnsinnigen Prozession in meiner Erinnerung. Sie
wollen in jener Tiefe gehört werden, in der sich der Gedanke an den
Tod formt. Und ich glaube, daß wir das kennen, es gestreift haben
und damit umgegangen sind – wenn wir erwachsen sind.

Diese Tiefe bildet sich dort – scheint mir, ich spreche von mir –,
wo sich das innerste, unwiederholbare Selbstgefühl, das jede und
jeder von sich hat, trübt. Monod sagt, daß alle Menschen einen
genetischen Code in sich tragen, mit dem sie geboren werden. Nun,
im gesellschaftlichen Leben bildet sich ein weiterer Code heraus,
ein dunkler, flüchtiger Entwurf; das sind wir, bin ich. Wir kennen
ihn nicht gut. Es gibt eine Erzählung von Kafka, *In der Strafkolonie.*
Ich glaube, es ist eine Allegorie des Lebens als Folter, das uns ein
unsichtbares Wort in den Rücken ritzt; wenn wir es durch den
Schmerz »lesen« können, werden wir die Anklage kennen, das heißt
uns selbst als Schuld. Abgesehen von den grauenerregenden Elementen schien es mir immer eine seltsam tröstliche Erzählung, da
einer wenigstens am Ende weiß, worum es geht.

Denn um leben zu können, müssen wir das wissen. Und es kommen Augenblicke, in denen man es nicht mehr weiß. Das wollte ich
mit meinen Ausführungen anklingen lassen. Man weiß es nicht
mehr, weil die Geschichte aus den Fugen gerät; wir werden zum
Steinchen eines zerlegten Mosaiks. Dies sind die wirklichen Krisen
der Politik, von einer moralischen Krise nicht zu unterscheiden. Ein
anderer Genosse schreibt: »Seit ich lebe, haben wir zerstört: Gott,
die Familie, das Privateigentum, das Paar, den Wohlstand, den Platz
an der Sonne und andere Gewißheiten. Richtig. Ich würde es wieder
machen. Aber ich habe, wir haben nichts aufgebaut, wir können
nicht behaupten, etwas aufgebaut zu haben, alles ist unvollendet...
und es ist schwierig, die Ungewißheit immer zu ertragen, die Vorläufigkeit, die Unvollendetheit, die Zerstückelung der Beziehungen
zu Personen und Dingen.«

Auch ich denke, daß das sehr schwierig ist. Besonders, wenn die
Ungewißheiten selbst gewissermaßen umgangen und ins Lächerliche
gezogen werden. Wer sie mit dir teilte, sagt dir, daß es keine Hoffnungen waren, sondern Illusionen; ändert so nicht nur das Vorzeichen
der Gegenwart, sondern das der Vergangenheit; löscht dich aus. Das

geschieht in der Liebes- oder Freundschaftsbeziehung, die, wenn sie zerbricht, auch das auslöscht, was gewesen ist. Sie geht nicht einfach nur zu Ende, sondern neigt dazu, dir wie einer dir selbst Unbekannten den Spiegel vorzuhalten, weil die oder der andere dich nicht mehr sieht. Das geschieht bei der Arbeit, die, wenn sie fehlt oder dich frustriert, das von dir lächerlich macht, was Entwurf war, der auch den anderen vorgestellt wurde, deine Hoffnung auf Bestätigung. Und ebenso ist es bei dem, was »Politik« genannt wird, jener Beziehung unter GenossInnen, die vor allem ein unausgesprochenes Versprechen ist: »Ich werde dich nicht im Stich lassen«.

Wenn diese drei Ebenen zerbrechen, kann dich ohne größere Anstrengung nur eine starke Dosis kindischer Aggressivität schützen (»die anderen haben unrecht«). Doch wenn nur ein Schimmer von Vernunft auf sie fällt, kommt dir der Gedanke, daß nicht das Ende des Geliebtwerdens, sondern das Geliebtwerden sonderbar und unerklärlich war; daß nicht die Frustration, sondern die Verwirklichung deiner selbst absurd war; daß nicht der Sieg in Gemeinschaft, sondern die Niederlage in Einsamkeit veranschlagt werden mußte. Die Rechnung, die du – wie es scheint – mit der Welt offen hast und die in die roten Zahlen geht, geht zwar in die roten Zahlen, aber offen ist sie mit dir. Du siehst dich an und magst dich nicht. Gesagtes und Ungesagtes, Getanes und Nichtgetanes, Wörter, Gesten empfindest du auf andere Weise, du empfindest sie so, wie die anderen sie dir zurückgeben, unverständlich und vieldeutig. Wenn sie dich so sehen, verzerrt, wird etwas Wahres daran sein. Der Schaden ist groß. Die Kommunikation bricht ab, und du weißt nicht, was du sagen sollst. Dann wird es wirklich Nacht. Wer hat es nicht erlebt?

Als ich ein Mädchen war, ging ich in Mailand aufs Manzoni-Gymnasium. Ein kluger Priester hatte mich auf den Heiligen Augustinus hingewiesen, zu dem ich keinen Zugang fand, außerdem auf die Briefe des Heiligen Paulus, zu denen ich einen Zugang hatte. So machte ich, bevor ich zum Unterricht ging, in einer nahegelegenen kleinen Kirche in der Via Lanzone halt und betrachtete zwei große eingefaßte Leuchter. Sie trugen die Aufschrift: »Ich bin der Weg und die Wahrheit und das Leben. Wer mir folgt, wird nicht im Finstern irren.« Ich habe die Religiosität aus Furcht vor der Faszination dieses Trostes abgelehnt (da wären wir bei Musatti): Ein gläubiger Mensch bringt sich nicht um, denn er kann den Kopf in die Hände legen und sich anvertrauen – es gibt einen Weg, eine Wahrheit, ein Leben, wenn er ihnen folgt, wird er nicht im Finstern irren.

Die aber zu sich selbst gesagt haben: »Danke, ich gehe allein«, müssen wissen, daß sie auch in die Finsternis geraten werden, daß die Idee, die Welt der Menschen sei das Reich des Lichts wie in der *Zauberflöte*, ein aufklärerisches Märchen ist. Es ist nicht so. Dies ist die einzige große Lüge der Arbeiterbewegung gewesen; nicht das andere: ihre begrenzten und entscheidenden menschlichen Wahrheiten, die Fähigkeit oder Bereitschaft, für sehr hohe Preise sehr wenige Dinge zu lösen, die vor der Frage nach Glück oder Unglück kommen, Leben und Tod dagegen voraussetzen. (Und weiter: sich von jener letztlich gar nicht so ungreifbaren Konstruktion der Zivilisation des Kapitals zu befreien; gesetzt den Fall, daß die Arbeiterbewegung es schafft, denn bisher ist es ihr nicht gelungen; und so taucht alle zehn Jahre jemand auf, die oder der entdeckt, daß – da es nicht gelungen ist – es wohl auch nicht gelingen darf). Doch auch wenn der Mensch den Menschen nicht mehr ausbeuten wird, werden andere Mächte bleiben, und folglich andere Wunden, andere Entfremdungen – erleben wir es nicht darin, daß nicht einmal wir untereinander einer ungebrochenen Moral fähig sind? Und wenn du darauf verzichtet hast, daß dir jemand, Kirche, Partei oder wer auch immer, die Wahrheit und den Weg garantiert, und hast so den Gewißheiten die Vorläufigkeit menschlicher Konstruktionen verliehen, dann weißt du, daß du unsichere Wege gehen mußt, anhand nicht vorgezeichneter topographischer Karten, und du mußt dich darauf einstellen, daß der Pfad sich verliert.

Kann man so leben? Einige von uns meinen, man könne nur so leben. In diesen Tagen eines katholischen Vormarschs möchte ich mich katholischer Begrifflichkeiten bedienen (die Kirche versteht sich darauf): Es ist – ungeachtet mancher blauer Flecken – interessanter, ohne den Trost der Gnade und der theologischen Tugenden, Glaube, Hoffnung und Liebe, zu leben und die menschlichen Kardinaltugenden, Tapferkeit, Gerechtigkeit, Weisheit, Besonnenheit (wenn ich mich recht entsinne), zu pflegen. Es ist gut möglich, daß jemand keinen Glauben hat, nicht zu hoffen vermag und es ihr oder ihm an Liebe mangelt. Tapferkeit aber kann man sich aneignen, man kann versuchen, gerecht zu sein, zu verstehen, und jene sonderbare vierte Tugend praktizieren, die vermutlich den Sinn für das eigene Maß meint.

Vielleicht ist es kein Zufall, daß von den nicht göttlichen vier Tugenden die erste die Tapferkeit ist. Die die Wahl getroffen haben, den Weg ohne die Gnade zu gehen, haben die Tapferkeit tatsächlich nötig; sie werden sie brauchen, wenn sie in der berühmten Finsternis

jene entscheidende Begegnung mit sich selbst haben, bei der das
Leben als das erscheinen wird, was es ist: nur *eine* mögliche Wahl.
Sie werden da nicht herauskommen, ohne eben die Vergänglichkeit,
den Zweifel der nur menschlichen Konstruktion *als Wert* zu wählen.
Doch um sie zu wählen, werden sie mitleidslos das Bedürfnis nach
Absolutheit ausrotten müssen, mit dem sich unser Narzißmus
umgibt, glänzend und schmarotzerhaft wie die Wasserranke. Kurz,
um zu leben, müssen wir uns am Kragen packen und mit ein wenig
Ironie betrachten. Liebevoll, aber ironisch.

Das ist nicht einfach. Doch dann werden das Schweigen und die
Worte der anderen den unseren wieder ähnlich, wir werden uns
selbst zurückgegeben. Und nicht aus Angst, sondern mit Mut, nicht
aus Dumpfheit, sondern klarsichtig können wir wählen, die kurze
Kerze nicht vor der Zeit zu löschen. Dies, Genossinnen und Genossen, kann jede und jeder tun.

August 1978

Simone, die Jansenistin

Warum hast du diesen Film gemacht? – Ich könnte garstig antworten: weil ich wollte, daß die Leute mich kennenlernen, einen Film sehen mehr Personen als Leute Bücher lesen, aus Eitelkeit. Oder freundlicher: aus dem Wunsch, anerkannt zu werden, denn auch unter denen, die mich lesen, gibt es viele, die sich über mich täuschen. Kurz, um etwas richtigzustellen.

Diese Dialogsequenz mit Claude Lanzmann, Schriftsteller und Journalist, eröffnet den Film über Simone de Beauvoir nach einem Drehbuch von ihr und Malka Rybowska.[1] Er ist 1978 gedreht worden, im Haus von Simone und Sartre und vor dem Hintergrund der Orte ihres Lebens: Rom, Venedig, Marseille, Rouen. Er ist einfach gebaut, in Dialogform, mit statischen Einstellungen oder bewegteren Sequenzen, wenn er auf die langen Großaufnahmen oder Bilder von ihr verzichtet. Am Dialog nehmen vor allem Lanzmann und Sartre teil, dann Olga, Bost, Pouillon – die Namen der Personen ihrer Geschichte und ihrer Memoiren; und drei Frauen von heute, die sich mit Feminismus befassen, die Rybowska, Andrée Michel und Alice Schwarzer. Sie wollten einen Film von Frauen über eine Frau machen. Ist er das? Ich denke nicht.

Es ist eine intellektuelle Biographie ohne Sprünge und Brüche. Weniger eine Lebensgeschichte als die Darstellung einer Idee und eines verwirklichten Lebensplans. Es sind die Dinge, an die Simone de Beauvoir glaubt und die alle dargestellt, oder für den, der ihre Bücher kennt, wieder dargestellt werden; der Rest – die Dichte und unmittelbare Wucht des Bestehenden, der Schmerz und die Angst – bleibt im Schweigen aufgehoben oder wird nur andeutungsweise, mit großer Zurückhaltung evoziert. Wenn man will, kann man etwas in den Augen und in einigen Pausen erspähen, am Anfang und am Ende, wenn Claude Lanzmann, der einzige Mann, der Simone duzt (Sartre und sie haben einander immer mit »vous« angeredet, und wenn dieses auch weniger distanziert ist als das italienische »lei«, ist es doch nicht ohne Belang), sie provoziert und sie einen Augenblick lang schutzlos dasteht. Sartre provoziert sie nie, die Zärtlichkeit ist zu extremer Liebenswürdigkeit geworden (bis auf ein einziges Mal, als er sie, im Zentrum seiner derzeitigen Lage getroffen, anfunkelt), fast zu Komplizenschaft und betonter Rücksichtnahme. Doch hat

---

1 Vgl. *Simone de Beauvoir.* Un film de Josée Dayan et Malka Rybowska, Paris 1979.

Simone de Beauvoir es vielleicht nicht zufällig vorgezogen, den Film mit Lanzmann zu beginnen und zu beschließen, der sie dazu bewegt, sich auf der Ebene des Gefühls mehr zu kompromittieren und die Saite anzuschlagen, die dem Schmerz am nächsten kommt; vielleicht hat sie sich nicht zufällig erlaubt, ein wenig »weich zu werden«. – Welchen Eindruck habe ich auf dich gemacht, als du mich die ersten Male gesehen hast? fragt Simone. Und Lanzmann lächelnd und gemein: Nun ja, abgesehen von meiner bekannten Vorliebe für ältere Damen ... Doch damals warst du noch gar nicht so alt. Du erschienst mir sehr schön. Dein entspanntes Gesicht hat mich beeindruckt, und ich hatte Lust herauszufinden, was hinter dieser Unerschütterlichkeit liegt. Das ist es, was mir zu Anfang Vergnügen bereitete. – Sieh mal einer an. Simone erwidert ruhig: Und was hast du entdeckt? – Daß du eine Mischung aus totaler Lebensfreude und Angst warst, Tränenausbrüche, Schluchzen, Verzweiflungsanfälle. – Und sie: Aber das ist lange her. Als ich aufhörte, an Gott zu glauben, habe ich große, sehr große Angst vor dem Tod gehabt. Und das gab mir den Sinn für die Vergänglichkeit des Lebens. Das ist die Angst.

Lange her. Am Ende fragt der unerbittliche Verliebte sie, wieso denn jetzt die Angst verschwunden sei. Und sie: Die Angst ist verschwunden und in gewissem Sinn auch die Wut. Ich erinnere mich, daß ich dem Buch, das ich über den Tod meiner Mutter schrieb *(Ein sanfter Tod)*, zwei Verse von Dylan Thomas vorangestellt hatte, die ich sehr mochte und die in etwa so gingen: »Geh nicht so fügsam in die gute Nacht; wüte, ja wüte gegen das Sterben des Lichts.« Damals dachte ich, man müsse wüten. Aber gegen wen? frage ich mich jetzt. An Gott glaube ich nicht. Gegen meine Zellen und meinen Körper, die denen aller anderen meines Alters ähneln ... habe ich keinen Grund zu wüten und folglich auch keinen, mich zu ängstigen. Ich lebe nicht mehr entweder im Licht oder im Dunkel. Vielleicht eher im Halbdunkel ... Man könnte sagen, daß ich ein wenig ausgebrannt bin. – Und er: Du bist vielleicht ein wenig gleichgültig geworden? – Und sie: Ach nein, nein, das stimmt nicht. – Und er: Wirklich nicht? – Und sie: Es gibt einige Personen, deren Tod mir einen Schlag versetzen würde, der, wenn er nicht tödlich wäre, mir doch das Leben ganz und gar verleiden würde. Es sind nicht viele, aber es gibt sie. Und vielleicht bin ich, weil ich weiß, daß es andere Tode um mich herum geben wird, bereits einige gegeben hat und weitere geben wird, meinem eigenen Tod gegenüber gleichgültig geworden. Denn wenn die Welt um mich herum einsam wird, sehe ich nicht mehr viel Grund, dazubleiben.

Der Film endet mit diesem Gespräch über den Tod – und nicht nur über den physischen Tod, sondern den der Erinnerungen, des Gedächtnisses, was der fürs Schreiben gezahlte Preis ist (Schreiben, sagt Simone, balsamiert die Vergangenheit ein, konserviert sie, aber wie eine Mumie: Sie kehrt nicht mehr wieder, wie sie war, sondern nur, wie du sie geschrieben hast). Die beiden Äußerungen der Angst, die der Jugend und die des Alters, sind ihr durch den Mann entlockt worden, mit dem sie die vielleicht stürmischste, wenn auch nicht schmerzvollste Beziehung gelebt hat. Es ist kein Zufall, daß er es ist, der sie zum einzigen inneren Geständnis bewegt, in den einzigen Bereich der Unsicherheit führt.

Simone läßt sich nicht aus der Fassung bringen, auch wenn Sartre und Lanzmann sie unbewußt, nach Männerart, mit einer Zuneigung umgeben, die nicht frei von Paternalismus ist. Im Grunde, sagt Lanzmann zu ihr, war dein Projekt des Schreibens, des Sehens, deine Gegenwartsmanie eine Flucht vor der Angst. Aber nein, Simone de Beauvoir läßt nicht zu, daß auf ein existenzielles Muster reduziert wird, was ihr das Wichtigste an ihr selbst war, nämlich aus dem Schreiben ein Leben und aus dem Leben Schreiben gemacht zu haben.

Mehr als Sartre hat sie ein zweifaches Gefühl – das, einen Zyklus abgeschlossen zu haben (am Ende sagt sie, sie schreibe nicht mehr, weil sie nicht mehr viel zu sagen habe, und wendet sich an Sartre: Ich denke, ein wenig ist es auch für Sie so, nicht wahr? – Und er, sehr krank und blind, antwortet ihr mit gleich zwei Pfeilen: Das kann man nicht gerade sagen. Ich arbeite an einem neuen philosophischen Gebäude. Aber sagen Sie mir, wie es ist, eine gelehrte Frau zu sein?), und gleichzeitig das eines insgesamt positiven, nicht problematisierten Werts ihres Lebenswerks. Es ist keine Anmaßung, denn Simone de Beauvoir, die Emsige, der Castor, hält sich weder für eine große Schriftstellerin (»ich habe niemals so an Sprache gearbeitet wie Virginia Woolf ... es drängte mich, Dinge zu sagen«) noch für eine große Essayistin (»mein einziger wirklicher Beitrag ist *Das andere Geschlecht* gewesen«), doch ist sie sich der unbestechlichen, aktiven Zeuginnenrolle, die sie wie Sartre als Intellektuelle gespielt hat, äußerst sicher. Sie weiß, daß sie weder alles noch immer rechtzeitig verstanden hat, aber keine wirkliche Selbstkritik spricht aus ihren Worten, eher ein konkreter historischer Sinn für die von Mal zu Mal im Grad ihres Verstehens oder ihrer Vorausschau registrierte Grenze. War Sartre eine Zeitlang von der 68er-Bewegung mitgerissen, so ist Simone de Beauvoir überhaupt nicht davon berührt worden (und auch bei Sartre ist es nicht sicher: Seine Schrift, die am meisten von '68 hat, entstand vorher, es sind *Die Wörter*, während *Der Intellektuelle als Revolutionär*, das er mit Victor und Gavi geschrieben hat, ein Dialog zwischen ihm und zwei jungen Leuten der neuen Linken ist, in dem der Intellektuelle nicht einen Deut von seinem Terrain abgeht, im gegebenen Fall vom Wert *an sich* seiner endlosen Arbeit über Flaubert). Simone macht keine Konzessionen: Auf die Barrikaden gehen konnte sie auf Grund ihres Alters und ihrer Rolle nicht – das wußte sie; sie brüstet sich nicht damit, aber sie grämt sich auch nicht deswegen. In der Schule interessierten sie nur die begabtesten Schülerinnen, für sie unterrichtete sie; wie sie heute nur die begabtesten Personen interessieren, die exklusiven Freundschaften, die Welt, die etwas zu sagen hat, kurzum, die Welt der Sprache und vor allem der geschriebenen Sprache.

Darin liegt eine wirkliche Grenze, jedoch auch ein klares historisches Profil, und zwar eines von großer charakterlicher Aufrichtigkeit. Sartre und Simone de Beauvoir haben sich niemals gebeugt und niemals beklagt. Um das zu tun, muß man entweder an Gott oder an sich selbst glauben. Das zweite ist der Fall. Und zwar der Glaube an sich selbst als etwas, das man konstruiert, eigenhändig macht, gestaltet und auch freiwillig unterdrückt. Hinsichtlich ihrer Ängste gibt es eine bedeutsame Stelle: Ich habe sie besiegt, sagt sie, weil ich den Mann, den ich liebte, nicht mit ihnen belasten wollte und weil im Schmerz immer »eine gewisse Dosis Zustimmung« steckt. Der Castor – wie Sartre sie wegen ihres unermüdlichen Arbeitens nannte – bewundert die Spontaneität des eigenen Ichs nicht; wenn es bei ihr überhaupt einen Narzißmus gibt, hat er sich auf den Selbstentwurf verlagert, den sie verwirklicht hat und der ein Kampf war, der gewonnen werden mußte, eine Anstrengung und ein ständiges Bemühen.

Und daher kommt es, daß der Film, obwohl von Feministinnen gemacht und mit der Überzeugung von seiten Simone de Beauvoirs, eine von ihnen zu sein, das kohärente Porträt einer klassischen Emanzipation ist. Kohärent, weil es an die Gewißheit des Vorrangs der Person als kultureller Tatsache gebunden ist: Ich denke, also bin ich; ich schreibe, also bin ich. Das genaue Gegenteil einer Versenkung in die eigenen »Ursprungs«-Gründe: Ich bin, also bin ich – und ernsthaft, denn der Castor gibt sich keinen Verstellungen hin. Sie beschreibt sich nicht als Unterdrückte, weil sie es nicht gewesen ist – außer im Sinne jener großen Unfreiheit und Auslöschung, die das Los aller in der Gesellschaft von heute und vielleicht auch von morgen ist – und sie vermittelt keine indirekten Erfahrungen. Das gehört zu ihrem Ehrenkodex. Wie gegenüber 1968, so ist auch ihre Haltung zum Feminismus eine äußerliche und herzliche Sympathie, mehr nicht; weder das eine noch das andere wühlt sie emotional oder gedanklich auf. Ihre Lektüre sind nicht die Graffiti-Schriften an den Wänden, es bleiben *Les Temps Modernes.*

Was sie von den Frauen verstanden hat und denkt, hat sie ein für allemal und ohne ihre Position wesentlich zu ändern im *Anderen Geschlecht* geschrieben. Sie weiß, daß in der 68er-Bewegung und im Feminismus anderes steckt, sie pflichtet bei, unterschreibt, geht aber nicht in diesem »Anderen« auf. Als sie klarer als Sartre sagt, sie sei ein wenig ausgebrannt – denn die Frauen haben ein unmittelbareres Gespür für Leben und Tod, Anfang und Ende –, fühlt sie vielleicht, daß ihr Schicksal in einer Geschichte fixiert ist, die sich nicht mehr ändern wird und deren Ende nunmehr absehbar ist. Sie durchmißt sie erhobenen Hauptes, ohne der Gegenwart oder der Zukunft zu schmeicheln, ohne Irrungen des Selbstbewußtseins. Was ihr die moralische Stärke verleiht, sind das Schweigen, die Zurückhaltung, die Gefaßtheit in Gesicht und Stimme, die leichte Distanziertheit und zugleich Unbeugsamkeit, der ferne Hauch von Jansenismus, der bis heute der bedeutendste Beitrag der französischen Kultur bleibt.

März 1979

Die »Gesellschaft der Unbeteiligten«

Über die politische Virginia Woolf haben sich in freundschaftlicher Polemik mit dem, was ich am 8. März geschrieben hatte *(Wer hat Angst vor Virginia Woolf? Ich)*, Bianca Maria Frabotta und Manuela Fraire in der Frauen-Sendung von *Radiotre* geäußert, die unter der Redaktion von Licia Conte inzwischen zu einer regelrechten »gesprochenen Zeitschrift« geworden ist. Dabei haben sie in ihrer Stellungnahme die Aktualität von Virginias Positionen betont, besonders derjenigen in *Die drei Guineen*.

Diese Schrift, *Die drei Guineen*, entstand zwischen 1937 und 1938. Virginia stellt sich vor, daß ein ehrbarer Anwalt sie bittet, einen Aufruf gegen den Krieg zu unterschreiben: »Liebe gebildete Frauen, tut etwas.« Und sie antwortet wütend mit nein. Wie können die Männer es wagen, die Frauen zu bitten, als Bürgerinnen einzugreifen, wo sie sie doch von der Bildung (die den Söhnen vorbehalten war – »Arthurs Education Fund«), vom Eigentum, von der Berufsausübung ausschlossen? Bevor wir uns zu eurer Politik äußern, schließt Virginia Woolf, müßten wir erst als Staatsbürgerinnen voll anerkannt sein. Ich muß drei weiteren Komitees, die sich der Frauenemanzipation annehmen, jeweils eine Guinee spenden ... Und angenommen, sie erreichen ihre Ziele, so wird die Politik, die wir dann machen werden, in ihren Formen der euren nicht ähnlich sein. Wir werden den Krieg abschaffen, indem wir den männlichen Willen zur Aggression durch Ironie zerstören; wir werden die Politik erschüttern, indem wir ihren Pomp und ihre Hierarchien verlachen; wir werden die Profitakkumulation verhindern, denn für die Frauen ist Eigentum Substistenz, nicht Akkumulation; und schließlich werden wir die Arbeitsbedingungen ändern, denn ist es auch erniedrigend, zu Hause zu bleiben, so ist doch eure Arbeit entfremdend. Solange und bis dahin werden wir »unbeteiligt sein«.

So weit, knapp zusammengefaßt, der Inhalt des Büchleins. Ich will nicht diskutieren, wie es in Virginias Biographie einzuordnen ist; mir scheint es von einem sehr tiefen Zweifel und dem Bewußtsein eines ungelösten Widerspruchs durchdrungen. Um die Anklagerede tatsächlich in dem Angriff gipfeln zu lassen: »Also verlangt nicht von uns, daß wir das englische Vaterland verteidigen, ihr und die Deutschen seid für uns ein und dasselbe: faktische oder potentielle Faschisten«, muß sie zu viele Dinge verschweigen, um die sie weiß. Sie weiß, daß in Spanien Krieg ist; ihr Neffe Julian Bell

sollte darin sterben – ein Raufhandel zwischen Männern, die auf
beiden Seiten allein durch die Sucht getrieben sind, handgreiflich zu
werden? Beim Abendessen und beim Frühstück diskutiert sie mit
John Maynard Keynes. Sie fühlte sich von der Labour Party ange-
zogen, hat ihr gegenüber aber zugleich eine Verteidigungshaltung
eingenommen; sie flieht, weil die Stimme der Politik zu laut ist
(»und bis zu welchem Punkt zählen die individuellen Ideen und
Taten? vielleicht müßten wir uns alle dafür einsetzen, die gesellschaftlichen Strukturen zu verändern«); sie kann sie nicht hören,
ohne sich ablenken zu lassen. Sie kann sie nicht mit ihrer Arbeit ver-
einbaren. Doch geblieben ist eine Unruhe in ihr, die sich meiner
Ansicht nach in der aggressiven Einseitigkeit von *Die drei Guineen*
widerspiegelt und die der Kriegsausbruch nur steigern konnte. Von
1938 bis zum Tag ihres Todes zeugen die Seiten ihres Tagebuchs
nicht von einer Nervenkrise, sondern von einer Lebenskrise. Die
Welt, die sich nicht um sie schert und um die sie sich nicht hat scheren wollen, hat jede Hoffnung zunichte gemacht, zwischen den Ent-
setzlichkeiten des »Öffentlichen« – Kriegsausbruch und Tod – und
dem »Privaten« bliebe ein praktikabler Freiraum. Wenn sie sich
davon überzeugt haben wird, wird Virginia einen Stein nehmen und,
ihn fest in Händen haltend, ins Wasser gehen.

So jedenfalls lese ich ihre Geschichte; und nach dem, was in der
Erzählung durchscheint, wirken die *Drei Guineen* auf mich äußerst
schwach. Ich glaube, ihr selbst muß klar gewesen sein, daß es sich
um das Plädoyer für eine gute Sache handelte, weiter nichts: der
armseligste Text, den sie je geschrieben hat. Auch über die Frauen,
denn Virginia ist keine Feministin ihrer Epoche. Ihr fehlt eine wahre
Zärtlichkeit für ihr Geschlecht, der Stolz, ihm anzugehören (nichts
Alberneres als der Stolz, dem eigenen Geschlecht anzugehören,
schreibt sie). Ihr wirklicher Schlüssel ist die Androgynie; Orlando
ist nicht nur Vita Sackville-West, sondern sie selbst. Mann und Frau
von ihrer jeweils männlichen *und* weiblichen Seite kennenzulernen,
stellt eine »kulturelle« Entscheidung und Herausforderung dar. Die
klassischen Themen des frühen Feminismus – die sich die liberalen
Gesellschaften im übrigen zu eigen gemacht haben – sind Virginia
wirklich nicht mehr als drei Sterling wert.

Vielleicht irre ich darin. Das macht nichts. Heute geht es mir
darum zu verstehen, welche Philosophie, welche Einschätzung der
Geschichte und der Gesellschaft Bianca Maria und Manuela erlauben, zum einen die These aufzuwerten, das Unbeteiligtsein der
Frauen am antifaschistischen Krieg sei richtig gewesen, und zum

anderen die »Gesellschaft der Unbeteiligten« erneut als politische
Linie für die Gegenwart vorzuschlagen. Ich möchte durchaus zugestehen, daß, als Virginia 1938 schrieb, es werde künftig reichen,
dem Krieg die Gleichgültigkeit entgegenzusetzen, sie den sich
anbahnenden militärischen Zusammenstoß mit dem Einsatz der
leichten Truppen im vorangegangenen Jahrhundert verwechselte –
worüber man in der Ruhe der Londoner Salons hitzig hätte diskutieren können. Es war möglich, daß sie die Brandbomben, die in
ihren Garten fallen sollten, nicht voraussah. Aber wir heute? Wissen
wir nicht, daß dieser Krieg die ganze Welt in Flammen setzte, jegliche zivile Errungenschaft gefährdete, die Vernichtungslager und
Hiroshima mit sich brachte? Guter Gott, während Virginia schrieb,
wurden die Rassengesetze unterzeichnet! Wenn sie das gewußt hätte,
hätte sie dann noch gesagt, daß die Frauen sich nicht dazu zu äußern
gedächten, ehe sie nicht Bildung, Eigentum und Berufstitel erlangt
hätten? Und können wir heute, ohne vom Zweifel angenagt zu werden, sagen, daß die Großmächte in Lächerlichkeit versinken werden, ehe sie uns in den Untergang führen? Schon als Virginia *Die
drei Guineen* schrieb, gab es enorme materielle und ideologische
Interessen; demokratische Mächte, faschistische Mächte, eine
sozialistische Macht; von wegen Education Fund, um »Arthur« auf
die Militärakademie zu schicken. Wenn Virginia in Wut und Unwis-
senheit einmal kindisches Zeug redet, verkürzt, in Klammern setzt
und vergißt, rechtfertigt das dann, daß wir vierzig Jahre später
sagen: »Nein, sie hatte recht, hat klargesehen, das ist es, was man
damals sagen mußte und heute tun muß?«

Es gibt ein Paradox in der Rede meiner feministischen Freundinnen über die Macht: Sie sind durchaus überzeugt, daß die Macht der
Feind ist, aber doch kein so großer Feind, denn er herrsche über
einen Bereich, dem man sich *entziehen könne*. Also ist er kein gar so
fürchterlicher Feind, genau wie der Krieg, der in Zukunft dadurch
verhindert werden könne, daß die »Unbeteiligten« ihn verlachen.
Meine Freundinnen denken, es sei genug, wie in Andersens Märchen
zu rufen: »Aber der Kaiser hat ja nichts an!«, damit dieser versinkt.
Doch er versinkt keineswegs. Das Wissen um die Macht vermag uns
nicht von ihr zu befreien, wie das Wissen um den Schmerz uns nicht
zu heilen vermag. Entweder die Macht wird gebrochen, oder der
Zuruf: »Du bist lächerlich, es gibt dich nicht, ich sehe dich nicht« ist
nichts als der gereizte Spott einer unglücklichen englischen Lady.

Müssen wir das den Frauen, die uns zuhören, nicht sagen? Denn
es ist für sie (für uns) eine Versuchung, unbeteiligt zu sein, wie es

unserer Unterdrückung mitgegeben worden ist – die große Illusion, nicht »in der« Geschichte zu stehen und folglich das Eingreifen aufschieben zu können, weil es entweder zu früh oder zu spät oder das Terrain ein anderes ist. Dieses Hirngespinst ist nur der weiblichen Unterdrückung eigen, und das nicht zufällig. In der Unterwerfung der Frau durch den Mann steckt tatsächlich auch eine stillschweigende Übereinkunft, zu der das »es geht dich/mich nichts an« gehört. Das bietet einige Bequemlichkeiten, von denen man sich befreien muß wie vom gefährlichsten Fallstrick. Denn eines ist gewiß: Um Vorstellungen, Dinge und Machtverhältnisse zu verändern, muß man *vital* dazu gezwungen sein. Es ist kein Teilzeitjob. Man macht das nicht in der anderen Hälfte des eigenen Lebens.

Manuela Fraire beklagt sich, weil ich von den Frauen »Allgemeines« verlange. Selbstverständlich verlange ich das. Wenn Frauen etwa über Terrorismus diskutieren, überprüfen sie die Kasuistik ihres Verhältnisses zur Pistole – selbst wenn sie sie dann ablehnen –, ohne die Objektivität des abgegebenen Schusses, die konzentrischen Kreise, die er wie ein Stein im Wasser zieht, das Gewebe also, in dem der Terrorismus eine Blutspur oder einen Riß hinterläßt, auch nur zu streifen – wobei gewöhnlich das Opfer vergessen wird, dessen Bild immer fehlt, wenn es sich nicht gerade um Moro oder Rossa oder Alessandrini handelt, die der Gesellschaft präsentiert werden. Solange es sich so verhält, glauben die Frauen, sie stünden außerhalb eines Etwas, in dem sie doch bis zum Hals stecken und um das sie sich, wie Virginia sagen würde, nicht scheren und das sich nicht um sie schert. Der organische Charakter des Systems der gesellschaftlichen Verhältnisse, der um so komplexer ist, je höher wir stehen, schließt von vornherein die Möglichkeit aus, »unbeteiligt« zu bleiben.

Das ist nicht immer so gewesen. Und es kann eine List der Geschichte sein, daß Frauen sich selbst und ihre Andersheit heute sehen, da es ihnen nicht mehr erlaubt ist, sie zu praktizieren, da die zivile Sphäre von der politischen aufgesaugt wird und umgekehrt. Tatsache ist, daß es keinen Krieg der anderen mehr gibt, der von einem Hügel aus betrachtet werden könnte, wie es Pierre in *Krieg und Frieden* tut – wobei man sich vorbehält, ins eigene Land und zu ausgewählten menschlichen Beziehungen zurückzukehren. Vor unserer Tür ist Krieg, kaum daß wir um die Ecke biegen, im Nahen Osten, vielleicht auch noch näher; der Staat steht bereits in unserer Tür. Für die Gesellschaft der Unbeteiligten ist die Beitrittsfrist 1914, so glaube ich, abgelaufen. Den Frauen muß das gesagt werden. Sie müssen, auch wenn sie keine Lust dazu verspüren, Hand anlegen, sich das Gehirn zermartern und auf alle, ausnahmslos alle Fragen antworten. Es gibt keinen abgeschlossenen Garten mehr, in den sie flüchten könnten. Über diesen fliegt nunmehr jede halbe Stunde, hoch am Himmel, irgendein Satellit hinweg, der imstande ist, die Marke der Bluse, die sie tragen, zu fotografieren und zu den Akten zu nehmen.

April 1979

Feministinnen und KPI,
ein eigenartiges Verhältnis

Wie nehmen sich die Feministinnen in den Reihen der Kommunistischen Partei aus? Denn es gibt sie, und ob. Sicherlich mehr, als in
der neuen Linken geblieben sind, aus der die meisten kamen. Die
fünfzig Frauen, zumeist zwischen zwanzig und dreißig, die Laura
Lilli und Chiara Valentini im Laufe des Jahres 1978 interviewt haben
(in *Care Compagne*, Editori Riuniti, 1979), sind fast alle Mitglieder
der KPI und praktizieren alle, mit mehr oder minder großer Begeisterung, in Ergänzung oder Widerspruch die doppelte Militanz: als
Feministinnen und Kommunistinnen. Sie sind der einzige Mitglie-
dertypus der KPI, der erklärt, zwiegespalten zu sein, und mit dem
die KPI einen Nichtangriffspakt geschlossen zu haben scheint: Sie
nimmt sie auf (ich glaube nicht, daß man sagen kann »sie nimmt sie
an« und weniger noch »sie nimmt sich ihrer an«); und sie »nehmen«
die allgemeine politische Linie der Partei »zur Kenntnis«. Ihre Kampf-
bereitschaft und im Grunde ihr eigentliches Interesse behalten sie
dabei der eigenen Erfahrung im Rahmen der großen Organisation
vor, in der sie tagtäglich festentschlossen das Geben und Nehmen
aushandeln.

So der erste Eindruck nach Lektüre dieser dichten und sehr interessanten dreihundert Seiten. Eine wie mich, die von 1943 bis 1969 in
der Kommunistischen Partei war, lassen sie plötzlich den Abstand
des Jahrzehnts ermessen, das mich von ihr trennt. Mehr als die politischen Dokumente oder die hitzigen Diskussionen in *Rinascita*
machen Zeugnisse wie diese oder Unterhaltungen mit Genossinnen
und Genossen an der Basis deutlich, wie sehr sich das Gewebe der
KPI in den siebziger Jahren verändert hat. Diese Veränderung ist
nicht mit der fortschreitenden Überwindung der Ambivalenzen
Togliattis bei Berlinguer erklärbar, sondern mit der Überschneidung
der politischen Wende des historischen Kompromisses und der
Massenbewegung, aus der die KPI zwischen 1968 und 1975 Kapital
geschlagen hatte und die, zerschmettert an den Felsen der neuen Linken, aber sicher noch voller Ungestüm, zu ihr gelangte und der Partei ihr antagonistisches, radikales Zeichen brachte; man war nicht
ans Delegieren gewöhnt. Und dabei handelte es sich um eine Partei,
die immer weniger antagonistisch war, den subjektiven »revolutionären« Elan bereits als kindischen Extremismus bewertete und Politik
schließlich wie nie zuvor auf die institutionelle, ja sogar staatliche

Vermittlung reduzierte (Beziehungen zwischen Generalstab, Parlament, Regionen, Gemeinden, Konsortien, Bezirksräten – und weiter die Verästelungen des »Pluralismus« hinab). Die KPI der siebziger Jahre muß unter diesem einzigartigen doppelten Vorzeichen gesehen werden, das erklärt, warum die Partei, die 1973 ausdrücklich den Aufschub des Sozialismus forderte und der Neulegitimierung der Christdemokratie eine ehrgeizige theoretische Grundlage verschaffte, die Partei, die nicht an die Scheidung glaubte, in der Abtreibungsfrage zögerte und erklärte, unter keinen Umständen eine Regierung der Linksparteien zu wollen, nicht nur an Stimmen zulegte, sondern zum Hoffnungsträger großer Massen (keineswegs nur oder im besonderen der »gemäßigten Mittelschichten«) werden konnte, welche mit bewußter Zweigleisigkeit all dies als nützliche, wenn nicht sogar glückliche Taktiken auffaßten. Zu diesen Massen gehörten auch die Frauen, zu den Frauen die Feministinnen.

Die von Laura Lilli gesammelten Interviews sind aussagekräftig. Der Großteil der Genossinnen, die von sich erzählen, und alle, die eine Führungsfunktion in der Partei innehaben (etwas weniger im Italienischen Frauenbund UDI), kommen aus der 68er-Bewegung und werden zwischen 1973 und dem entscheidenden Jahr 1975 Mitglied der Kommunistischen Partei. Einige beteiligen sich an der Bewegung von 1977 und treten 1978 in die KPI ein. Mit Ausnahme einiger militanter Kommunistinnen, einiger Älterer oder theoretisch stark Engagierter sind sie alle keine Kommunistinnen, die die Dimension des Feminismus entdecken (die also die Entwicklung der UDI von 1973 in Santa Severa bis 1978 mitmachen[1]); sie haben in mehr oder weniger engagierter Form Erfahrungen mit der neuen Linken gemacht und diese mit der Entdeckung des Feminismus früher oder später verlassen. Die einzige Gruppe der neuen Linken, die ihnen ein Stück Identität bot, war, wie aus vielen Interviews hervorgeht, das *Manifesto* – manchmal mehr als nur ein Spielraum, eine Suggestion. Dennoch verlassen sie diese in der Phase der Vereinigung mit dem PdUP.[2] Denn nachdem sich das zweitrangige Ziel, das die Feministinnen zu verfolgen schienen, nämlich die »erträglichste«

---

1 Die UDI (Unione donne italiane) war zunächst eine Nebenorganisation der KPI; unter dem Antrieb eines wachsenden weiblichen Bewußtseins wuchs in den siebziger Jahren die Kritik an der Partei, und der Frauenbund entwickelte eine zunehmende Autonomie. (Anm. d. Übers.)

2 Nach einer Phase enger Zusammenarbeit zwischen dem *Manifesto* und dem PdUP (Partito di unità proletaria) seit 1972 schlossen sich die beiden Gruppen im Sommer 1974 formell zum »Partito di unità proletaria per il comunismo« zusammen. Die neue Partei löste sich bereits im Februar 1977 wieder auf. (Anm. d. Übers.)

aller Männer-Parteien entstehen zu sehen, mit der Niederlage der Liste der vereinten Linken bei den Wahlen von 1976 nicht verwirklicht, bleibt ihnen von der neuen Linken nurmehr das verhaßte Bild der sich streitenden Führungsgruppen. Und bei denen erscheint den Genossinnen der eben männliche Macht-, Gewalt- oder Manövrier-Charakter als vorherrschendes Moment. Nicht nur in den interessanten Aussagen von Bianca Maria Frabotta, wie in denen von Paola S. aus Mailand und in denen einer Ungenannten, die indes leicht als Genossin und Freundin zu erkennen ist, wird dies als Beweggrund für ihre Entscheidung genannt, die Gruppen zu verlassen; einschließlich die »diplomatischste von ihnen«, das *Manifesto* nämlich.

Diese Unerträglichkeit wird den meisten Frauen aber vor allem im Jahr 1976 bewußt. Auch die Frauen von *Lotta continua* entdecken besonders nach den verlorenen Wahlen, daß der männliche Genosse unausstehlich ist.

Viele treten in die Kommunistische Partei ein. Für eine Kämpferin meiner Generation haben diese Eintritte der letzten Jahre aus der neuen Linken etwas Seltsames; sie spiegeln eine ganz andere Erfahrung wider, eine sehr unvoreingenommene »Verweltlichung«. Man tritt mittlerweile, wenn ich es so ausdrücken darf, in die KPI ein, wie man einen Zug nimmt, um den Weg zwischen sich selbst und den Massen abzukürzen. Weil sie das größte Sozialisationsinstrument ist; weil sie die Superinstitution ist. Institutionen sind sie alle, ihre Fehler sind die gleichen, diese aber hat wenigstens ein großes Beruhigungspotential – sie kann etwas bewegen, du kannst durch sie etwas bewegen. Man bezieht sich auf sie wie auf den anderen Staat, das kleinere Übel, wo man dem eigenen Handeln eine Richtung geben kann, nicht zum Rückzug in die Einsamkeit gezwungen und nicht der Zerreißprobe ausgesetzt ist, die in den feministischen Gruppen oder Kollektiven und allgemein in freien Vereinigungen unvermeidlich scheint. Paradoxerweise ist es das am wenigsten Weibliche, das in der Partei eine Art Sicherheitsgurt darstellt. Eine Frau, die die zermürbenden Kämpfe unter Frauen erlebt hat, wird sagen, daß sie in der KPI wenigstens geordnet sprechen und zuhören kann, auch wenn es nötig ist, dem Mann gegenüber eine etwas andere und weniger ritualisierte Regel des Eingreifens durchzusetzen. Vor allem aber mögen Frauen es nicht, sich gegenseitig zu zerfleischen, was vorkam, solange sie unter sich waren: Es stimmt tatsächlich, daß sie unter dem Konkurrenzdenken, wenn sie es haben, leiden; es begeistert sie nicht, aus dem Kämpfen einen Sport zu machen; wenn sie verlieren, leiden sie, und wenn sie gewinnen, fühlen sie sich schuldig. Gegenüber den anderen Frauen, nicht gegenüber der Partei. Diese bietet ihnen ihre feindselige Männlichkeit und Männer in Fleisch und Blut, die häufig schweigen oder verlegen, manchmal aber offen widerwärtig sind (»tasten wir sie ab, diese Feministinnen, und schauen nach, ob sie Bomben tragen«, ist die köstliche Bemerkung eines Angehörigen des Ordnungsdienstes der Metallarbeiter) – so kann die ganze Aggressivität auf sie gerichtet werden.

Was indessen die Männer-Partei angeht, so stellen die Feministinnen, die auf diese Weise eintreten, eine reale Verbindung zu den nicht erreichbaren oder sich entziehenden Frauen her. Die Erfahrung der Genossin aus Arezzo, der aus Venedig und vieler anderer sind bezeichnend: Die Frauenausschüsse waren fast verschwunden, die UDI durchlebte ihre Qualen, die junge Frau tritt in die KPI ein und wird rasch Parteifunktionärin, weil sie ihre Frauengruppe, dank einer gänzlich anderen, gesprochenen Sprache anstelle des »Politiker-Jargons«, wirklich organisiert und wie die »Lakenaktionen«[3] in den Vierteln führt. Vor allem fragt sie die Frau neben sich sogleich, wie es mit dem Mann läuft, weil es sie wirklich interessiert; sie stellt rasch eine Vertrauensbasis her, nicht aus Taktik, sondern weil sie das braucht, und kommt gleich auf den wunden Punkt zu sprechen; kurzum, sie bietet nicht nur eine Beziehung an, um dieses oder jenes gegen den Arbeitgeber oder die Gemeinde zu unternehmen, sondern um anerkannt und befreundet zu sein, einander ähnlich und doch anders, respektiert und voll Mitgefühl für das lange, einsame Schlucken von Kröten (schlucken wir sie nicht mehr! – wir sind so viele und haben unsere Rechte). Dies ist, auf einfachste Weise ausgedrückt, »Feminismus«: ein unmittelbares Kommunikationssystem. Damit bringt die kommunistische Feministin andere Frauen zur KPI, und diese bietet ihr dafür einen Hebel, um zunächst die Befriedigung einiger Bedürfnisse auf breiterer Ebene einzufordern und sich vielleicht durchzusetzen. Den Genossen im Gemeinde- oder Regionalrat, der bereit ist, sich in Sachen Beratungsstellen, Umweltverschmutzung oder Wohnungen den Erfordernissen des breiten Bündnisses anzupassen, bringt der Druck der Feministinnen inner- und außerhalb der Partei dazu, seine Meinung oder zumindest sein Verhalten zu ändern; ihr entschiedenes Auftreten, die Gewißheit,

---

3 Im Orig.: »lenzuolate«. Aktionen der Frauen Anfang der 70er Jahre, die mit Laken (*lenzuola*) oder Kochtöpfen bewaffnet auf die Straße gingen, um gegen die Rollenfestschreibung zu protestieren. (Anm. d. Übers.)

daß sie sich nicht an Disziplinvorschriften halten, wenn er sich statt ihnen der Position der DC oder des Bürgermeisters »anpaßt«, zwingen ihn, zu einem verlängerten Arm ihrer Forderungen zu werden. Es ist kein konfliktfreies Geben und Nehmen, nur daß der Konfliktbereich begrenzt ist: Im Gegenzug verlangen die Feministinnen, zumindest den Interviews von Laura Lilli und Chiara Valentini zufolge, keine Rechenschaft über die »allgemeine Linie«. Sie berufen sich nicht einmal darauf. Das Jahr 1974 ist für sie das Jahr der Begeisterung nach der gewonnen Schlacht in Sachen Scheidung; keine weist darauf hin, daß es auch das Jahr der *legge Reale*[4] war. Die Interviews stammen alle aus dem Jahr 1978, aber keine der Interviewten erwähnt das Referendum (außer einer sehr neuen und eifrigen, die etwas gegen die Radikalen hat). Von 1976, der Enthaltung, dem Erreichen der Mehrheit, der Krise der Mehrheit wird nicht gesprochen. Kein Wort über Lama-La Malfa und die Linie des EUR[5]; auch die Interviews mit den Arbeiterinnen (im allgemeinen Gruppeninterviews) betonen die Erfahrungen an der Basis, bei der alle Phasen, das Ziel und wer dafür eintritt, der erklärte Gegner, die nur halbherzig engagierten Genossen, überschaubar sind – der Rest wird verdrängt. Vielleicht ist es kein Zufall, daß der Zusammenstoß in der Gewerkschaft härter ist, wo Linie und Basis-Aktion sofort aufeinandertreffen und das Leben für die Frauen schwerer ist.

Manchmal wird die »Basisverbundenheit« der KPI-Feministinnen ins Feld geführt, häufiger aber hat die Verdrängung der allgemeinen Linie andere, tieferliegende Ursachen. Keine von ihnen verdrängt in der Tat das Jahr '68 und nur sehr wenige das Jahr '77, über das es geteilte Meinungen gibt (für einige war es der Zeitpunkt, »als die Bewegung feministisch wurde«, andere sehen darin scharfsinniger den Moment, da die Bewegung die Formen des Feminismus lediglich nachahmte, weil sie sie nicht wirklich mit ihrer tragischen Dimension – eine nennt sie »tödlich« oder »existenzverneinend« – verbinden konnte). Alle verdrängen dagegen die Wahlen, den Terrorismus

---

4 Die *legge Reale*, nach dem damaligen Justizminister Oronzo Reale (Republikaner), ist ein im Mai 1975 gegen die Stimmen der sozialistischen und kommunistischen Partei verabschiedetes Gesetz zur öffentlichen Sicherheit, mit dem die Befugnisse der Sicherheitskräfte erheblich ausgeweitet wurden. (Anm. d. Übers.)

5 Zur Überwindung der schweren Wirtschaftskrise der ausgehenden siebziger Jahre hatte sich der Vorsitzende des italienischen Allgemeinen Gewerkschaftsbundes (CGIL) Luciano Lama für eine »neokorporativistische« Strategie der Zusammenarbeit zwischen Unternehmern, ArbeiterInnen und Staat ausgesprochen und zur Zurückhaltung bei den Gewerkschaftsforderungen geraten. Diese Linie setzte sich auf dem Nationalkongreß der CGIL 1978 durch, der im Saal der EUR (*Esposizione universale di Roma*) stattfand. (Anm. d. Übers.)

(außer um ungeduldig festzustellen, daß man damit Raum und Zeit verschwendet) oder die Moro-Affäre. Selbst die Namen der Partei- führer oder Staatsmänner tauchen nicht auf. Liegt es an den Fragen der Interviewerinnen? Kann sein, doch ist bezeichnend, daß es sich für keine der Frauen von selbst versteht, auf diese Punkte Bezug zu nehmen. Der einzige Parteiführer, der, wenn ich mich nicht täusche, zitiert wird, ist Berlinguer, von dem eine seiner bürokratischsten Äußerungen mit derselben leidenschaftslosen Bestimmtheit wieder- gegeben wird, mit der man zur Polizei geht, um den Reisepaß abzu- holen. Hat der Parteisekretär, dieser ausgebrannte Mann, beim letz- ten Parteikongreß doch tatsächlich gesagt, »der Prozeß der gesell- schaftlichen Revolution und der der Befreiung der Frau müssen Hand in Hand gehen«. Das besagt absolut nichts, außer daß die Feministinnen in der KPI ihre Befreiung kundtun und praktizieren *können*; und das reicht, nachdem man gelernt hat, daß Politik »die Kunst des Möglichen« ist, wie eine von ihnen aufrichtig behauptet, wobei sie in aller Unschuld hinzufügt, daß die Frauen »die einzige innerhalb der KPI zugelassene Strömung« sein sollten.

Auch hier ähnelt der implizit geschlossene Pakt dem mit anderen gesellschaftlichen Akteuren, die in diesen Jahren illusionslos in die kommunistischen Reihen eingetreten sind. Nur daß es für die Femi- nistinnen anders ist, insofern ihr Abgetrenntsein sich von dem aller anderen »Minderheiten« unterscheidet. Sie sind tatsächlich, wie im Vorwort und in vielen Beiträgen klug hervorgehoben wird, an die »doppelte Militanz« als Erfahrung einer Doppelheit der Lebensebe- nen, der eigenen und der anderer, der männlichen Welt wie der Poli- tik, gewöhnt. Wegen der »politischen Linie« kann leiden, wer drin steckt, wer dieselbe Sprache spricht, aber zu anderen Analysen kommt. Sie stecken nicht drin. Sie sitzen im Zug, führen ihn aber nicht; sie interessiert der Weg, den sie zu Fuß nicht zurücklegen könnten, und sie »leben ihn anders«. Nicht ohne einen Anflug von Exorzismus, der an die Praxis der Hexen, Feministinnen ante litte- ram, erinnert: Die hohe Politik und Strategie, die politischen Allian- zen werden als uninteressante Formalismen stigmatisiert, sind das Unbewegliche, das, was sich erst in tausend Jahren ändern wird, sind Männersache. Damit braucht frau sich nicht zu beschäftigen.

Wie weit sich die Kommunistische Partei mit einem Zusammen- leben zufriedengeben kann, bei dem ihr alles erlaubt ist, außer Hegemonie auszuüben, ist weniger interessant als das Vorhanden- sein dieser Realität. Da Berlinguer und die Feministinnen das Wesentliche unterschiedlich beurteilen, können sie sich gegenseitig einiges zugestehen. Wie weit sich die Feministinnen damit abfinden können, steht auf einem anderen Blatt. Mit Ausnahme derjenigen, die sich an der Basis bewegen – die Frauen aus Pero, die Arbeiterinnen bei Philips, die »kleine Gruppe« oder die Älteren, die endlich unbefangen über die Wechseljahre sprechen können, dabei ihre Ängste entdecken und Bestätigung finden –, stehen sie vor scharfen Widersprüchen, die für die »streunenden Hunde«[6] nicht gelten. Doch zahlen diese mit dem Preis der Einsamkeit, dem Rückzug aufs Studium, der polemischen Behauptung einer »neuen« Emanzipation dafür, und auch mit ein wenig Snobismus (»Sie sagt zu mir: Sehen wir uns doch die *Grundrisse [der Kritik der politischen Ökonomie]* nochmals an«). Zudem versteifen sie sich, wie mir scheint (vielleicht irre ich mich) auf das mit unsicherer Stimme vorgebrachte »Ich habe gelernt, von mir auszugehen« und mich »zu mögen«. Kurz gesagt, ich genüge mir selbst.

Alle sagen übrigens, daß sie die Notwendigkeit eingesehen haben, »von sich selbst auszugehen«. Welches Selbst? Die KPI-Frauen beziehen es aus einer doppelten Kampffront: der mit der KPI selber, der sie selbstsicher die Stirn bieten, und der mit den Frauen außerhalb, die den Kommunistinnen mißtrauen und einfach weiter leiden. Ihre große Liebe für die neue UDI rührt daher, daß die UDI den Werdegang *als Institution* durchlaufen hat, der auch ihrer war, sich eine Autonomie schwer erkämpft hat und einen wenigstens teilweise neuen Organisationstypus garantiert. In der Partei aber ist es anders. Entweder sie ertragen die Fremdheit gelassen, oder es kommen beunruhigende Gedanken auf: Ich ertrage die Fremdheit, weil der Feminismus sowieso »meine Sache und nicht dazu da ist, die Welt zu verändern«, als wollten sie sagen, ich bin *anders*, aber in *dieser* Welt, und delegiere alles, außer meiner Daseinsweise unter Frauen und in der Beziehung, also auf persönlicher Ebene. Oder aber: Der Feminismus erklärt mir, daß »das Ganze verändert werden muß«, aber dieses Ganze ist so unüberschaubar, und die Frauen sind so allein, daß ich mich *einstweilen* auf die »Daseinsweise unter Frauen« zurückziehe.

Oder ich muß beständig unter Qualen von der einen Ebene zur anderen wechseln: Verändern kommt anderen zu, ob ich will oder nicht, die Politik ist Sache anderer; oder Verändern geht vor allem mich an, ich verändere mich; oder – weil weder das eine noch das

---

6 Im Orig.: »cani sciolti«; Ausdruck zur Bezeichnung linker politisch Engagierter ohne Parteizugehörigkeit (Anm. d. Übers.)

andere reicht – vielleicht sind alles nur »partielle Ebenen«. Doch durch so viel Partielles spaltet sich die Person nicht nur in der doppelten Militanz, sondern auch, weil sie an zwei auseinanderfallenden Kommunikations- und Bezugssystemen teilhat, und sie leidet wie unter einer schweren Niederlage. Die beiden problematischsten Beiträge von KPI-Mitgliedern, die von Maria Luisa Boccia und Francesca Izzo, werfen eine ganze Reihe weiterer Fragen auf; sie stellen, besonders Boccia, die grundsätzlichen Fragen: Was ist diese Partei eigentlich, und wohin geht sie? Im problematischsten Beitrag der Nicht-Mitglieder der KPI signalisiert Anna Maria Crispino, die lange Zeit im PDUP war und, glaube ich, noch immer ist, einen Rückzug. Nur diejenigen Frauen leben die doppelte Militanz wirklich glücklich, die sie mit einer persönlichen Befreiungserfahrung, einer Aussöhnung mit sich selbst, das heißt mit einer konkreten Emanzipation von inneren und äußeren Knechtschaften gleichsetzen. Nachdem eine neue Identität gefunden ist, kann sich das Ich – von dem zwar ausgegangen wird, von dem uns aber keine sagt, was das Ich ist, als käme es vom Heiligen Geist – auch auf zwei Ebenen stützen.

Die KPI-Presse hat dieses spannende Buch, wenn ich nicht irre, noch nicht rezensiert. Es ist verständlich, daß das unverblümte Sprechen aller Frauen, der alten wie der jungen, das absolute Fehlen einer heiligen Ehrfurcht, die Kürze der eigenen Erfahrung und Erinnerung und die Unnachsichtigkeit gegenüber den »Alten«, die alle als »Ökonomistinnen« abgetan oder mit herablassendem Mitleid behandelt werden, die Führungsgruppen irritiert. Frauen und Mädchen, ob sie eine wichtige Funktion innehaben oder nicht, sprechen eine Sprache, von der Asor Rosa nur träumen kann. Andererseits ist zu sagen, daß Asor Rosa über das spricht, was Berlinguer unter den Nägeln brennt, wohingegen die Genossin Danis, eine fröhliche, tatkräftige Venezianerin, wenn sie das schicksalhafte Wort »Strömung« ausspricht, seine Relevanz für die Linie völlig entschärft und dergestalt implizit den demokratischen Zentralismus gegenüber dem gesamten »Rest« bestätigt.

Die KPI wird den Feminismus nicht verändern; der Feminismus wird an der Linie der KPI nichts verändern. Was das »Leben« der Partei, ihre Existenz als Organismus angeht, sieht die Sache anders aus. Während meiner sechsundzwanzig Jahre kommunistischen Kampfes waren die beiden Dinge eins. Jetzt ist das nicht mehr so, und ich vermute, daß der Feminismus nur die ausgeprägteste Form einer Zweigleisigkeit darstellt, die sich auf Grund des im Vergleich

zu früher vorrangigen Gewichts der »Person« in der Politik breit-
macht. Daß es ein Krisenzeichen ist, steht fest; ob die Krise, wie bei
einer Lungenentzündung, der notwendige Übergang zur Genesung
ist oder ob statt dessen etwas absterben muß, weiß ich nicht. Oder
besser: Da ich in nicht mehr jungen Jahren lerne, eine Frau zu sein,
sage ich dazu nichts.

September 1979

Vergewaltigung und Gesetz

In der Frauenbewegung findet derzeit eine Diskussion über das vom MLD (Movimento liberazione delle donne) vorgeschlagene Volksbegehren zum Antigewalt-Gesetz statt. Die Diskussion dreht sich vor allem um einige Ausführungsbestimmungen: ob Vergewaltigung eine Straftat ist, die auf Anzeige jeder Person hin verfolgt werden kann, die davon Kenntnis erhalten hat, oder nur auf Anzeige der geschädigten Person hin. Im ersten Fall übernimmt die Gesellschaft direkt die Vertretung der geschädigten Frau und verletzt in gewisser Weise deren Entscheidungsrecht, beim Prozeß zu erscheinen oder nicht. Im zweiten Fall wird der bereits grausam verwundeten Frau eine Verantwortungslast aufgebürdet, die unter bestimmten Umständen übergroß werden kann.

Doch möchte ich mich nicht zu diesem Punkt äußern: Der Rückgriff auf gesetzliche Mittel als solcher verändert das gesellschaftliche Terrain und bringt heikle Probleme mit sich, wie das eben genannte. Dahinter aber steht eine umfassendere Frage, nämlich die, wie wir die Straftat, das abweichende Verhalten, die Strafe auffassen. Was ist eine Straftat? Muß sie »bestraft« werden? Und von wem? Und in welcher Form?

Wir alle erinnern uns daran, daß einer der Grundzüge der Bewegungen der sechziger/siebziger Jahre darin bestand, die Nicht-Neutralität des Gesetzes und der Staatsapparate im allgemeinen, des Rechts- und Unterdrückungsapparats im besonderen anzugreifen; denkwürdig sind die Anklagen gegen das Gefängnissystem, die Kämpfe für die »gewöhnlichen Gefangenen« und die »Politischen« (die alle in gewissem Sinn »Politische« sind), der Zweifel an der Rechtmäßigkeit selbst des »Überwachens und Strafens«, um den Titel einer berühmten Arbeit von Michel Foucault aufzugreifen.

Diese Protestwelle hatte eine solide Basis, angefangen mit der Infragestellung des Schuldbegriffs. Schuld, so wurde gesagt, ist nicht nur ein historisches und relatives Urteil, sondern stellt sich vor allem als abweichendes Verhalten gegenüber einer Ordnung dar, die alles mit Sanktionen belegt, was sie verletzt. Diese Ordnung entspricht immer einem Machtmodell der herrschenden Klasse und Gruppen; in der Gestalt derer, die sich abweichend verhalten, drückt sich die »Nicht-Integration« von Individuen oder einer Gruppe in bezug auf dieses Modell aus. Der Abscheu, der die Schuldige oder den Schuldigen trifft, ist nichts anderes als die Projektion der Ideologie der

Macht. Dies war die erste Argumentation, der kaum etwas entge-
gengehalten werden kann, außer daß das »abweichende Verhalten«
nicht nur gegenüber der Ordnung der bestehenden Gewalten auftritt.
Wenn jemand die Straße überquert und mir einen Messerstich ver-
setzt, können ihre oder seine Gründe gewiß auf komplexe Motivatio-
nen zurückgeführt werden, die das alltägliche Verständnis von Ordnung in der Vorstellung von »Delinquenz« auslöscht und herabsetzt,
doch ist sicher, daß auch meine nicht minder komplexen Gründe, die
Unverletzlichkeit meiner Person ihrerseits ausgelöscht werden.

So verwies die Frage des »abweichenden Verhaltens« das Ideen-
ferment der 68er-Bewegung auf die Frage nach einem »kollektiven«
Freiheitsprinzip, nach einer Norm sozusagen, einem Gesetz, einer
Einschränkung einzelner Freiheiten und nach einer gesellschaftlichen
Organisation, die diese zugleich einschränkt und verteidigt. Dieser
Punkt, von dem jede Regulierung der Gesellschaft ausgeht und auf
dem das Recht gründet, blieb in der Diskussion neuer Bewegungen
offen und problematisch oder wurde umgangen. In den fortschritt-
lichsten Überlegungen wurde er mit nicht notwendig staatlichen
oder gesetzlich geregelten gesellschaftlichen Mechanismen verbunden, die als Ausgleich und Garantie der kollektiven Freiheiten sowie
als kollektiver Schutz funktionieren und gleichzeitig die Person
derer, die sich abweichend verhalten, umschließen könnten, indem
sie sie sowohl von der abstrakten öffentlichen Sanktion als auch von
der moralischen Verurteilung befreien und so auffangen sollten. Es
gab in diesem Bruch mit einer kulturellen Kontinuität eine nicht repressive, befreiende, wenn man so will auch aufklärerische Instanz.
Die Grenze dieses Bruchs lag darin, daß nicht klar war, wie eine
andere, nichtstaatliche und nicht gesetzlich geregelte »Gesellschaft-
lichkeit« zu denken wäre, eine »Gemeinschaft des Volkes«, ein
»Schutz für alle«, der zugleich »Schutz der Andersheit jeder und
jedes einzelnen« wäre. Doch war die Kritik an der Abstraktheit und
an der repressiven Nicht-Neutralität der richterlichen Gewalt ganz
sicher richtig und meiner Ansicht nach unanfechtbar.

Die 68er kehrten also zum ersten aller Probleme zurück: ob und
welche Regeln sich eine Gemeinschaft »Gleicher« geben kann und
soll – und welche Praxisformen eine Bewegung für Gleichheit und
Freiheit in der bestehenden Gesellschaft unterdessen ausgestalten
kann. Dieses Problem ist wahrscheinlich unlösbar, solange es nicht
mit einer tiefgreifenden gesellschaftlichen Transformation einhergeht. Derweil hat die Kritik der neuen Linken das in Angriff genommen und, scheint mir, gelöst, was *danach* kommt. Denn wenn es in

der Tat schwierig ist, sich eine Gesellschaft ohne Normen vorzustellen, so ist es schon eher möglich, an eine Gesellschaft ohne
Strafen zu denken und mehr noch an eine ohne Zuchthäuser, die
einen bestimmten Straftypus darstellen.

»Abweichendes Verhalten« läßt sich tatsächlich schon jetzt von der
Strafe trennen: Die der oder dem Abweichenden auferlegte Strafe ist
entweder eine rohe »Wiedergutmachung«, als würden auf Grund
eines seltsamen Tauschwerts soundsoviele Jahre Gefängnis soundsoviel zugefügtes Leid wiedergutmachen, oder es ist die unsinnige und
rachsüchtige Hypothese einer »Umerziehung durch Strafe«. Vorausgesetzt, eine Gesellschaft würde tatsächlich immer Körper hervorbringen, die die anderen gefährden, so muß das System der Segrega-
tion, des Schutzes oder der Abschreckung nicht unbedingt auf Strafe
beruhen. Auch wenn man das, was vorausgeht, beiseite läßt – daß
nämlich ein anderes Funktionieren und andere Werte einen Großteil
der »Straftaten« verhindern würden –, steht fest, daß die Gesellschaft schon heute die »Straftat« als eine ihr zugefügte Wunde ansehen kann, die nicht wiedergutzumachen ist. Sie kann somit aufhören, die Schuld als »ein Verbrechen, für das man zu büßen hat«,
anzusehen, ausgenommen bei Verbrechen gegen das Gemeingut
oder das Gut der Ärmeren; sie kann ihr Verhältnis zu Abweichenden
anders gestalten, indem sie sich nicht an ihnen rächt, sondern sie zur
Annahme einer Art Kollektivvertrag zurückführt. Das Prinzip der
Bestrafung impliziert, daß diese durch die Strafe oder die Haft
geschehe, während es durch sie ganz sicher *nicht* geschehen wird,
im Gegenteil. Es mag schwierig sein, sich einen anderen Weg vorzustellen; sehr leicht ist dagegen einzusehen, daß der eingeschlagene
radikal falsch ist. Deswegen bewahrt meines Erachtens der Kampf
der neuen Linken gegen die Elemente von »Rachsucht« im Verhältnis
zu abweichendem Verhalten, insbesondere gegen die Inhaftierung
und allgemein gegen das »Tauschverhältnis« zwischen erlittenem
Unrecht und Wiedergutmachung, seine volle Gültigkeit und könnte
bereits den Anstoß zu praktizierbaren Formen gesellschaftlicher
Reorganisation geben.

Dies vorausgeschickt, ist jedoch unbestreitbar, daß die neue
Linke, die diese Forderungen erhoben hat, sie selbst niemals in die
Tat umgesetzt hat. Ich übergehe hier die gegenwärtige Wiederkehr
eines Kultes des Rechtsformalismus, der verschiedene mit uns
befreundete Richter dazu bringt, die Geschichte als eine Reihe von
Sprüngen zwischen »Gesetzesbrüchen« und »nachfolgend erlasse-
nem Gesetz« zur »Formalisierung einer Garantie« aufzufassen; auf

diese Debatte werden wir bei Gelegenheit zurückkommen. Sehr viel einfacher hat die neue Linke gleichzeitig gegen die Gefängnisse gewettert und in den Fällen von Frau Pagliuca oder »Ordine Nuovo«[1] nach ihnen gerufen; sie hat die bürgerliche Justiz desavouiert und zugleich auf sie zurückgegriffen; sie war *gegen* das »Überwachen und Strafen« und *für* das »Überwachen und Strafen«. Wessen? Der Feindinnen und Feinde des Volkes natürlich, des Volkes als der Unterdrückten, Schutzlosen, Kinder und Frauen, der vom »Palazzo« ins Visier genommenen Genossinnen und Genossen.

Das ist nicht neu. Die neue Linke hat auf diese Weise das Szenarium der »Diktatur des Proletariats« wiederholt, freilich ohne die Macht desselben; für eine Übergangszeit, so lange bis wir kommunistisch sind, brauchen wir die Bestrafung. Auch den Staat. Ohne Zweifel hat die neue Linke damit aber jedesmal – im Widerspruch zu ihrer Ausgangsposition – dem Staat, gerade als Unterdrückungsapparat, eine wenn auch nur vorläufige Bedeutung zugeschrieben. Der zentralen Frage, welchen »Übergangszustand« eine revolutionäre Formation in einer komplexen Gesellschaft wie der unseren vorschlagen soll, ist sie dagegen im allgemeinen ausgewichen.

Dieser Widerspruch fällt heute in seinem ganzen Ausmaß auf die Frauen zurück. Von allen neuen Bewegungen war die der Frauen die am entschiedensten antiinstitutionelle, die der »Abstraktheit« des Gesetzes am feindseligsten gegenüberstand und am lebhaftesten die unveräußerlichen Werte der *anderen* Person behauptete. Das Verhältnis zwischen Frauen und Politik ist schwierig, zwischen Frauen und Staat feindselig, zwischen Frauen und Justiz gleichsam inexistent, oder eher bizarr, weil die »Männer«-Justiz Frauen verhältnismäßig wenig kriminalisiert, als würde das »abweichende Verhalten« vor allem gemäß männlichen Schemata und für Männer gedacht. Doch sind die Frauen auch die gesellschaftlich Schwächsten. Ihre Schwäche ist eine besondere, weshalb sie auf der Ebene der allgemeinen gesellschaftlichen Gewalt relativ (sehr relativ) geschützt sind: Sie gehen nicht zum Militär, ziehen nicht in den Krieg, eine bestimmte Gesetzgebung schützt sie in bescheidenem Maße vor allzu gefährlichen oder schädlichen Tätigkeiten. Aber wie niemand sonst sind sie der Gewalt der Sitten ausgesetzt, wie sie für das Mann/Frau-Verhältnis als einem typischen Verhältnis *ungleicher*

---

1 Frau Pagliuca war Leiterin eines staatlich geförderten Kindergartens und hatte Gelder veruntreut; *Ordine Nuovo* war eine der neofaschistischen, gewalttätigen Gruppierungen der siebziger Jahre. (Anm. d. Übers.)

Mächte, spezifisch ist. Körperlich, gesellschaftlich und ökonomisch ist die Frau die Schwächere (oder wird dazu erzogen); sie kann vergewaltigt oder jedenfalls geschlagen werden, ist in geringerem Maße organisiert und ärmer.

Von diesen drei zu ihren Ungunsten bestehenden Ungleichheiten ist die erste die grausamste (die am wenigsten verinnerlichte); daher beginnen Frauen sich zu wehren. Um sich zu wehren, müssen sie zahllose gesellschaftliche Tabus überwinden. Haben sie diese Tabus, die sie zur stillschweigenden Duldung anhalten, einmal überwunden, müssen sie einer von Männern gemachten Justiz gegenübertreten, die ihnen wenig Gehör schenkt, sie noch weniger versteht und sehr angreifbar macht.

Der Rückgriff auf die Justiz ist folglich für Frauen härter als für irgend jemand anderen – wie er für alle Unterdrückten schwer ist, die wissen, daß sie die Gerichte zu fürchten haben, und sich deshalb gewöhnlich davon fernhalten. Jetzt aber denken Frauen, daß ihnen nichts anderes mehr übrig bleibt, um sich zu verteidigen. Sie greifen auf die Justiz zurück, überwinden die Feindseligkeit der anderen, aber auch ihre eigene grundlegende Ideologie: Plötzlich erkennen sie die Justiz an und wollen sie »angewendet« sehen. Mit dem Volksbegehren akzeptieren sie auch die Vorstellung, daß der Staatsapparat über ihr Recht entscheidet, und machen sich ausgerechnet das Prinzip der Wiedergutmachung durch Strafe zu eigen. Der »antiinstitutionellste« Teil der neuen Linken wird hyperinstitutionell.

Daher die Diskussion. Und nicht von ungefähr löst diese widersprüchliche Haltung von Frauen in den eigenen Reihen wie außerhalb eine heftige Debatte aus, während die anderen offenkundigen Widersprüche der neuen Linken auf diesem Gebiet in der Regel stillschweigend übergangen wurden. In Frankreich hat der fortschrittliche Mann noch früher als bei uns vorwurfsvoll den Zeigefinger erhoben gegen die Kapitulation der Frauen vor den Institutionen. Als eine der ersten klang Pierre Goldmanns Stimme besonders verzweifelt. Aber das Problem bleibt dasselbe. Was das Aufzeigen des Widerspruchs angeht, scheint mir das, was Pierre Goldmann schreibt, ein für allemal gesagt. Läßt sich aber die reine Betrachtung der Unvereinbarkeit zwischen der Schwäche der Opfer und der Unterdrückung durch die Apparate überwinden? Vielleicht ja. Vielleicht ist von »reformistischer« wie von »revolutionärer« Seite eine weniger einseitige Reflexion über die Form einer durch Gesetze geregelten Gesellschaft und über den Staat möglich: darüber, »wie man sich des Gesetzes bedienen kann, um es zu zerstören«, *das heißt, wie es durch andere gesellschaftliche Funktionen und Reaktionsweisen überflüssig gemacht werden kann.*

Und vielleicht ist es auch an der Zeit, etwas couragierter über das Verhältnis zwischen männlichem sexuell abweichendem Verhalten und Vorbeugungs- und Unterdrückungsmaßnahmen nachzudenken. Soll ausgerechnet auf einem Gebiet, das den dunkelsten psychischen Mechanismen so nah ist, die Abschreckung des Zuchthauses gelten?

Ist es möglich, daß Frauen wie zu Zeiten der Tafeln von Gortyna[2] sich für ihre verletzte sexuelle Freiheit »entschädigen« lassen wollen? Durch das Gefängnis? Gibt es keinen anderen Weg? Könnte er nicht zumindest skizziert werden? Liegt nicht der symbolischen Entschädigung durch eine »Lira«, die Tina Lagostena Bassi beim Prozeß von Latina gefordert hat, ein Prinzip zugrunde, das die Vorstellung eines »Tauschverhältnisses« zwischen Verletzung und Strafe zunichte macht und vor allem ein Bedürfnis, einen Wert, ein kulturelles Prinzip, einen freien Umgang mit dem Gesetz einfordert? Und kann man nicht darüber hinausgehen? Sicher, Frauen können einwenden: Warum bei uns anfangen? Darauf können wir vom *Manifesto* nur leise erwidern, daß wir stets versucht haben, uns auf diesem Weg zu halten (wenn auch nicht immer konsequent). Es wäre pharisäisch, von Frauen das zu fordern, was man von anderen nicht verlangt, wenn wir nicht denken würden, daß sie den Keim einer anderen, wenn auch noch dunklen und embryonalen Vorstellung möglicher kollektiver Verhältnisse in sich tragen.

November 1979

---

2 In Gortyna (Kreta) gefundene Inschriften aus dem 6.-5. Jh. v. Chr. zum Sklaven-, Familien-, Erb- und Strafrecht. (Anm. d. Übers.)

Über weibliche Kultur

Die Frau lebt in umgrenztem Feld und ist verborgen.
(Marguerite Yourcenar)

Seit geraumer Zeit und allzu häufig ist gesagt worden, daß die Frauen bis vor wenigen Jahren von der Kultur ausgeschlossen waren (die allgemeine Schulpflicht ist eine Sache dieses Jahrhunderts) und daß sie in vielerlei Hinsicht, freilich auf tückischere Weise, davon ausgeschlossen bleiben oder ihnen, wie jetzt, nur beschränkt Zugang gewährt wird. Haben sie aber während dieses langen Ausgeschlossenseins, das doch reich ist an immer schon neben dem Mann oder in seinen Diensten gelebter Erfahrung, eine *eigene* Kultur hervorgebracht? Ein unterdrücktes oder verdrängtes besonderes Wissen, das, wenn es auftauchte, zu einer wesentlichen *Korrektur* – zu einer neuen Seinsweise – der Kultur, wie sie bislang gewesen ist, führen und ihr nicht lediglich etwas hinzufügen würde?

Die Kultur ist männlich, sie drückt uns nicht aus, sie verneint uns, hat der neue Feminismus gesagt. Und das ist sicherlich wahr: Man drückt sich nicht durch ein vermittelndes Geschlecht aus (und auch nicht durch ein vermittelndes gesellschaftliches Subjekt; höchstens wird man interpretiert, übersetzt). Auch kann diese Feststellung nicht überraschen, seit es Allgemeingut geworden ist, daß Kultur, Wissen, Forschung und sogar Sprache nicht neutral sind. Es sind keine Segmente eines langen Marsches der Menschheit auf eine Wahrheit zu, die es – nicht ohne Umwege und Irrtümer – zu entdecken gelte, ebensowenig wie das Gesellschaftssystem, in dem wir leben, die Vollendung des Fortschritts in den Weisen und Beziehungen des Zusammenlebens ist. Wie die Gesellschaftsordnung von den stärkeren Schichten gemacht oder durchgesetzt wird, die ihr Gesetz als einziges und objektives ausgeben, so präsentieren sich auch die Kultur und ihre Instrumente als Wahrheitsprinzip. Tatsächlich aber sind sie die Projektion eines Interpretationsrasters der Wirklichkeit, das derjenige Teil der Gesellschaft besitzt, der bereits *weiß*, weil er bereits *herrscht*, und durch das er seinen Gegenstand erkennt (aber in gewissem Maße auch formt). Der neue Feminismus ist darüber hinausgegangen. Er hat neben der Geschichtlichkeit des Wissens als Wissen einer herrschenden Klasse die Geschlechtlichkeit des Wissens als Wissen eines herrschenden Geschlechts gesehen.

Doch stellt sich an diesem Punkt eine Frage: Welches andere Denken schlagen Frauen nach diesem kritischen Blick auf das männliche Denken vor? Die politischen Befreiungstheorien – insbesondere diejenigen, die in den gesellschaftlichen Produktionsverhältnissen die Wurzel der Ungleichheit und Unfreiheit sehen – führen eine entmystifizierende Lektüre des Wissens der Mächtigen vor, indem sie es als durch »Ideologie« im Sinne von »falschem Bewußtsein« verdorben bestimmen. Sie stoßen auf das nicht geringe Problem, inwiefern dieses nicht neutrale, nicht unschuldige Erkennen dennoch eine gewisse Objektivität widerspiegelt, als Natur oder als historische Ablagerung, auf Grund dessen es die Wirklichkeit zwar durch die Brille seiner Zwecke lesen, sie aber nicht vollständig erfinden kann. (Der Punkt, demzufolge das Erkannte niemals gänzlich auf die Subjektivität des Erkennenden zurückgeführt werden kann.) Kurzum, sie zerstören einen Standpunkt und versuchen, ein kritisches Wissen neu zu begründen.

Welche Erkenntniskritik aber erzeugt die Enthüllung der »Männlichkeit« des Erkennens? Welche andere, entmystifizierte Lektüre regt sie an? Und da Kultur nicht nur ein Begriffsarchiv ist, sondern ein System von Beziehungen zwischen Geschichte und Gegenwart, Gegenwart und Gegenwart, Menschenwelt und Werten, ist zu fragen: Worin trifft das Weibliche diese Kultur von Herrschern und Unterdrückern, worin wälzt es sie um, welche anderen Beziehungssysteme legt es nahe?

Vor allem jedoch: Nimmt sich der Feminismus das vor? Will er das? Zielt seine Kritik am Machismus darauf, diese eingeschlechtliche Kultur zu einer »androgynen« zu machen, wie Marcuse sagt? Oder zielt er auf die Behauptung eines »Raumes« der Autonomie des Weiblichen, der dazu bestimmt ist, *anders* zu bleiben, nicht *an der Kommunikation interessiert*, bzw. sich als *komplementär* zu setzen?

Diese Alternative scheint mir selten ausgesprochen zu werden, auch von denen, die sich bitterlich über den Machismus des Wissens und der Sprache beklagen. In der Praxis spalten sich die Frauen bereits in verschiedene Gruppen. Einige, die ich integralistisch nennen würde, leben eine gesonderte Kultur (mit einigen widersprüchlichen Ausflügen Emanzipierter in Agramants Lager[1]); andere verkehren gewöhnlich in Agramants Lager, jedoch mit einer gewissen

---

1 Der Ausdruck bezieht sich auf die Konstellation in Ariosts *Rasendem Roland*, wo zwei feindliche Lager einander gegenüberstehen. Es handelt sich folglich um eine metaphorische Ausdrucksweise für »ins feindliche Lager überwechseln«. (Anm. d. Übers.)

Wut, wie Geheimagenten einer Macht, die schwer zu einem Ausdruck findet. Wieder andere leben, entsprechend der »doppelten Militanz«, zwei Kulturen als komplementär. Und wenige, zu denen ich mich zählen möchte, fragen sich, ob es möglich ist, aus der historischen Erfahrung, der Lebenserfahrung der Frauen ein Prinzip zu machen, um nicht zu sagen ein Geschoß, das die Gesamtheit der Kultur der herrschenden Klasse und des herrschenden Geschlechts treffen könnte, indem es in gewisser Weise, aber mit ungleich größeren Schwierigkeiten, den kritischen Angriff der Arbeiterbewegung gegen die politische Ökonomie und die daraus abgeleitete Idee von Staat und Recht wiederholt.

Zu diesem Punkt eindeutig Stellung zu beziehen, scheint mir wichtig. Die Frauen sind die außergewöhnlichste aller »Minderheiten«, politisch gesprochen. Und es wird erlaubt sein, »politisch gesprochen« zu sagen, denn es besteht kein Zweifel, daß sie eine Hälfte der Welt sind, die von der anderen beherrscht und außer in den im eigentlichen Sinn politischen Rechten in ihren Bürgerinnenrechten beschränkt wird. Nun haben sich bis heute alle Minderheiten, wenn sie merkten, daß sie subaltern gehalten wurden, und zu rebellieren begannen, diejenigen gesellschaftlichen und gedanklichen Prinzipien und Ordnungen in Frage gestellt, durch die sie mißachtet und marginalisiert wurden. Häufig haben sie die hegemoniale Kultur zu revolutionieren versucht, weil sie in ihr eine Grundlage des Gesamtgefüges sahen. Ich denke an die Kultur des frühen Marxismus oder seiner europäischen und chinesischen Häresien. In diesem Fall versuchen die Unterdrückten eine chirurgische, schmerzhafte Operation (Schnitt, Manipulation und Pfropfung); sie streben nach einer erneuerten, aber totalen, ganzheitlichen Kultur. »Total« heißt nicht »totalitär«, im Gegenteil, fähig, das Andere zu denken und sich durch die Kritik der eigenen Grundlagen und Mittel zu relativieren. Totalitär sind eher einige Subkulturen, die, weil sie die eigenen Erkenntnisformen nicht zu kritisieren vermögen, auch nicht mit den anderen kommunizieren können und sich in ausschließender Ewigkeit verbohren.

Die »nichtrebellische« Minderheit beschränkt sich dagegen auf die Bewahrung der eigenen Integrität und der eigenen Differenz; sie neigt dazu, sich abzuschotten, sich in gewissem Sinn in mehr oder weniger ausgedehnten Reservaten parallel zur herrschenden Kultur zu regulieren und diese zu hassen, ohne sie zu berühren. Bis sie gewöhnlich zugrunde geht und ein reines Fundstück für die Anthropologie bleibt – weniger durch die mörderische Hand der Mächtigen

als durch die Abtrünnigkeit der eigenen Kinder, die in ihrem Bedürfnis nach einem offeneren Beziehungssystem lieber das Risiko eingehen, die eigene Besonderheit zu verlieren, indem sie sie in der herrschenden Kultur auflösen, als in der Isolation zu verbleiben.

Welchen Typ von »Minderheit« stellen also Frauen aus feministischer Sicht dar? Denn in politischen Termini sind sie eine Minderheit; sie mögen zwar gut und gerne die Hälfte der Welt bilden, ihre
Rechte und ihre Macht sind subaltern. Das hatte bereits die Emanzi-
pationsbewegung richtig gesehen. Die feministische Intuition ist
jedoch radikaler und tragischer, weil sie sich nicht darauf beschränkt,
den Zugang zu jenen Rechten und Mächten zu verlangen, sondern
mit gutem Grund deren angebliche Allgemeingültigkeit in Frage
stellt: Was sind das für Rechte, welche Instrumente zur Erkenntnis
der Natur oder der menschlichen Verhältnisse stehen hinter ihnen,
wo sie doch von einem einzigen Geschlecht ausgearbeitet und durchgesetzt worden sind, und zwar von einem mächtigen Teil desselben,
der historisch den anderen das Wort entzogen hat? Streben Frauen,
nachdem sie das erkannt haben, nach der Neubegründung einer totalen Kultur im oben genannten Sinn oder nach der Legitimierung
einer eigenen, nicht kommunizierenden Autonomie? Um gleich die
Karten offenzulegen: Mir ist es um die erste Hypothese zu tun. Ich
möchte der »Differenz« der weiblichen Erfahrung den Charakter
eines Skalpells verleihen, das die uneingestandene Parteilichkeit des
herrschenden und männlichen Wissens (was nicht genau dasselbe
ist) offenlegt. Ich weiß wohl, daß diese Option bei mir einer Sicht
der Welt als Bewegung, Ungleichgewicht, Interaktion, Kampf um
und gegen die Herrschaft entspringt; zudem denke ich, daß dies der
aktuellen Lage entspricht, denn der Feminismus scheint mir nicht
zufällig zu einem Zeitpunkt zu entstehen, da die Arroganz der »Kultur«, durch ihre eigenen internen Subjekte in Frage gestellt, an allen
Ecken und Enden Risse zeigt.

Ebenso weiß ich aber auch, daß diejenigen, die vor allem danach
trachten, die Integrität der Differenz zu bewahren (auch um den
Preis, häufig darunter – in Form von Schweigen oder Negativität –
zu leiden), wenig am Ungleichgewicht interessiert und hinsichtlich
der historischen Veränderung skeptisch sind; sie widmen meta-
geschichtlichen Themen (die deshalb jedoch nicht metapolitisch
sind) mehr Aufmerksamkeit. Und wie läßt sich im übrigen völlig
zweifelsfrei die Hypothese ausschließen, daß sich Frauen ein
»Nichtbedürfnis« nach Kultur, verstanden als Erkenntnis, Kommunikation und tendenziell totales Beziehungssystem zu eigen gemacht

hätten, eben weil sie jahrhundertelang eine Hälfte der Welt »in der Minderheit« waren? Und dennoch, wenn es so wäre (und es kam vor, daß eine zu mir sagte: »Warum bestehst du darauf, eine Interpretation zu suchen? Das Weibliche wird nicht gedacht, sondern gelebt«), dann würden Frauen sich nicht nur weigern zu erkennen, sondern auch erkannt zu werden, indem sie den wahrsten Teil ihrer selbst im Dunkeln ließen. Das *Erlebte* würde dann sehr dem *Erlittenen* ähneln, jenem unausgesprochenen Bereich, den jede und jeder in sich hat. Das hätte jedoch sehr wenig von einem Identitätsprinzip; denn wenn Frauen dann sprechen, sprechen sie die »andere« Kultur, schlimmer noch, sie sind deren erste und wirksamste Vermittlerinnen (wer, wenn nicht die Mutter, lehrt den Sohn das Befehlen, die Tochter den Gehorsam, ihn das Bedürfnis, anerkannt und bezahlt zu werden, sie dasjenige, ein wenig geliebt und in unsichtbarer Arbeit ausgelöscht zu werden?). In Wirklichkeit erweist sich die Rede vom Vorrang des nicht-kommunizierbaren Gelebten als Ausweichen; solange dieses Gelebte sich nicht spricht, sich nicht mitteilt, ähnelt es dem Wahnsinn, der eben ein geheimes und unaussprechliches Gelebtes ist.

Doch nehmen wir an, daß Frauen hingegen, das Extrem des Schweigens fliehend, ihre eigene, *gesonderte* Kultur zu rechtfertigen suchten. Diese Haltung riefe heutzutage nicht nur keinen Skandal hervor, sondern entspräche seltsamerweise den neuen Systemen, die die unterschiedlichen Statuszuweisungen sowie die Korporationen, auch die kulturellen, achten und einen Mächteausgleich und einen Markt der Politik anstreben, auf dem es darum ginge, auch die weibliche Währung in Umlauf zu bringen, möglicherweise mit einem guten Kurs an der Börse. In den Vereinigten Staaten hat der Feminismus das im übrigen versucht, wenn wir Kate Millett glauben dürfen.

Aber in welcher Münze ist die weibliche Währung geprägt? Die Frage ist um so gewichtiger, als kein Verweis auf einen gewissermaßen verwandten kulturellen Horizont möglich oder auch nur halbwegs überzeugend ist. Es gibt keine kodifizierte weibliche Kultur; das Problem ihrer Kodifizierung stellt sich heute; heute und an bestimmten Punkten, in den »höheren« Bereichen der Geschichte.

Davon bin ich überzeugt, obwohl uns – wenn auch mit einiger Vorsicht – von verschiedenster Seite ursprüngliche Kulturen vorgestellt werden, die eher »männlich« oder eher »weiblich« seien. Sie sind alle männlich. Warum sind Frauen geneigt, in einigen mehr als in anderen eine Übereinstimmung auszumachen?

Der erste und verbreitetste Grund ist ihr Anknüpfen an die heute aus unterschiedlichen Richtungen kommende Kritik am »Logos«, der als supermännlich definiert wird: die schreckliche Vernunft, die uns von den Griechen überliefert wurde. Nicht, daß das überraschen würde: Da das Recht, also die organisierte politische Sphäre, welche die gesellschaftliche Unterlegenheit der Frau festschreibt, ganz sicher auf dem »Logos« beruht, ist die Abneigung verständlich. Jedoch stellt sie sich bisher eher als rebellisches Auflodern denn als autonome theoretische Ausarbeitung dar. Und außerdem ist die Kritik an der Vernunft als Rationalismus, Rationalisierung und folglich totale Durchregelung, mit einem Sprung vom Denken zum Handeln, nicht nur dem Feminismus eigen. Es ist die herrschende Tendenz dieser Jahre, und man braucht nicht weit zu suchen, um ihre jüngsten Wurzeln zu finden. Sie liegen in der Krise der herrschenden politischen Theorien in jener Linken, der (das sollten wir nicht vergessen) auch der Feminismus nahesteht – sei es als Krise des Progressismus, sei es als Krise der staatlichen »Rationalisierungs«-Politiken.

Doch wird der Rationalismus, ehrlich gesagt, nicht erst in diesem Jahrhundert in Frage gestellt und auch nicht erst durch die Frankfurter Schule: Hegel hatte bereits seinen Kierkegaard als Bezugpunkt und davor die Entstehung des Historismus. In Wahrheit verläuft der Irrationalismus, als Betonung des nicht auf ein rein logisches Schema reduzierbaren Existierenden und Gelebten, parallel zur Geschichte der Vernunft, ist deren Stachel und Ergänzungsstück innerhalb ein und derselben Struktur des »westlichen« Denkens. Wo soll da die weibliche Matrix sein? Auch im Mystizismus ist sie nicht glaubhaft auszumachen.

Und umgekehrt müßte der Feminismus, wenn das, was er am »Logos« fürchtet – von den Frankfurtern bis heute –, seine Hypostasierung als Rationalisierung und damit die totale Durchregelung ist, mit noch größerem Mißtrauen auf die östlichen Philosophien schauen, denen eine bestimmte Kultur von Frauen statt dessen jedoch Glauben geschenkt hat. Diese Philosophien fixieren tatsächlich die Prinzipien von Herrschaft und Abhängigkeit, auf denen das Universum beruhe, in ewigen und nur scheinbar gleichermaßen würdevollen Archetypen, verknüpfen explizit Geschlecht und Autorität, ordnen das Aktive und das Passive zu, den Himmel und die Erde, Feuer und Wasser, das Herrschende und Beherrschte, Yang und Yin, die zu unveränderlichen Kardinalpunkten der Welt geworden sind.

Hier werden auf einen Streich Logos und Geschichte als Veränderung erledigt. Nun ist zwar verständlich, daß jede Theorie der ewigen Wiederkehr des Universums – wobei es sich vielleicht nur um ausgedehnte Zeiträume handelt, die unser Fassungsvermögen übersteigen – eine Faszination besitzt, welche die Vergänglichkeit unseres kurzen Kampfes nichtig zu machen scheint; und ebenso ist verständlich, daß die Frau sich der Natur und folglich diesen unsterblichen Müttern näher fühlt, da sie mehr als der Mann einen eigenen Zyklus kennt, der quasi an den des Mondes gebunden ist. Richtig ist jedoch auch, daß in diesen Theorien die Sonne das Leben spendet und der sterile Mond sie umkreist. In Wirklichkeit scheint mir das esoterische Denken mit diesen Festlegungen die Angst des Mannes vor der Frau widerzuspiegeln – doch dazu später.

Vorerst möchte ich nur folgendes bemerken: Wenn ein bestimmter Feminismus mehr mit dem esoterischen Denken als mit dem fatalen »Logos« übereinstimmt und sich für jenes entscheidet, so ist das seine Sache, unter der Bedingung jedoch, daß er im Hinblick auf die Ursprünge nicht mogelt und behauptet, es klinge darin jenes Wissen wider, dessen Verwahrerinnen die Frauen gewesen seien – eine Art geheimer Dianakult.

Ich fürchte, daß diese erbarmungslose Kritik auch das Wissen der Hexen treffen muß, auf die der Feminismus nicht zufällig seine Aufmerksamkeit gerichtet hat. Abgesehen von den wenigen Frauen (Herrscherinnen, Intellektuelle oder Heilige), die sich vom Hintergrund einer fast durchweg männlichen Geschichte abheben, sind die Hexen die einzigen, nahezu namenlosen Frauen, die eine *rebellische Lebensform* mit merkwürdigen kollektiven Banden darstellen. Und sie wurden auf grausamste Weise unterdrückt; nicht etwa als sie aufzutauchen beginnen (es hat sie immer gegeben), sondern als zwischen Ende des 16. und Anfang des 18. Jahrhunderts, also zur Zeit der Staatenbildung und des Entstehens der modernen Philosophie, wohl auch eine große kollektive Angst aufkommt, die durch die Gegenreformation genährt, aber nicht verursacht wird. Da brennen die Scheiterhaufen wie Schwefelhölzchen, und wenn sich unter den Verbrannten auch einige Männer befinden (irgendein zaudernder Bruder, ein mitleidvoller Richter, ein paar schottische oder friulanische Hexer), so ist doch gewiß, daß hier eine »weibliche Gesellschaft« den Flammen übergeben wird.

Welches war die Kultur dieser Gesellschaft? Wir finden sie nicht in den Prozessen, die – Carlo Ginzburg hat recht – die Kultur des Inquisitors widerspiegeln, die ihrerseits den Teufel mit dem

Geschlecht vermischt (dem weiblichen, dem *vas iniquitatis*). Aus der Einheitlichkeit der Fragen bei den Prozessen (ginget ihr zum Hexensabbat? salbtet ihr euch mit Kinderfett? vereintet ihr euch nach der Initiation? usw.) ergibt sich unter Folter die Einheitlichkeit der verzweifelten Antworten, von Schottland bis Benevent, von Friaul bis in die Bretagne. Das sexuelle Imaginäre ist wiederum männlich, vielleicht von den Hexen zuweilen aus dem Bedürfnis nach einem Anschein von Freiheit oder Aufbegehren verinnerlicht.

Doch auch wenn es anhand einiger Fragmente gelingt, einen Blick auf das zu werfen, was die Lebenserfahrung der Hexe wirklich gewesen sein muß, so sind vor allem an die Fruchtbarkeit der Erde oder der Tiere gebundene Praktiken und einige Elemente einfacher Medizin (Medizin und Esoterik sind lange Zeit miteinander einhergegangen) zu entdecken, die kein spezifisch »weibliches« Wissen widerspiegeln. Wenn überhaupt, dann spiegeln sie Praktiken wider, die vor allem deshalb Frauen einander weitergeben, weil ihnen die Pflege anvertraut ist, und in denen sie einen Keim von Autorität und vielleicht ein wenig Freiheit finden (wir wissen so wenig über die nicht schriftliche Kultur).

Das gegenwärtige Interesse an ihrer Geschichte entspringt (wie im Fall des Antilogos) der Hypothese, es handle sich um ursprüngliche Kulturen, die durch die (männliche) Vernunft und den (männlichen) modernen Staat unterdrückt worden seien (auch darin steht eine bestimmte feministische Kultur den Themen der ideologischen Krise der Linken, speziell der extremen Linken nahe). Betrachtet man aber beispielsweise den Übergang von diesen empirischen Praktiken zur kodifizierten »Wissenschaft«, so kann dieser nicht ohne weiteres auf rein autoritäre Überwältigung zurückgeführt werden. Die »moderne Wissenschaft« besitzt Erkenntnis-, Entwicklungs- und Eingriffsmöglichkeiten, die zwar keineswegs beweisen, daß sie die einzig mögliche Wissenschaft, aber doch bis heute die artikulierteste und beweglichste ist, die für anderes offen (kann doch die wissenschaftliche Medizin die sanfte in sich aufnehmen und nicht umgekehrt) und der Selbstkritik fähig ist (ändern sich doch die Instrumente des medizinischen »Wissens«, nicht so die der sanften Medizin, die an die Ewigkeit der Natur gebunden sind, von der sie sich angeblich inspirieren läßt).

Das Verbrennen der Hexen auf den Scheiterhaufen in einem recht begrenzten Zeitraum (das Massaker dauerte etwa hundertdreißig Jahre) läßt vermuten, daß für die sich bildenden Staaten die Existenz von »Freizonen« untragbar war, noch dazu wenn sie von Frauen besetzt waren, die (nach Meinung des Inquisitors) weder Gott noch Kaiser anerkannten. Jüngere Untersuchungen über die Hexe im Dorf, dem sie großenteils entstammt und das sie beherrscht, von dem sie aber sehr bald erst erpreßt, dann angezeigt wird, erlauben dagegen schwerlich, ihre Verbrennung dem unseligen Zentralstaat anzulasten. Die Hexe ist eine Ausgegrenzte unter Ausgegrenzten, der in Elend lebenden und von Steuerlast und Kriegen geschüttelten Landbevölkerung, und ihre Schwäche erlaubt es ihr (soweit ich weiß) zu keinem Zeitpunkt, kollektive Befreiungsbedürfnisse auszudrücken.

Denn schwach ist, abgesehen von ihrem Wissen, die Normverletzung als Prinzip einer Gegenkultur. Diese wird nirgends so deutlich wie in der magischen Vorstellungswelt: Sie ist nichts anderes als die Umkehrung der Liturgie (von hinten gesprochene Gebete, Karikatur der Messe) und der aufgezwungenen Moral (befreite und häufig auch in den Gesten verkehrte Sexualität, Tanz Rücken an Rücken, der Zauberkreis mit nach innen gewandtem Rücken). Das ist kein *negatives Denken*, es ist subalterne, analogische Negation; kulturell gesehen ist es Schweigen.

Vielleicht gibt es Parallelen zwischen einigen Aspekten des Feminismus mit der Aufwertung der Hexe, die gut ist, weil sie von den Zwängen der gängigen Moral heilt und befreit, und einer Versuchung des 18. Jahrhunderts, die in diesen Jahren wieder aufgekommen ist: die Begeisterung für die »wilden« Kulturen gegen die Eindimensionalität der Massenmedien und des autoritären, offiziellen und elitären Wissens. Mit dem Schwinden der Hoffnungen auf des »Fortschritts Herrlichkeit«[2] werden diese anderen Kulturen zu einem Zufluchtsort, zu einem Hafen der »Seele«; das Schicksal, das der persönlichen Verantwortung wegen des allzu häufigen Scheiterns eine zu große Last ist, wird nun in den Zeichen der Natur gesucht.

Merkwürdig aber ist festzustellen, daß die Kultur des »edlen Wilden« im 18. Jahrhundert entstand, als die Aufklärung ihre volle Blüte erreicht hatte, und eine Komponente des »Logos« gegen die moralische Kodifizierung der Kirche war, während sie heute als Ablehnung des weltlichen Wissens und aus dem Bedürfnis nach Trost und Religiosität entsteht.

---

2 Im Orig.: »magnifiche sorti e progressive«; Anspielung auf einen Vers aus Giacomo Leopardis Canzone *La Ginestra* (*Der Ginster oder die Blume der Wüste*), zit. nach der Übersetzung von E. Schaffran, Bremen 1963, S. 124. (Anm. d. Übers.)

Doch setzen Frauen nicht so sehr auf die Esoterik (wie sehr wir auch in diesen Jahren von Astrologie, Horoskopen, Wahrsagungen und Tarock verfolgt waren) als vielmehr auf eine Kultur des Gefühls, welche das *Andere* der Vernunft und weiblich par excellence sei.

Diese Entscheidung ist fruchtbarer als die andere, vorausgesetzt – paradoxerweise –, daß ihre Prämissen beseitigt werden, die in einer uneingestandenen Wendung des Gefühls ins Positive (immer ein »Wert«) und in seiner unzulässigen geschlechtlichen Zuordnung bestehen: siehe die geläufigste Gleichung Vernunft gleich Macht, Gefühl gleich Brüderlichkeit oder Unterdrückung. Aber die Macht entspringt nicht der Vernunft, sondern der Leidenschaft; von allen »Gefühlen« ist sie die erste.

Logisch ist sie durch nichts begründet. Sucht sie eine Rechtfertigung, so findet sie diese nur außerhalb der Vernunft (als gottgegeben oder als »natürliche« Ordnung oder weil der einzelne oder alle, die durch die Natur oder durch Gott mit Macht ausgestattet sind, sie übertragen haben). Diese Leidenschaft der Macht findet sich in allen Zivilisationen, den archaischen und den modernen; und in der Form der Macht über die Jüngeren, über die Kinder, über die Dienstmädchen und – in komplexeren und »verführerischen« Formen – über den Mann, haben Frauen daran ebenso teil wie Männer. Vieles im Verhältnis Mann/Frau liest sich als Kampf um die Macht, zu dem der Mann durch die Entbehrung einer »natürlichen« Vaterschaft getrieben wird, da die Frau die einzige wirklich Reproduzierende ist; sie hat die Macht und das Wissen über die Geburt. Wenn der Mann ihr nicht eine Zwangsbedingung, z.B. Monogamie, auferlegt, wird er nie »eigene« Kinder haben, was ein schöner Mangel ist.

Doch auch andere Gefühle sind schwerlich dem Wesen nach als weiblich oder als Monopol der Frauen zu betrachten, und zwar all diejenigen, die *den Besitz als Substitut für Identität* unterstreichen. *Meine* Familie, *mein* Mann, *mein* Sohn, *mein* Haus; und das Gegenteil: *meine* Entmachtung, *meine* Melancholie, *meine* Frustration und *mein* Neid.

Es gibt also eine doppelte Reduktion, die nicht greift: die Reduktion des Weiblichen auf ein besonderes »Gefühlsvermögen« gegen ein »Gefühlsunvermögen« des Mannes als natürliche und kennzeichnende Prinzipien der Geschlechter; und gleichzeitig eine entsprechende Überhöhung des Gefühls – vertrau aufs Herz mehr als auf den Verstand! –, die bekanntlich sowohl zum wunderbarsten Altruismus als auch zur Lynchjustiz führt.

ARGUMENT-SONDERBAND NEUE FOLGE AS 224

Hat man diese Oberflächlichkeiten aber einmal überwunden, so erweist sich die dem besonderen Gefühlsvermögen der Frau geschenkte Aufmerksamkeit als nützlich, insofern sie deutlich macht, wie das Gefühl der dem Weiblichen eigene *Bereich* ist, das Gehege, in dem der Frau ihr gesellschaftlicher Platz zugewiesen wurde. Wo die Verhältnisse nur persönlich und nicht abstrakt sind, nehmen die Beziehungen eine emotionale Färbung an. Und dies trifft für das der Frau im modernen Zeitalter vorbehaltene Terrain zu. Wo die Verhältnisse dagegen unpersönlich sind, erfahren die rasendsten Leidenschaften – Revolutionen, Macht, Kriege – eine Übersetzung ins Recht, ins »Rationale«. Die Frau wäre somit nicht spezifisch gefühlsbetont; erst der gesellschaftliche Platz und die gesellschaftliche Rolle, *die ihr auferlegt werden*, würden sie gefühlsbetont machen.

Gilt nicht dasselbe für die Vernunft? Im ersten Heft von *Memoria* sagt Eva Cantarella, daß der Frau nicht die Vernunft, der fatale Logos zugeschrieben wurde, sondern die *Metis*, die eher der List ähnelt. Sie nennt sie, wie ich glaube zu Unrecht, die »ineffiziente« Vernunft. Ist denn die *Metis* nicht das Verständnis der/des anderen, das notwendig ist, um deren/dessen Macht auszuweichen, wann immer man sich in einer unterlegenen Position befindet? Tatsächlich ist Odysseus mehr noch als Penelope der Held der *Metis* – Odysseus, der Dante als Symbol des die Grenzen der Natur und Gottes herausfordernden menschlichen Verstandes erscheint. Und Penelope bedient sich der *Metis*, sei es, um die Freier zu täuschen, sei es, um ihren Mann mit Hilfe eines alten Geheimnisses des Paares mit Gewißheit wiederzuerkennen, ehe sie für ihn den Gürtel löst. Wenn den Frauen bereits in der griechischen Tradition mehr die *Metis* als der Logos zukommt, so wird dadurch gewissermaßen eingestanden, daß sie die Tugend der Unterdrückten ist, um unter Bedingungen der Unfreiheit zu überleben. Läßt sich nicht analog dazu sagen, daß die Gefühle deshalb mit der Weiblichkeit verknüpft sind, weil Macht, Identität und Negation (die Triade des »logischen« Verhältnisses als gesellschaftliches Verhältnis) in dem Bereich, der den Frauen zugewiesen wurde, in der unmittelbaren Sphäre des Bekannten erfahren werden: der Familie, des Hauspersonals, des Ortes der gesellschaftlichen Reproduktion?

Dies ist es, was die weibliche Spezifik erklärt, und nicht umgekehrt. Die Weiblichkeit entsteht durch die Rollenteilung. Bedeutet ihre Akzeptanz als kulturelles Prinzip nicht auch die Akzeptanz dieser Rollenteilung? Ist der neue Feminismus nicht dazu verleitet, weil er am Rest der zivilen und politischen Gesellschaft verzweifelt?

Aber warum verzweifelt er und bereitet doch dieser Abhängigkeit kein Ende? Weil der Gegner so stark ist, oder weil dieser der Frau trotz allem eine kompensatorische, symbolisch eingelöste Identität zugesteht? Und vielleicht nicht nur symbolisch. Das Haus, die Kinder, die Mutterschaft sind nicht nur Symbole; sie sind gewaltige Identifikationsprinzipien. So würde die Parabel also mit dem Hinnehmen des uns Auferlegten enden, das nunmehr zu einer »anderen« Identität geworden ist, kaum daß wir erkannt haben, daß das andere Geschlecht uns darauf reduziert hat?

Vielleicht rührt man hier an das Problem zu entscheiden, wieviel an der Geschlechtlichkeit metahistorisch und wieviel, obwohl von einer historischen Bestimmung abgeleitet, zu einem »Wertprinzip« geworden ist. Es ist das erste Mal, daß dies bei einer »Unterdrückung« geschieht. Tatsache ist, daß zu der sehr bitteren Selbstwahrnehmung der Frauen im Verhältnis zum anderen Geschlecht (ich denke an die Frage der Abtreibung, bei der sie sowohl den Angriff seitens der italienischen Lebensschützer als auch die Verteidigung durch die »Männer-Parteien« als unerträglich empfinden) die Überzeugung hinzutritt, nicht nur zu einer »anderen« gemacht worden zu sein, sondern »anders zu sein«, und vor allem, daß dieses Anderssein einen Wert an sich darstellt.

Auch hier hilft uns die Studie über Simmel in *Memoria*, bei deren Lektüre sich jedoch zwei Fragen aufdrängen. Zum einen, ob es das ist, was wir wollen: uns einfach erneut als *komplementär* bestimmen; die zwei Apfelhälften, die sich nach langer Zeit wiederfinden und zwischenzeitlich zwei unterschiedliche Apfelsorten geworden sind. Zum anderen, und zwar mit einer gewissen Beunruhigung, ob jener »Wert« des Weiblichen, den Simmel erfaßt zu haben scheint, nicht bloß die vom Mann durchgeführte phantasmagorische Projektion der Frau ist, die heute als eigene wesentliche Identität angenommen wird.

Dies ist das neueste und verwirrendste Spiegelspiel: Einerseits – ich denke an Irigaray – führt die neue Feministin, um alles Gedachte auf den Mann zurückzuführen, das gesamte Bild der Frau restlos auf ihn zurück. Sie existiert nur als Phantasma des Mannes, existiert folglich nicht (*Das Geschlecht, das nicht eins ist*). Auf der anderen Seite steht die Feministin, die dieses Phantasma – als sei es Zeus, obwohl seinem Hirn entsprungen, plötzlich entglitten – als ihre Wahrheit anerkennt, und zwar so, wie er es gewollt hat: verführerisch, gefühlsbetont, empfindsam, zurückhaltend, zart, narzißtisch und kindlich, negativ und unfaßbar, vor allem anderen um den eigenen

Körper besorgt, als wäre sie – ähnlich den Jugendstil-Lampen-ständern – wirklich *sie*.

Hier ist die Zweideutigkeit enorm. Denn diese Projektion gehört zu der Rolle, die der Frau jahrhundertelang vom Mann zugewiesen wurde, doch ist sie nicht *die ganze* Rolle. Es ist jener Teil der Sub-alternität, den die Frau als positiv akzeptiert oder zu akzeptieren versucht ist, weil sie spürt, daß dieses Phantasma, das der Mann von ihr hat, für ihn *zum Teil* furchterregend ist. Genau das ist es, was Don Giovanni wahnsinnig macht, das unfaßbare »Weibliche«. Wir weinen, weil sie uns als »Hure« oder »Heilige« betrachten, doch ist uns die gewaltige Versuchung, die den Mann zur einen oder zur anderen hinzieht, nicht unbekannt. Die erste ist die unfaßbare Ischtar, die große Mutter und Gebärerin, die Kontinuität des Lebens, das sie indes recht schwach umklammert hält, rechtlos, wenn sie sich die Rechte nicht gewaltsam nimmt. Die zweite ist der unerreichbare Ort der Anmut und der Tugenden, die der Mann als die höchsten ansieht und doch beständig verletzt. Die Frau ist sein Widerspruch. Sie mag Angst vor der Stärke oder Brutalität des Mannes haben, doch ebenso hat der Mann Angst vor ihr, der Frau, angefangen bei der dunklen, tiefen, unsichtbaren und vielleicht unaufrichtigen Sexualität, in der die Reproduktion des Lebens liegt, die nur ihr allein möglich ist und um die sie weiß.

Lebt nun aber die Frau nicht einiges von diesem Phantasma als ihrer spezifischen, unveräußerlichen »Macht« und folglich als ange-nehme, wenn auch durch *ihn* erhaltene Wahrheit? Verhält es sich so, dann wird zwischen den Geschlechtern der Krieg mit weniger ungleichen Waffen geführt, als angenommen. Der Ort, wo der Mann tatsächlich Rache übt, die Frau auf eine Rolle festlegt und unter-drückt, weil sie sich ihm in der Paarbeziehung entzieht, liegt in der gesellschaftlichen Organisation, welche die Zweigeschlechtlichkeit bricht.

Hier kommen die Problematik des Männlichen, das zu Unrecht als gefestigt und in sich ruhend beschrieben wird, seine Schwäche und das Alter seiner Kodifizierung ins Spiel. Vielleicht sind sogar die Gewalttätigkeiten, die Frauen heute erleben (die nicht zahlreicher, aber bedeutsamer sind als einst), das extreme Zeichen dafür, daß die Dyade Mann/Frau in der Krise steckt, weil beide Einheiten nun-mehr vom unerträglichen Phantasma der jeweils anderen durch-drungen ist. Die Frau sieht sich im Spiegel, den der Mann ihr vor-hält, sie weiß, daß es nicht ihr Spiegel ist, fühlt sich von ihm angezo-gen und weicht davor zurück; und der Mann verliert an diesem wenig überzeugenden Phantasma, das er sich zur Gefährtin gewählt hat, den Verstand. Wenn er einen Teil des eigenen Bildes retten kann, so deshalb, weil das andere – die Gesellschaft, die übrigen kollektiven Verhältnisse – ihn bestätigen. Diese hat er allein konstruiert. Fast. Denn auch in dieser Konstruktion ist ihr Phantasma gegenwärtig, in dem sich die »Hälfte des Himmels« erkennt und vor dem sie zurückweicht. Auch im Wissen oder in den Wissensformen der Gesellschaft oder Gesellschaften existiert diese Phantasie-Frau also als realer Bestandteil – die einzige Projektion, die dem, der sie schafft (oder vielleicht nur umformt, damit er sie weniger fürchten muß), absolut notwendig ist. Wenn sogar in Pretoria die Präsenz des verneinten Schwarzen ein Bestandteil der Existenzweise des Weißen ist, so läßt sich vorstellen, was erst in der männlichen Welt die Präsenz der Frauen ist. Sie kann eine Leerstelle oder eine Fülle, eine Masse oder ein Umriß sein, jedenfalls aber durchzieht sie das gesamte Denken der Kultur, zumindest als Grenzziehung, Absteckung eines Feldes oder Abwesenheit.

Die strengsten Feministinnen können zwar sagen: »Ich will mich nicht einmal denken oder schreiben, denn ich denke oder schreibe mich in der Sprache des Unterdrückers«, doch können sie nicht umhin zu existieren – als Frauen, und als »Problem« oder »Phantasma«, als Frauen in der gesamten Kultur und gesellschaftlichen Organisation. Zudem hat dieses Phantasma eine Reichweite, die nicht allein auf die Subjektivität des Mannes zurückgeführt werden kann, denn immerhin wird ein wirkliches und absolut unauslöschbares »Objekt« gedacht; und obendrein wird dieses Denken der Existenzweise des Objekts übergestülpt und eine zweideutige Subjektivität geformt, die sich ihrerseits bricht. Läßt sich eine Geschichte des weiblichen Denkens schreiben, ohne sie auch in der Weise zu suchen, in welcher der Mann sie gedacht hat?

Und umgekehrt, können die Frauen sich selbst kodifizieren und sich vom männlichen Denken befreien, ohne diesen Weg insgesamt und Schritt für Schritt bis heute zurückzuverfolgen, beginnend mit der Frage, warum eine so enorme »Lebenserfahrung« sich so wenig in »Sprache« und eigener »Kultur« niedergeschlagen hat? Vielleicht weil die Frauen, wie schon gesagt, eine Kompensation erfuhren, die anderen Formen von Sklaverei verwehrt war, und weil sie sich heute dahingegen bewußt werden, nicht autonom, von anderem abgeleitet zu sein, und eine eigene Identität suchen? Wo aber ist diese Identität zu finden? In den Spuren, die das »Leben« der Frauen historisch hinterlassen oder als Umriß, Leerstelle, Unsichtbarkeit eingezeichnet

hat – wie ihre unsichtbare Arbeit oder ihre unausgesprochene Vermittlung, würde Laura Balbo sagen – kurz, in den Bruchstücken
einer Präsenz, die ausschließlich »ihre« ist? Und mit dem Wissen,
daß es Bruchstücke sind? Und der Vermutung, daß in diesen Jahrhunderten des Schweigens vieles für immer verloren gegangen ist?
Denn noch einmal: Was ist ein Gelebtes, das nicht »gedacht« worden
ist?

»Die Frau lebt in umgrenztem Feld und ist verborgen«, antwortet
Marguerite Yourcenar sich selbst, als sie sich während der Nieder-
schrift ihrer langen Studie über das Leben Kaiser Hadrians fragt,
warum sie es nicht mittels der Gestalt einer ihm sehr nahestehenden
Frau rekonstruiert hat. Das liegt daran, daß diese, obwohl sie nach
dem, was von ihr gesagt wird, eine gescheite und vielseitige Frau
war, verschwunden ist, ohne eine Spur von ihrem Dasein oder ihrer
Reflexion über die Welt zu hinterlassen, während Hadrians »Erinnerung« bis an die Grenzen des Kaiserreichs schweift und von dort
zurück zum zuinnerst Persönlichen des eigenen Lebens und Todes.
Welche Kenntnis kann sie davon gehabt haben? Wo verliefen für sie
die Grenzen des Kaiserreichs? Was wußte sie davon? Und weiß man
im übrigen wirklich etwas von dem, worauf man nicht einwirkt?
Selbst die Reflexion über etwas so Privates wie das Alter, den Tod
oder die letzte Bestimmung der Person erscheint seltsamerweise
durch die Weite des durchstreiften Feldes vertieft; und so scheint
er – und ein mächtiges Er, ein Kaiser – plötzlich mehr als sie dazu
befähigt, das auszudrücken, was doch ihrem ganz und gar zwischenmenschlichen und affektiven Bereich angehören müßte. Und umgekehrt (doch kann dies ein männlicher Gedanke sein) sollte Racines
Berenice, die nicht nur Titus' Geliebte, sondern »Königin von hun-
dert Völkern« war, nicht zögern, diese zu verlassen, um an seiner
Seite zu leben, und er ist es, der als Kaiser nicht darf und daher nicht
will. So ist Berenice um beides, um ein öffentliches und um ein
privates Dasein gebracht, und tatsächlich ist das Verschwinden ihr
Schicksal.

Diese Perspektive, dieser unterschiedliche Blickwinkel, aus dem
der Mann und die Frau dieselbe Welt betrachten (und je näher sie
einander standen, desto tragischer war es), wird in der fortgeschrit-
tenen Gesellschaft noch dramatischer als in der rückständigen, weil
jene es ist, die sie auseinanderbringt (trennt doch die Macht die
Bereiche, in denen die Herren und ihre Gefährtinnen präsent sind,
stärker, als das Elend Knecht und Magd voneinander trennt, wie
auch die Industrie mehr trennt als die Landwirtschaft).

Aber in dieser Rollenteilung ist ihr das Leben in seinem tiefgründigeren Fließen, ihm das Wissen in seiner äußeren Unbeweglichkeit zugesprochen worden. So haben es mir in diesen Jahren einige meiner besten Freundinnen geschildert und mich aufgefordert zu entscheiden, was den Vorrang hat. Wie die kostbarsten Essenzen im Mörser zerstoßen werden und dabei alles zermahlen wird, so sei die Essenz der Frau der höchste Grad ihrer zur Tugend gewordenen »zivilen« Auslöschung, die Fähigkeit, auf sich selbst, auf die Rhythmen des eigenen Herzens und Körpers zu achten, nicht durch die Weite des Horizonts abgelenkt von sich und den Ihren, ausgestattet mit einem anderen, unkommunizierbaren Wissen. Sagt nicht Tania Blixen dasselbe, wenn sie behauptet, der Mann sei das Tun, die Frau das Sein? Gibt es aber ein Sein ohne Tun und umgekehrt? Gibt es zwei Konstruktionen von Identität? Gewiß läßt sich antworten: »Nun gut. Es gibt keine Kultur der Frau. Und weiter? Es gibt *die* Frauen.« Diese ihre An- und Abwesenheit, die so alt sind wie die Welt; auch die Natur, auch die Jahreszeiten sprechen nicht, haben keine Kultur, doch sind sie deshalb nicht weniger wirklich und ewig.

Wenn das aber stimmte, worüber beklagt sich dann der Feminismus? Angenommen, die Frau sei jemals mit dieser Bedingung glücklich und zufrieden gewesen, habe sich also nicht nur entschädigt gefühlt (worin immer etwas gezwungenermaßen Eingetauschtes liegt) –, *jetzt* ist das mit einer gewissen Seelenruhe ganz sicher nicht mehr möglich. Die Welt selbst, die der Mann konstruiert hat, ohne der Frau denselben Raum und dieselben Rechte zu geben, macht es für sie unerträglich, ohne Raum und Rechte zu sein. Und es scheint mir eine außerordentliche Dramatik in dieser Selbstsuche von Frauen zu liegen – die sich in persönlichen Schicksalen widerspiegelt, die ich neben mir beobachte; Frauen sind zu einer sehr schwierigen Willensentscheidung gezwungen, die wohl kein Mann kennt. Dramatisch erscheint mir dieser Versuch, nicht nur all ihre Schwestern, sondern das eigene vergangene Sein zu retten und eben aus der Unterdrückung eine Tugend, ein einzigartiges Wissen zu machen: keine »Leerstelle«, sondern »geheime« Fülle, nicht unbekannt, sondern nur »ungesagt« oder auf Weisen gesagt, die auf Grund fehlender eigener Ausdrucksformen keine Spur hinterlassen konnten.

Und doch glaube ich nicht, daß dies der Weg ist. Erstens weil es doch merkwürdig wäre, wenn wir die »weibliche Natur«, die andere uns zugeschrieben haben, am Ende als unsere einzige und wahre anerkennen würden, und das zu einem Zeitpunkt, wo wir die außerordentliche Veränderung durchleben, da durch die Befragung unserer

Identität der Universalismus von männlichem Wissen und männlicher Identität brüchig geworden ist. Es wäre, als würden wir aufgesogen von jener Ewigkeit der Geschichte, von den Millionen Frauen, die über ein Kind, über die Nadel oder einfach über dem Gehorsam gebeugt waren, bestenfalls verehrte Mütter, ehrerbietige Ehefrauen, deren Meinung zuweilen gehört wurde und die darauf beschränkt waren, zu *gefallen*, um zu *sein* (denn was ist die Verführung anderes?); die in den meisten Fällen aber zur Welt gekommen und in Schweigen, Mühsal und Bitterkeit wieder erloschen sind. Kaum daß wir die Augen von unserer privilegierten Lage abwenden, bedrücken uns die Vergangenheit und die Gegenwart unseres Geschlechts, und diese Bedrückung sowie die Unmöglichkeit, zu glauben und zu wollen, daß jede sich allein befreit, verdanken wir dem Feminismus. Zweitens verpflichtet uns die Tatsache, daß wir der Falle der Emanzipation als reiner Nachahmung eines männlichen Modells entkommen sind, jetzt zu etwas Ähnlichem wie dem Sprung, den Lukács in *Geschichte und Klassenbewußtsein* für die Arbeiterinnen und Arbeiter andeutete, als er sich fragte, wie sie, statt reine Negation zu sein, zum Prinzip neuer Verhältnisse unter den Menschen werden könnten.

Nicht auf dem Wege der Verherrlichung eines »Wesens der Arbeiter«. Diese Versuchung war und ist groß; sie taucht in allen Populismen oder Mißgeburten der »proletarischen Kultur« als alternative Lösung wieder auf. Wir wissen, wozu das geführt hat. Und wenn auch die Suche nach der möglichen historischen Sedimentation der Kulturen der Unterdrückten unverzichtbar ist, weil wir ohne dies die Unterdrückung nicht einmal erkennen würden – je eher wir uns von der Vorstellung befreien, sie seien »befreite« oder »befreiende« Kulturen, desto besser ist es. Was wir finden werden, wird nur – doch ist es ein bedeutendes *nur* – dazu dienen, *die* Kultur, die große, in den Grenzen ihrer tatsächlichen (und relativen) historischen Maße und Kastenfunktionen zu sehen.

Gewiß kann die Analogie nicht perfekt sein: Die Arbeiterin und der Arbeiter waren eine reine, gänzlich entpersönlichte Ware; die Frau war es nur in Grenzfällen. Die Überfülle ihrer Funktionen und Symbole umreißt, wenn nicht eine Kultur, so doch eine Figur und eine Daseinsweise, und zudem den Angelpunkt eines Beziehungssystems, das allen anderen Formen von Unterdrückung fehlt. Die Erforschung dieser besonderen Geschichte der »Weiblichkeit« besitzt faszinierende Züge, die das Wesen der ArbeiterInnen niemals aufweist und die vermutlich denen ähneln, die der »Negritude« durch die westliche Kultur des »edlen Wilden« und die Entdeckung der anthropologischen Freuden verliehen wurden.

Und nicht nur das. Das »Weibliche« hat, wie schon gesagt, auf vieldeutige Weise die von Männern kodifizierte Kultur durchzogen, und zwar in dem Maße, wie der »Bereich« des Daseins, des Tuns und des Wissens zu einem bestimmten Feld von Beziehungen wurde. Betrachten wir vier grundlegende Verhältnisse: zur Natur, zur durchaus spezifischen Natur des Körpers, zur Gesellschaft und zur Sprache, so treten die Umrisse eines nicht lediglich komplementären »Weiblichen« klar hervor, wenn auch fast immer bruchstückhaft.

Nehmen wir das Verhältnis zur Natur. Welche Beziehung hat die Frau zu ihr gehabt? Ist ihr Gesichtsfeld lediglich »enger«, oder ist es auch »anders«? Das ist sehr wichtig, um zu verstehen, ob die weibliche Erfahrung eine Subkultur ist oder nicht. Dacia Maraini weist in ihrem letzten Buch, *Sor Juana della Cruz*, darauf hin, daß jede Frau durch die Küche etwas von Chemie und Botanik weiß. Die Frage ist, ob das von der Frau in der Natur »Erkannte« etwas ist, was die andere Wissenschaft *nicht* imstande ist zu erkennen; ob das Problem der weiblichen Erkenntnis die Methodologie der Wissenschaft erheblich zu verändern vermag; ob die Frau als »Gegenstand« der Wissenschaft einen Bereich unbewußten Irrtums in ihr darstellt und ob sich die Wissenschaft, räumte man diesen Irrtum aus, verändern würde. (Für die Psychoanalyse, wenigstens in ihren Anfängen, scheint mir das zweifellos so zu sein.)

Wenn sich auf keine dieser Fragen eine einigermaßen gewichtige Antwort findet, muß daraus geschlossen werden, daß der weibliche Beitrag nicht ins Gewicht fällt gegenüber dem, was uns vom berühmten westlichen Wissen bekannt ist (einschließlich seiner radikalsten Infragestellungen à la Feyerabend, die nichts anderes sind als dessen zigste formale Projektion). Denn es gibt keinerlei Anzeichen für irgendeine wissenschaftliche Hypothese – die Feyerabend gelten ließe, insofern sie alle gültig sind –, die global und vielleicht »gegen die Methode«, aber auf »weibliche« Art ausgedrückt wäre. (Es ist bemerkenswert, daß einige utopische Frauenbücher des vorigen Jahrhunderts wie *Herland* von Charlotte Perkins-Gilman streng positivistisch sind.) Wenn sich keine Splitter eines »anderen« Wissens oder einer anderen Erkenntnismethode finden lassen, bleiben eben – wovon bereits die Rede war – die Magie, die Alchimie, die Esoterik, das Kartenlesen oder die Sterndeutung. Und deren größte Bedeutsamkeit liegt nicht darin, Keim einer »anderen Wissenschaft« zu sein; vielmehr tragen sie bei zur Einsicht in die nicht wenig dornigen Wege einer weiblichen Bewußtwerdung in der Vergangenheit und plötzlich jüngst auch wieder.

Das interessanteste spezifische Verhältnis zur Natur ist das zur geheimnisvollen Natur des *Körpers*. Hier müßte das Anderssein selbst, und zwar nicht nur der Morphologie, sondern der Physiologie, zu einer *anderen*, im Verhältnis zur sonstigen Erkenntnis radikal kritischen weiblichen Erkenntnis führen. Mehr als die historischen Befunde (die verschiedenen Trotulas[3] oder die Schwierigkeiten des Mannes, sich den Körper der Frau vorzustellen) zählt hier jedoch das außerordentliche Gewicht, das der Körper für die Frau besitzt, sei es als Ort der Reproduktion des Lebens, sei es als einziger Trumpf in den Gefilden der Macht (Verführung oder Ware). Das Bedürfnis des Feminismus, sich in die Analyse zu begeben, weniger als Therapie- denn als Erkenntnisinstrument, ist bezeichnend für die dringende Notwendigkeit, sich in der Tiefe des Phantasmatischen zu entziffern, das für sie und *für ihn* etwas Unbewußtes geworden ist (die Protokolle der Psychoanalytischen Vereinigung, die berühmten Mittwochabende im Hause Freud, sprechen Klartext). Hier sind Inhalte und, glaube ich, Methode betroffen: das Wort den Analytikerinnen.

Allgemeiner gesprochen ist das Verhältnis zum Körper interessant, weil er in herausragender Weise ein symbolischer Ort ist, ein Beziehungsgeflecht (mit der Bedeutung von Gesundheit und Krankheit, Leben und Tod, Schmerz und Lust). Und auf Grund seines besonderen Zusammenhangs mit der Sexualität und dem Platz, den sie im Leben der Frau einnimmt, verfügt diese ganz sicher über eine *spezifische* Erfahrung des Körpers. Vielleicht auch des Schmerzes, denn sie kennt wenigstens einen Schmerz, den der Entbindung, der zwar auch eine biblische Verdammnis sein mag, jedenfalls aber der einzige so tief mit dem Leben verknüpfte ist.

Doch welchen Erkenntniszuwachs, welche Errungenschaft oder Korrektur der Erkenntnis hat das bisher erbracht? Je mehr man auf den ausdrücklichen Gebieten der zwischenmenschlichen Beziehungen – dem Ensemble der gesellschaftlichen Verhältnisse und der Geschichte – voranschreitet, desto offenkundiger wird ein anderes Sein oder »Verbanntworden-Sein« der Frauen; gleichzeitig scheint dieses Sein aber völlig in der gesellschaftlichen Anordnung aufzugehen,

---

3 Trotula de Ruggiero lebte im 12. Jahrhundert in Salerno. Sie schrieb ein Werk über die Krankheiten der Frauen (*De mulierum pressionibus*), das in den folgenden Jahrhunderten, bis zur Basler Ausgabe von 1566, zirkulierte. (Anm. d. Übers.)

von der aus es zwar ein Licht auf die Gesamtheit der Beziehungen und der Kultur wirft, die diese zusammenhält oder ihnen zugrunde liegt, aber wie eine ihnen innewohnende Grenze, eine Grauzone – nicht etwa, weil dieses Sein unerforschlich oder seiner eigentlichen Natur nach anders wäre, sondern weil es ausgesprochen werden muß. Die unsichtbare Arbeit oder die »Dienstleistungs«- (bzw. »Vermittlungs«-)Funktion, wie Laura Balbo sagt, weisen zusammen mit dem unendlichen Imaginären der Frau als Ort der Werte (Treue, Liebe bis zum Tod, Sinn für die Einmaligkeit des Individuums, für die Einzigartigkeit der Beziehung, Mitleid, Wissen um den Schmerz, Nachsicht mit den Armseligen und den Unterdrückten des Bezwingers und Herrn usw.) auf einen Ort hin, wo die Besonderheit und das Anderssein auch Keime einer anderen möglichen Organisation der Verhältnisse werden.

Hier ist die weibliche Lebenserfahrung eine Fundgrube. Mit einer Einschränkung: daß es sich um eine großteils durch das Schweigen verborgene Fundgrube handelt. Die Frauen sind geheim, weil ihnen die Sprache genommen worden ist, denn Sprache ist eine Form von Herrschaft. Oder besser gesagt, die Sprache, die man ihnen gelassen hat, durfte nicht über ihren Bereich hinausgehen. In der verzweifelten Erkenntnis, daß die Sprache männlich ist, und in der Weigerung, sie anzuwenden (wie die 68er keine Bücher lesen wollten), haben sie die Suche nach einer »anderen« Sprache gefordert, wodurch sie sich zum Schweigen verurteilten, zur Negation, die diesmal als Trennung, Anderssein und totale Feindseligkeit der Geschlechter gewollt war. Doch wird weniger eine solche Suche als das Eindringen in die Sprache der eigenen Geschichte und in die der anderen, also eine Sprachmischung, eine neue Kodifizierung ermöglichen. Im Wissen, daß die Tatsache der verschwiegenen Bereiche und fehlenden Quellen, das Durchs-Leben-Gegangensein, ohne Spuren oder dauerhafte »Monumente« zu hinterlassen, nicht wiedergutzumachen ist: die geschichtliche Erfahrung der Weiblichkeit.

Doch wenn das stimmt, ist die Frauenfrage dann nicht im vollen, umfassenden Sinn des Wortes »politisch«?

So halte ich eine Erforschung dieses geheimen Blicks für notwendig, der entweder in Form indirekter Quellen (wie der Mann sie überliefert) oder vieldeutiger Quellen, wenn sie direkt sind (wenn die in seinen Bereich und seine Sprache eingedrungene Frau sie überliefert), durch die Jahrhunderte bis zu uns gelangt ist. Nicht zufällig dreht sich die Debatte in der letzten Nummer von *Dwf* und in der ersten von *Memoria* genau darum. Und ich glaube, daß auch wir hartnäckig an der Neudefinition der Umrisse und Ablagerungen des Weiblichen im Verhältnis zur *Natur*, zur spezifischen symbolischen Natur des *Körpers*, zur *Gesellschaft* und zur *Sprache* arbeiten müssen. Doch scheint mir klarer, was durch diese Auseinandersetzung am »Machismus« zerstört, als was an »Weiblichem« eingebracht werden muß. Meines Erachtens wird es für lange Zeit ein von »außen« auf die patriarchalische Welt geworfener Blick sein, mehr das ständige Aufzeigen ihrer Grenze als die Möglichkeit, verborgene Schätze zutage zu fördern. Die Frau kodifiziert sich immer noch wie die Arbeiterin und der Arbeiter – über die Unerträglichkeit ihrer Entfremdung.

Die Schätze werden durch die Bewegung von Frauen hin zu einer ganzheitlichen Identität hervorkommen. In diesem (in Ausmaß und Auswirkungen beispiellosen) Bruch zwischen dem, was Frauen waren, und dem, was sie sein werden, in dieser Selbstbefragung liegt das wichtigste, das wirklich und unbedingt bedeutsame »Weibliche«. Nicht zufällig gelangen sie, nachdem sie sich zunächst in die Einsicht der eigenen Entmachtung vertieft haben, zu einer Art neuer »Emanzipation« ohne Illusionen – und dies über die Behauptung des »ich bin ich«, »ich gehöre mir« als potentielle, anspruchsvolle Identität, die in den mit ihr verbundenen Vorstellungen, den Konnotaten, noch ungewiß ist. Jetzt geht es darum, das Reich des anderen zu besitzen, ohne seinem Mythos zu erliegen, den Zweifel ihres langen Skeptizismus darauf zu werfen und wie in den Märchen die winzigen Körner von den zahllosen übrigen, unfruchtbaren Samen zu sondern. Die Perspektive der Frauen wird sich damit für immer wandeln; aber unter Menschen ändert sich auch die Welt gemäß der Perspektive der betrachtenden Person, gemäß dem Auge, das sie bewohnt, sie auseinandernimmt und neu ordnet.

In diesem Übergang – der nicht einfach sein wird und für den vielleicht das hohe Maß an Schmerz und Konflikten in den heutigen Beziehungen zwischen den Geschlechtern bezeichnend ist – wird, denke ich, die Erfahrung der Frauen, indem sie total wird, auch zu Kultur im umfassenden Sinne werden. Und unsere Töchter und Enkelinnen werden lächelnd an die Zeit denken, da wir uns, um uns nicht zu täuschen, fragen mußten: »Wer bin ich eigentlich?«

Oktober 1981

Die bei den Mittwochstreffen fehlt

Wieviele Frauen nahmen an den berühmten »Mittwochabenden« im Hause Freud teil, aus denen dann die »Wiener Psychoanalytische Vereinigung« hervorging? Unter den Gründern befand sich keine, wie wir wissen; dann stieß Margarete Hilferding dazu und sehr viel später Lou Andreas-Salomé. Zu Beginn, im Jahre 1902, saß keine Frau im Kreis des Professors und seiner wenigen Freunde (nicht alle Psychoanalytiker oder Ärzte), bei denen er nicht ohne Skepsis und Ausdauer Anregung und Austausch, Gesprächspartner suchte. (Seine eigentlichen Schüler, die geliebten Söhne, die ihn – wie es häufig geschieht – verraten sollten, hielten sich fern; weder Fliess noch Jung kamen je zu den Mittwoch-Sitzungen. Und auch unter den Teilnehmern gab es viele Abtrünnige und nur einige treue Seelen. Doch wo steht geschrieben, daß man die Treuesten liebt?)

Dies ist jedoch eine andere Geschichte, die sich anhand der Protokolle rekonstruieren läßt, die Otto Rank seit 1906 von jeder Sitzung erstellte und die 1962 als *Minutes of the Vienna Psychoanalitic Society*, herausgegeben von Herman Nunberg und Ernst Federn (der Sohn eines der Treuen bis zum Tod), bei der International Universities Press erschienen. Seit 1976 werden sie in der von J.B. Pontalis herausgegebenen Reihe für den Verleger Gallimard unter dem Titel *Les premiers psychanalistes* übersetzt.[1] In diesen Gesprächen geht es beständig um Frauen: die Patientinnen, die Geliebten und nicht mehr Geliebten, die Phantasien dieser Herren. Denn schließlich wird über Sexualität gesprochen. Sie, das andere Geschlecht, ist die abwesende und zugleich dunkelste und bedrohlichste Geladene.

Fehlte sie, weil ihr auf Grund der kleinbürgerlichen Moralität, die Freud in Sachen Frauen so häufig vorgeworfen worden ist, der Zutritt verwehrt war? – Sicher, nur durch eine Zimmerwand getrennt, bewegte sich Martha Bernays, die Ehefrau, der Freud während der Verlobungszeit so belehrende Briefe geschrieben hatte, daß er sie die wenigen Male, da sie in der Korrespondenz versucht hatte, aus ihrer Rolle auszubrechen, mit fester Hand auf diese Rolle zurückführte, die darin bestand, ihm zu Diensten zu sein. Doch wer weiß, ob

---

1 Die deutsche Ausgabe ist erschienen unter dem Titel *Protokolle der Wiener Psychoanalytischen Vereinigung*, hg. v. Hermann Nunberg und Ernst Federn, Übers. der Anm. von Margarete Nunberg, Bd. 1-4, Frankfurt/Main 1976-81. Nach dieser Ausgabe wird im folgenden zitiert. (Anm. d. Übers.)

Martha jemals das Zimmer betrat, wenigstens in den Pausen, um Tee zu bringen, wenigstens wenn Lou da war? Tatsache ist, daß keinem der Herren, obwohl sie auf Schritt und Tritt ihre Unkenntnis der weiblichen Sexualität erkennen lassen, je in den Sinn kommt zu sagen: »Rufen wir doch Martha und fragen sie.« Und doch war ein Vortrag über die »Grundlage der Mutterliebe«, den Margarete Hilferding 1911 hielt[2], in einem Ton gehalten, der sie hätte warnen müssen.

Dennoch wurden die Frauen nicht auf Grund eines reaktionären Machismus ferngehalten. Die Herren des Mittwochs gehörten im Wien des beginnenden Jahrhunderts zu den freiesten Geistern und waren der gängigen Moral ganz sicher der größte Dorn im Auge. Der Professor, älter als sie, trat der Isolation entgegen, und sie mit ihm. Zudem verfügte er über die unmittelbare Erfahrung einer weiblichen Wirklichkeit, die sich von der züchtigen, anständigen Ehefrau, auf die seine Bestrebungen im allgemeinen reduziert werden, grundlegend unterschied. Konfrontierten die weiblichen klinischen Fälle ihn nicht tagtäglich mit dem sexuellen Elend der Frauen in seinem ganzen Grauen? Ich meine in erster Linie nicht die leichteren Fälle, von denen er in seinen Werken schreibt (vielleicht um es nicht an jener »Galanterie im höheren Sinn« fehlen zu lassen, »die man der Frau schuldig ist« und deren Mangel er einigen Freunden vorwirft), sondern die seiner Korrespondenz mit Fliess und vor allem mit Jung: die frigiden Ehefrauen, verrückten Mütter, die unglückliche Sadomasochistin, die nur in einem schrecklichen Verhältnis mit ihrem Ehemann Befriedigung finden kann, aber in ihrem weiteren Leben darunter leidet, bis Freud sie von ihrer Qual, aber – schreibt er an Jung – wahrscheinlich auch vom einzigen Genuß, dessen sie fähig ist, befreit. Die heimliche Kehrseite des Heimchens am Herd war ihm wahrlich nicht unbekannt, und all das, was er nicht über die Sexualität der Frau, diesen dunklen Kontinent, wußte, deutete ihm nicht auf eine Leere, sondern auf eine Tiefe hin.

Und dann waren da die Emanzipierten, seine großen Freundinnen aus Wien, Frankreich und Rußland, Marie Bonaparte, der er praktisch die Rettung zu verdanken hatte, und Lou Andreas-Salomé, doch nicht sie allein. Wie kam es schließlich, daß dieser Verfechter der weiblichen Subalternität Anna vor allen anderen Töchtern liebte? Anna, die Emanzipierte und Psychoanalytikerin; Anna, die er um jenen äußersten, geheimen Liebesakt bitten sollte, sein Ende zu beschleunigen (»komm, süßer Tod«), als sein Leiden nicht nur – was

2 Vgl. Bd. 3, S. 113-115.

es seit Jahrzehnten war – unerträglich, sondern in seiner Unheilbarkeit auch erniedrigend geworden war[3].

Auch für den Professor und die Herren des Mittwochs war die Frage, was die Frau wirklich ist, höchst kompliziert. Um so mehr, als gerade in jenen Jahren in Wien seitens der Gruppe um Karl Kraus – Wedekind, Altenberg, Liliencron, Adolf Loos, Schönberg, sogar Brecht – eine intellektuelle Auflehnung gegen den bürgerlichen Moralismus losbrach, deren bekanntestes Symbol *Lulu* werden sollte. Diese freie, streitbare Intellektualität, die außergewöhnliche Formen hervorbrachte und in der Krise schwelgte, erreichte die Mittwochabende: Die Verbindung stellt ein gemeinsamer Freund von Kraus und Freud, Doktor Fritz Wittels, her; der Schlüssel der Begegnung ist die weibliche Sexualität.

Als mir beim Durchblättern der *Protokolle* der Bericht über einen Abend, an dem gegen die Zulassung von Frauen zum Medizinstudium argumentiert wurde, in die Augen sprang, schien mir daher zunächst der Vorwurf gegen den Freud-Kreis, sie seien kleinbürgerliche Reaktionäre und Verehrer des Heimchens am Herd, erneut bestätigt. Wie aber kam es, daß Wittels, Freund von Kraus und Wedekind, der Referent war? Das Phantasma, das man an jenem Mittwochabend auszutreiben suchte, konnte nicht das der »freien« Frau sein; vielleicht eher das einer bestimmten Idee von der »Freiheit« der Frau, einer weit von der Emanzipation entfernten Idee. Vergötterte Wittels Lulu nicht? Doch wäre es ihm gewiß nicht in den Sinn gekommen zu denken: Wenn sie studiert hätte, hätte es mit ihr kein schlechtes Ende genommen. Lulu, der Erdgeist, wäre in seinen Augen ganz und gar im weißen Hemd erloschen, wenn sie aus Reue über den Selbstmord des Malers beschlossen hätte, Schön eine gute Frau zu sein, die ihm voller Eifer sonntags die Sachertorte buk. Kraus wäre verzweifelt gewesen.

Folglich? Folglich befindet sich unter den unsichtbaren Besucherinnen der Mittwochabende eine Frau – die am meisten zu fürchtende, die sowohl gegen den verteidigt zu werden verlangt, der sie als »Hausengel«, als auch gegen den, der sie »emanzipiert« sehen will. Natürlich ist es, wie Freud gutmütig zugibt, ein männliches Phantasiegebilde, aber es hat ein Gesicht, das ihr mehr als zehn Jahre zuvor Klimt gegeben hatte. Es ist seine »Frau aus Purpur und Gold«, blutleer, langer Körper und fließendes Haar gleich einer

---

3 Vgl. Max Schur, *Sigmund Freud: Leben und Sterben*, Frankfurt/Main 1977. Schur war seit 1928 Freuds Arzt.

Meerjungfrau, die geschminkten Augen starr auf dich gerichtet, ohne Lächeln, ewig, wissend, zu Sprache gewordene Natur, Leben und Tod. Unversehrt: nicht von jenen moralischen Gesetzen und Kulturen berührt, die den Mann spalten, den Klimt immer von hinten sieht, gebeugt, geknechtet, zerrissen. Diese Frau taucht mit Fritz Wittels bei den Mittwoch-Sitzungen auf und geht mit ihm. Und allein mit ihrer Geschichte möchte ich mich hier befassen, da sie weder in den *Protokollen* vorkommt, die von den Begegnungen zwischen Wittels und Kraus nicht sprechen, noch in den Studien über Kraus, die die *Protokolle* nicht zur Kenntnis nehmen. Es ist eine bizarre Geschichte, die am Ende erschauern läßt.

Wahrscheinlich diskutieren die Herren des Mittwochs erstmals 1905 über die Karl-Kraus-Gruppe, als *Lulu*, das heißt *Erdgeist* und *Die Büchse der Pandora*, soeben aufgeführt worden ist. Kraus hatte das Stück nicht nur begeistert verteidigt, sondern eine Rolle darin gehabt und die Aufführung praktisch mit seinen Mitteln ermöglicht; wer weiß, ob – wenn es kein Mittwoch und er nicht zu müde war – im Parkett nicht auch der Professor saß, ohne Martha natürlich. Fest steht, daß am 13. Februar 1907 im Hause Freud über ein anderes Wedekind-Stück, *Frühlings Erwachen*, diskutiert wird. Und am 15. Mai desselben Jahres wird Fritz Wittels, der kurz zuvor der »Vereinigung« beigetreten ist, aufgefordert, einen Artikel zu diskutieren, den er einige Tage zuvor, am 3. Mai, in Karl Kraus' Zeitschrift *Die Fackel* veröffentlicht hatte. Er hatte ihn mit keinem geringeren Pseudonym gezeichnet als Avicenna, dem Namen des großen arabischen Arztes und Philosophen. Die zu Protokoll genommene Diskussion ist seltsam. Was hatte Wittels in der *Fackel* behauptet? Daß die Frau nunmehr gezwungen sei, zu studieren und zu arbeiten, was immer negativ, aber weniger schlimm sei, solange sie es in Bereichen wie dem Unterrichtswesen tue, wo sie sich (etwa, weil es verführerisch ist?) nicht selbst verneine. Entscheide sie dagegen jedem gesunden Menschenverstand zum Trotz, Ärztin zu werden, dann läge ein Fall von offenkundiger Hysterie vor. Sie tue das entweder, weil sie häßlich sei und der Beruf ihr einen Vorwand gebe, die männlichen Genitalien anzusehen und anzufassen, oder weil sie ihre eigene Sexualität so sehr verdrängt habe, daß sie sich gewissermaßen zu »vermännlichen« suche. Da ihr das aber niemals ganz gelingen werde, werde sie eine schlechte Ärztin, gehaßt von den männlichen Patienten, deren Sexualität sie unnötig errege und deren Psychologie sie »naturgemäß« nicht verstehen könne; sie werde anmaßend und rachsüchtig sein, ein Arzt-Hexer, der sich seiner Kenntnisse bediente, um

Männer, die befürworteten, daß Frauen Ärztinnen werden, seien Masochisten; »normalen« Männern sei es zurecht ein Greuel.

Das Haus der Freuds. Wir schreiben den 15. Mai 1907.[4] Als erster ergreift Federn das Wort, Paul Federn, der Treue, sechsunddreißig Jahre alt (sie sind alle etwa zwischen dreißig und vierzig, die Geladenen von damals); er bemerkt, daß »Wittels es versäumt habe, auf die wirkliche Frage des Frauenstudiums überhaupt einzugehen. Er befinde sich in einem großen Irrtum, wenn er meine, die Sexualität sei der einzige Trieb des Menschen. Beim Frauenstudium käme auch die Arbeit und die Frage der Ausfüllung des Lebens durch die Arbeit in Betracht. Das Arbeitsbedürfnis ist nicht nur in den sozialen Verhältnissen begründet, sondern es gehört zu einem der spät entstandenen Instinkte des Menschen.« Freud muß es geschaudert haben: Was hatte er bloß für Schüler, und dabei war er doch einer der besten! Doch Federn fährt fort mit dem Hinweis »auf die geile Perversität vieler männlicher Ärzte ... und auf die Sexualausbeutung vieler Weiber durch männliche Ärzte. Es ginge nicht an, gerade den Frauen einen Vorwurf daraus zu machen, daß sie ihre Sexualität im Studium der Medizin ausleben. Das sei ein prüder Standpunkt.« Nach diesem Endspurt setzt Federn jedoch einen Schlußpunkt: »So viel Berechtigung könne man allerdings den Ausführungen Wittels unterlegen, daß es unzulässig ist, Frauen an den Genitalien von Männern öffentlich manipulieren zu lassen.«

Federn hat sich vor der Hetäre richtiggehend gedrückt. Nicht so der Musikwissenschaftler und Schriftsteller Max Graf, der Wittels gleich zu packen bekommt, indem er den »großen Affektaufwand« hervorhebt, mit dem er »dieses sozialpsychologische Thema behandelt habe«. Es schiene, als ärgere sich Wittels darüber, »daß das Weib, statt zu koitieren Medizin studiert«. Aber er ist mehr Freudianer als Federn: »Auch die Leistungen des Mannes entspringen ja sinnlichen Quellen, die Frage könne nur sein, ob das fürs Weib schädlich sei. Graf glaubt ja. Was speziell den Beruf der Ärztin anbelangt, so könne die Frau darin nie so Bedeutendes leisten wie der Mann, weil ihr der große persönliche Einfluß, die suggestive Kraft abgehe, die neben dem Wissen erst den vollwertigen Arzt mache. Dieses Stück Priestertum (die ersten Ärzte seien Priester

---

4 Zu diesem und den folgenden Zitaten vgl. *Protokolle der Wiener Psychoanalytischen Vereinigung*, Bd. 1 (1906-1908), Sitzung vom 15. Mai 1907. Vergleichend sind auch die Sitzung vom 13. Februar 1907 über Wedekinds *Frühlings Erwachen*, Referent Reitler, und Wittels Vortrag über *Tatjana Leontiew*, Sitzung vom 10. April 1907, anzusehen.

gewesen) könne der Arzt auch heute noch nicht entbehren, und seine Autorität, die eine Art Fortsetzung der väterlichen Autorität sei, spiele bei der Behandlung und Heilung eine bedeutende Rolle. Der weibliche Arzt ... sei eher geeignet, die Mutter zu ersetzen, und zwar als Krankenpflegerin.«

Rudolf Reitler weicht aus; er ist mit Wittels einverstanden, jedoch nicht, was den Haß gegen die Hysterie angeht, und er sieht nicht, warum Medizinstudentinnen immer sexuelle Beziehungen suchen sollten. Im allgemeinen »haben [sie] meist [aus Erkenntnis ihrer körperlichen Defekte] ganz auf den Mann verzichtet«.

Nicht einmal der skeptische, geistreiche Arzt und Psychoanalytiker Eduard Hitschmann sollte sich die Bemerkung verkneifen, »daß die Studentinnen meist häßlich, die wahren Amazonen (Busenlose) seien«. Aber Wittels läßt er nichts durchgehen. Von was für »weiblichen Ärzten« spricht er, da wir ja bisher »nur die Studentinnen [kennen]. Was wir kennen, sind Vorkämpferinnen, für die Formen des Verkehrs noch nicht gefunden sind und die eben wegen ihrer exponierten Stellung eher der Schonung bedürfen. Wenn Wittels ihnen Hysterie vorwirft, so ist das eine ganz unberechtigte, weite Fassung dieses Begriffs. Die reiche Aufklärung, die sie erfahren, sei ja eine förmliche Prophylaxe gegen die Hysterie.« Und damit nicht genug: »Neben der Sexualablehnung werfe ihnen Wittels auch sexuelle Aggression ... vor, was direkt ein logischer Schnitzer sei. Die Sexualverdrängung, die Wittels beim Weib so unangenehm empfinde, ... wäre [ihm] gewiß auch bei seinen eigenen Töchtern sympathisch. Diese weibliche Sexualablehnung entspringe den schwierigen Verhältnissen im Sexualleben des Weibes, das nun einmal zum Stamme jener Asra gehöre, welche schwanger werden, wenn sie lieben.[5] Zugeben müsse man Wittels, daß zur wirklichen Entwicklung einer vollen Persönlichkeit erotische Erfahrungen gehören«; doch dürfe man nicht übertreiben bis zum »*coito ergo sum*«. Und schließlich irrt Hitschmann sich nicht: »Wittels' Artikel liege das uns fremd gewordene Ideal der nachgeborenen Griechin, das Hetärenideal, zugrunde ... Das sei aber schon mehr Griechengasse[6] als Griechenland.« Und er schließt mit einem sehr scharfsinnigen Gedanken: »Wittels schwärme da von einem präsyphilitischen Zeitalter und wolle uns nun das Übermensch züchten.«

---

5 Anspielung auf Heines Gedicht 'Der Asra', das endet: 'jene Asra, welche sterben, wenn sie lieben'.
6 Berüchtigte Prostituierten-Straße in Wien.

Den härtesten Schlag teilt Freud mit der ihm eigenen üblichen Höflichkeit aus. Hören wir uns an, wie Otto Rank ihn wiedergibt: »Freud spricht zunächst dem originellen, temperamentvollen und scharfsinnigen Artikel seine Anerkennung aus. Andererseits finde er darin gewisse Halb- und Viertelwahrheiten. Vor allem sei Wittels ein Mangel an Galanterie im höheren Sinn vorzuwerfen. Das Weib, dem die Kultur die schwerere Last (besonders die der Fortpflanzung) auferlegt habe, müsse milde und tolerant beurteilt werden in den Punkten, wo es gegen den Mann zurückgeblieben sei. Ferner sei in dem Artikel ein mangelnder Gerechtigkeitssinn zu rügen, der sich nur gegen das Neuankommende skeptisch verhält, während er das Alte, auch Tadelnswerte, unangefochten läßt. Die Unzukömmlichkeiten kamen ja nicht erst durch das Weib in den ärztlichen Beruf hinein, sondern sie bestehen längst.« Doch damit nicht genug der Rüffel, denn der Analytiker deckt die verborgene Seite des Vortragenden auf: »Wittels repräsentiere einen juvenilen Standpunkt; nämlich der jungen Männer, die zuerst große Frauenschwärmer sind und es nicht wagen, den Mädchen diese menschlichen Regungen zuzuschreiben. Langsam lernt er erst erkennen, daß das Weib der Sexualität keineswegs abhold ist; jedesmal aber, wenn er dem Weib 'daraufkommt', macht er ihm einen Vorwurf daraus. Daran knüpft sehr bald die Weiberfeindschaft an; er verachtet das Weib (wie er [es] unbewußt bei der Mutter getan hat). Der Artikel versuche auch die Bloßstellung eines einst verehrten Objekts.«

Was den Rest angeht, habe er indes nicht unrecht. »Die Sexualität als Triebfeder des Studiums habe Wittels ganz richtig hervorgehoben«, jedoch – und hier zeichnet sich der Unterschied zu Kraus ab – »vernachlässige er dabei den Unterschied zwischen sublimierter und roher Sexualität, die für ihn gleichwertig seien. Die Verschiebung der Sexualität aber zur Wißbegierde liege jeder Forschung zugrunde... Richtig sei, daß durch das Studium nichts für die Frau gewonnen sei und daß damit auch das Schicksal der Frauen im großen und ganzen nicht gebessert werde. Die Frauen können sich überdies in der Sublimierung der Sexualität nicht mit der Leistung der Männer messen. Das Ideal der Hetäre sei für unsere Kultur unbrauchbar. Wir bemühen uns um die Aufdeckung der Sexualität; nachdem sie aber hergestellt ist, verlangen wir, daß man sich diese ganze Sexualverdrängung bewußtmache und sie der Kultur unterordnen lerne. Wir setzen an Stelle der Verdrängung die normale Unterdrückung. Das sexuelle Problem sei losgelöst vom sozialen nicht zu lösen, und wenn man den elenden Sexualverhältnissen die Abstinenz vorziehe,

so abstiniere man unter Protest. Das Bewußtsein der Sündhaftig-
keit... sei ungeheuer verbreitet, und auch die sexuell Freien fühlen
sich als schwere Sünder. Ein Weib, das, wie die Hetäre, in der
Sexualität nicht verläßlich sei, an dem sei überhaupt gar nichts, sie
sei ein Haderlump.«

Wittels ist schwer getroffen. Vielleicht hört er nicht einmal mehr
Rank zu, der die Hetäre und alles beiseiteläßt und sich über das
Thema des Medizinstudiums als positive Projektion der Frage verbreitet, die sich jedes Kind stellt: Woher kommen denn die Kinder? –
und der ihm vorwirft zu glauben, die Frau sei in allem, was sie tue,
sexuell, was er bereits einige Sitzungen vorher in seinem Vortrag
über die russische Terroristin Tatjana Leontiew behauptet hatte.
Vielleicht hört er auch den schweren Vorwurf Alfred Adlers, des
einzigen Marxisten bei den Mittwochs-Sitzungen, nicht mehr, der
ihn erst als Reaktionär bezeichnet und dann verächtlich schließt:
»Der Eindruck, den er vom Artikel empfangen habe, sei etwa so wie-
derzugeben: Wittels hebe den Studentinnen den Rock auf und sage:
'Sie haben ein weibliches Genitale.'«

»Wittels fühlt sich durch ein Wort Freuds (die Hetäre sei ein
Haderlump« – oh, die juwelengeschmückte, wunderschöne Schlan-
genfrau – »persönlich so betroffen«, merkt Rank an, »daß er auf die
Einwendungen augenblicklich nicht näher eingehen kann. Es war
ihm darum zu tun, eine Weltanschauung zu zeigen, die der noch
nicht ganz erfaßten Grundverschiedenheit von Mann und Weib
gerecht wird. – Er sei, ausgehend von der großen Hetäre, die alle
Seiten ihrer Sexualität frei auslebt, dazu gekommen, ihr Gegenstück, die alle Sexualtriebe verkrüppelnde Studentin, geringzu-
schätzen. Er könne unmöglich das Weib für das Höherstehende
achten, das auf den Ruf der Periode nicht hört.«

Mit diesem sensationellen Bild, das ihn, ginge es um seine eigene
wirkliche Erfahrung, wahrscheinlich ohnmächtig werden ließe,
schließt Wittels verletzt, aber nicht bezwungen. Er möchte sich
deutlicher erklären und bekommt dazu am Mittwoch, dem 11. März
1908, Gelegenheit. An diesem Abend eröffnet Wittels, der zwischenzeitlich das Buch *Die sexuelle Not* veröffentlicht hat, die Sitzung mit
einem Vortrag über »Die natürliche Stellung der Frau«.[7] Rank faßt

---

7 *Protokolle der Wiener Psychoanalytischen Vereinigung*, Bd. 1 (1906-1908), Sitzung vom
  11. März 1908. Für die beiden Diskussionen mit Ehrenfels vgl. dessen Vorträge über *Die
  sexuelle Not* (Sitzung vom 16. Dezember 1908) und über das *Züchterische Reformprogramm*
  (Sitzung vom 23. Dezember 1908), Bd. 2 (1908-1910).

ihn folgendermaßen zusammen: »Vom Problem der Menstruation ausgehend, die das Problem der Weiblichkeit in sich schließt, bespricht der Vortragende die Bedeutung der Periode bei den Naturvölkern« – und es folgt ein gelehrter Überblick über alte und moderne Anthropologen sowie über die jüngere medizinische Literatur, um dann zum Punkt zu kommen, einer Art Evolutionsgeschichte: »Das wesentlichste Unterscheidungsmerkmal zwischen Mensch und Tier sei neben der Unabhängigkeit des menschlichen, besonders des männlichen Sexualtriebes von der Periodizität (den Brunstzeiten der Tiere) darin zu sehen, daß der Geschlechtstrieb des Tieres ausschließlich dem Zwecke der Fortpflanzung diene, während er beim Menschen noch den Zweck des Lustgewinnes habe. – Zu dieser Art Lustgewinnung gehören neben einer gewissen Intelligenz auch besondere, günstige äußere Bedingungen (Paradies), die nur in der Tertiärzeit vorhanden waren. Auch einige andere wichtige Charakteristika der Menschwerdung stünden im Zusammenhang mit dem Liebesleben: so der aufrechte Gang des Menschen, der vielleicht nur einem primitiven exhibitionistischen Akt ... seine Entstehung verdankt. – Auch das bis jetzt ungeklärte Problem der Nacktheit ließe sich vielleicht mit dem Hochstand der Sexualgefühle zur Zeit der Menschwerdung erklären: Der Mensch hat vielleicht den Haarpelz ausgezogen, um inbrünstiger umarmen zu können. – Ein Teil der Menschwerdung wäre so Verdienst des Weibchens; allerdings ein passives Verdienst: denn sie brauchte dabei nichts als nur Weibchen zu sein.«

Ich weiß nicht, ob es der protokollarischen Kürze Ranks oder Wittels selbst zuzuschreiben ist, daß jegliche Erklärung dazu fehlt, warum die Frau ebenfalls nackt geworden ist und vor allem, warum auch sie aufrecht steht, statt zu liegen oder auf allen vieren zu gehn, da ihrer »Exhibition« die aufrechte Stellung doch gar nicht so günstig ist. Das wird uns wohl verborgen bleiben. Nachdem Wittels das goldene Zeitalter auf diese Weise beschrieben hat, bringt er seine Abneigung gegen die Mutterschaft zum Ausdruck: »Aber bald war die Fruchtbarkeit hinderlich, weil Zeit zum Liebesgenuß verlorenging – ein Teil der Libido des Weibes wurde durch Ablenkung in mütterliche Bahnen sublimiert, wodurch die weibliche Libido kleiner wurde als die männliche. Es trat eine Not an Weibchen ein, die vielleicht die erste Not überhaupt war, die der Mensch kannte (wie vielleicht das Weib auch das erste Gut war, das er schätzte). Der Mann mußte nun auch einen Teil seiner Sexualität sublimieren, um überhaupt etwas von ihr zu haben: Er erfand also die sublimierte, geistige Sexualität:

die Erotik (Gesang, Tanz, Musik). – Die erste Sprache sei wahrscheinlich aus dem Gesang hervorgegangen und hatte vielleicht den
Zweck, dem Weib die Liebe eindringlicher zu gestehen … Auch die
Entstehung der Perversionen müßte in diese Urzeit verlegt werden;
sie entstanden, um die große Fruchtbarkeit einzuschränken. – Das
Weib wurde vielleicht auch zur Ursache der Primordial-Religion;
sie war verehrungswürdig, nahm ursprünglich eine Herrscher-
stellung ein und fühlt sich heute noch in dieser Rolle wohl – denn das
Weib ist im Gegensatz zu dem sich rastlos verändernden Manne die
konservativste Schöpfung.«

»Die Eiszeit machte diesem herrlichen Naturzustande ein Ende.
Bei den wenigen überlebenden Menschen, die schwer um die Erhal-
tung ihres Daseins kämpfen mußten, wurde der Wert der Liebe her-
abgesetzt. Sein Unglück lehrte den Menschen nun auch an böse Göt-
ter glauben. – Er erfand Feuer und Axt und wurde so, wie etwa heute
die Naturvölker sind. Jetzt wurde das Weib zur Arbeiterin gepreßt,
und da sie als solche nicht viel leisten konnte, wurde sie verachtet
und so zum Prinzip des Bösen … es blieb ihr die innere Freiheit. –
Aber nachdem sie so ihre Stellung als Geliebte verloren hatte,
gewann sie sie wieder als Mutter.« Und als solche war die Frau nur
»so lange Gegenstand der Verehrung, bis das Eigentum erfunden
war; er [der Mann] wollte dieses Eigentum vererben und sperrte
darum das Weib in den Käfig der Einehe. Der Mann braucht das
Kind für sich, er gebiert es sozusagen selbst.« Es ist, als hörte man
Luce Irigaray. Doch damit nicht genug des Unheils. Feurig fährt
Wittels mit einer Beschreibung der Degradierung der Frau fort: »sie
muß jetzt nicht mehr schön, sondern keusch sein, sie soll nicht nur
Lust spenden, sondern auch treu sein; sie muß sich nun schmücken.
– Eine Folge davon ist unsere heutige gottverfluchte Kultur, in der
die Weiber bedauern, nicht als Männer auf die Welt gekommen zu
sein – sie suchen aber Männer zu werden (Frauenbewegung). Die
Leute haben keinen Sinn für das Verkehrte und Sinnlose dieser
Bestrebungen, aber auch die Frauen selbst nicht.« Soweit Wittels.
Diesmal hatte er alles gesagt. Doch glaubt man dem fleißigen Otto
Rank, ist es ihm noch schlechter ergangen. Niemand läßt sich wirklich auf seine Ausführungen ein, als würden alle vor dieser Lilith,
Ischtar oder Lulu fliehen. Bass, der falsch verstanden hat oder so tut,
meint, daß der »Geschlechtswert« der Frau in den Zeiten der Not
nicht in den Hintergrund trete. »Man könne im Gegenteil heute
sehen, daß gerade die Schichten, denen es am schlechtesten geht, am
eifrigsten dem Geschlechtsgenuß frönen, der ihnen alles ersetzen

muß.« Sadger bezweifelt gar, »ob der Vortrag ernst gemeint sei«, und Stekel zufolge handelt es sich dabei um eine »dichterische Phantasie«. Hitschmann nimmt ihn wie gewöhnlich mitleidslos unter die Lupe. Wittels, der Arme, meint er, bekämpfe alles, was seinem sexuellen Ausleben hinderlich sei: »die Schwangerschaft, das durch Bildung unerreichbare Weib, dann die Syphilis, und nun habe er mit Plastik die sonst unbedeutende Erscheinung der Menses geschildert. – Man könne das nur als Phantasien eines jugendlichen Reaktionärs bezeichnen. Das wichtigste, das ökonomische Motiv habe er fast nicht gewürdigt... Sonst habe er ganz hübsche Sachen gesagt«, meint der herzlose Mann abschließend.

Mitleidsvoll greift der Professor ein und »spricht zunächst sein Wohlgefallen an dem Vortrag aus, der ihn amüsiert und angeregt habe. Es handele sich natürlich dabei um eine Phantasie; aber die Linien, die wir in der Wissenschaft zu verfolgen gewohnt sind, sind hier richtig verlängert. – Einige verdienen doch aus dem Phantastischen hervorgehoben zu werden. – So die Idee, daß die Menschwerdung sich in einer Zeit des Überflusses vollzogen haben muß, in der die Libido frei war; ebenso, daß sich der Mensch damals auf die Perversionen geworfen hat.«

In Wahrheit setzt Freud, indem er sich auf vieldeutige Weise Wittels anschließt, vor allem die seit einiger Zeit herangereiften Feindseligkeiten mit Adler fort: »Die Details der Menschwerdung stehen viel mehr unter dem Einfluß der Sexualität, als man meinen sollte; die ökonomischen Gründe werden überschätzt in der möglichen Bedeutsamkeit, die sie haben können.« Und auch seine abschließenden Feststellungen sind gegen Adler gerichtet: »In einem Aufsatz über die Hörigkeit der Frau sei es J.St. Mill entgangen[8], daß die Frau nicht zugleich erwerben und Kinder aufziehen könne. Überhaupt profitieren die Frauen als Gruppe gar nicht durch die moderne Frauenbewegung; höchstens einzelne.«

Adler nimmt den Fehdehandschuh auf. Nach einem giftigen Pfeil gegen Wittels, der sich »als Reaktionär« mehr mit der Vergangenheit beschäftige als mit der Gegenwart oder Zukunft, bekräftigt er, der »wesentliche Unterschied seiner Stellung von der des Vortragenden und des Professors sei der: während alle annehmen, daß der Rahmen der gegenwärtigen Gruppierung von Mann und Frau unveränderlich sei, nehmen die Sozialisten an, daß der Rahmen der Familie heute

---

8 Vgl. John Stuart Mill, *Über Frauenemanzipation*, übers. v. Freud und erschienen in Theodor Gomperz (Hg.), *Gesammelte Werke von Mill*, Bd. 12, Leipzig 1880.

schon erschüttert sei und es noch mehr werde. – Die Frau wird sich nicht hindern lassen durch die Mutterschaft, einen Beruf zu ergreifen: entweder wird sie einigen hinderlich bleiben oder aber sie wird ihre Beschwerden verlieren... Die Besprechung des Mutterrechts war zu dürftig. – Durch das Erbrecht sei das Vaterrecht an die Stelle des Mutterrechts getreten. In den Studien von Marx sei geschildert, wie unter der Herrschaft des Eigentums alles zur Herrschaft wird. Die Frau werde zum Eigentum, und da entspringe ihr Schicksal. Zuerst muß deshalb die Frau als Eigentum beseitigt werden.«

Wittels, der der Verzweiflung nahe gewesen sein muß, bleibt nach einer kurzen, eher gelehrten als überzeugten Diskussion nichts anderes übrig, als auf die Unterschiede zwischen Freud und Adler, Psychoanalyse und Marxismus zu setzen: »Es lasse sich nicht vereinigen, Freudianer und Sozialdemokrat zu sein«, sagt Freud schroff zu Adler. Und tatsächlich war die Trennung von Adler und Freud kurze Zeit später besiegelt.

Aber auch Wittels ergeht es nicht besonders gut. Zunächst läßt er sein Buch am 16. und 23. Dezember 1908 erneut vorstellen, und zwar von einem berühmten Prager Professor, Professor Doktor Christian Freiherr von Ehrenfels, der es trotz seiner Widersprüche (wenn laut Freud die Sexualität dem Wissensdrang zugrundeliege, warum seien dann die Frauen, obwohl sie ebenfalls eine Sexualität haben, bis auf vereinzelte Ausnahmen in dieser Hinsicht minderwertig?) so gut verteidigt, daß Wittels erst geschmeichelt und sprachlos, dann verdrossen ist. Dieser ehrenwerte Mann sagt tatsächlich, daß die Sexualunterdrückung zwar Ursache von Neurosen sei, die Utopie der »Libertinage«, wie Wittels sie vorschlägt, jedoch beim derzeitigen Stand der Dinge zu einer perversen, entstellten und deformierten, schrecklichen Menschheit führen würde. Es gelte zu einer Selektion zurückzukehren, indem man für die Menschen minderwertiger physischer und psychischer Qualität eine nicht nur sexuell, sondern auch gesellschaftlich strenge Moral aufrechterhalte und die Libertinage, das heißt die Möglichkeit zur Fortpflanzung, den Schönsten und Intelligentesten überlasse.

Der Vorschlag ist derart unfaßbar, daß Freud, neugierig wie immer, Ehrenfels auffordert, ihn unter Absehung von Wittels Buch am folgenden Mittwoch ausführlich darzulegen. Und da kommt Ehrenfels' Nazismus zum Vorschein: Her mit einer männlichen, kämpferischen Selektion gegenüber einem Harem schöner und mit Sicherheit fortpflanzungsfähiger Frauen. Die Herren der Mittwoch-Gesellschaft geraten ein wenig ins Stottern. Ehrenfels hat etwas gegen die Manie der Gleichmacherei, die er »sozialen Nivellismus« nennt, und Adler greift ihn sogleich an, nennt ihn einen Reaktionär und weist alles zurück. Hitschmann hält dieses »Evangelium« für gefährlich, meint aber, daß es nicht viele Anhänger finden werde (worin er sich tragisch irrt); weiterhin hält er Ehrenfels, der das Ganze als eine Verteidigung der weißen Rasse gegen die gelbe Gefahr präsentiert, in etwa entgegen: Und wer sagt dir, daß es ein Unglück wäre, wenn die berüchtigten Gelben langsam aber sicher den Sieg über die Weißen davontragen würden?

Wittels, der sich angesichts der Begeisterung von Ehrenfels bei dessen erstem Besuch noch in näheren Erläuterungen ergangen war, verzweifelt jetzt: seine angebetete Hetäre, die »Frau aus Purpur und Gold«, ihr langer, kurvenreicher Körper, ihre Sinnlichkeit, unerschöpflich wie das Universum – alles auf die Fortpflanzungsfunktion reduziert, gleich einer Braunschweig-Holsteinischen Kuh? Als bestünde Lulus oder der Hetäre Faszination nicht auch in ihrer Unfaßbarkeit. Und das alles, um den Samen der besten Männer zu retten, daß er nur nicht verschwendet werde. Niemals. Er weiß keine Lösung, er weiß, daß ihm die derzeitige Unterdrückung der Sexualität nicht gefällt, sieht die Gefahren einer schrankenlosen Libertinage, aber die regulierte Selektion »der Besten« (und wer soll sie darüber hinaus auswählen?) – das nicht.

Freud sagt kaum etwas. Er ist der einzige in dieser Gesellschaft, in der viele wie er Juden waren und – wie er – zur Emigration gezwungen sein, Selbstmord begehen oder in Konzentrationslagern enden sollten, der nicht erschauderte. Fast scheint es, als sehe man ihn trotz der Nüchternheit der *Protokolle* vor sich: wie er den Raum betrat und immer ein wenig abseits Platz nahm, nie als erster sprach, sondern eher an einem bestimmten Punkt vermittelnd eingriff, wie gewöhnlich von seiner intellektuellen Neugier mitgerissen. Am vorangegangenen Mittwoch hatte eben Karl Kraus' *Fackel*, die »väterliche« Quelle von Wittels' Positionen, im Mittelpunkt seines Redebeitrags gestanden: Sie »gehe ein Stück weit mit uns, indem sie auch behaupte, die Unterdrückung der Sexualität sei schuld an den Schäden. Wir aber setzen hier fort, indem wir sagen: Durch die Kur befreien wir die Sexualität, aber nicht damit sich nun der Mensch von ihr beherrschen lasse, sondern wir ermöglichen eine Unterdrückung, Verwerfung der Triebe von einer höheren Instanz aus. *Die Fackel* trete für das Ausleben ein. Wir unterscheiden zwischen einem pathologischen Prozeß der Verdrängung und einem normal zu heißenden. Die pathologische suchen wir zu ersetzen durch Verwerfung. So aber können wir es auch nur in der Gesellschaft versuchen, und auch sie muß ihre Unterdrückungen aufheben, um sie dann neuerlich zu verwerfen.« Was die Gefahren der Libertinage angehe, solle man nicht übertreiben: die Gesellschaft werde sich auf die eine oder andere Weise immer davor zu schützen wissen. Er, Freud, weigere sich, die Cäsaren, wie Ehrenfels, als »Geisteskranke« aufzufassen; sie hätten zuviel Macht gehabt, das sei alles. Dies habe sie zu ihren Ausschweifungen getrieben. Was verhindert werden müsse, sei die uneingeschränkte Macht. Doch bei der zweiten Sitzung, als der außer Rand und Band geratene Ehrenfels das Bild jenes »Herrenhauses« malt, jener führenden Schicht von wunderschönen, superintelligenten und machtvollen Männern, schweigt Freud weitgehend, sei es aus Höflichkeit (im Grunde hatte er ihn ja eingeladen), sei es aus irgendeiner tieferen Ablehnung; es ist einer der wenigen Mittwochabende, an dem er nur sehr beiläufig eingreift und Adler den Löwenanteil bestreitet.

Kurze Zeit später endet auch seine Freundschaft mit Wittels. Dieser hat mit Karl Kraus gebrochen und stellt der Mittwoch-Gesellschaft ein Exposé über *Die Fackel* vor, mit dem er die Neurose seines früheren Freundes beweisen will.[9] Aber Freud bleibt Kraus treu. Das Wegstück, das die entstehende Psychoanalyse mit Kraus gemeinsam gegangen ist, hat er nicht vergessen. Während die meisten Herren der Mittwoch-Gesellschaft sich der Freude an der üblen Nachrede hingeben, die eine so außergewöhnliche, ruhelose und freie Persönlichkeit wie Kraus unweigerlich treffen mußte, ist Freuds Beitrag für Wittels furchtbar – trotz der freundlichen Form. Rank referiert wie folgt: »Wir haben Ursache, Wittels dankbar zu sein, daß er so viele Opfer brachte, indem er sich über so manches hinaussetzte. Vor allem darüber, daß es sich um einen Lebenden handelt. Die Analyse soll ja tolerant machen, und eine solche Vivisektion würde mit Recht der Vorwurf der Inhumanität treffen. Das zweite Opfer sei, daß er soviel Eigenes und Persönliches überwinden mußte, und er wird sich gewiß hüten, seine Affekte einem weiteren Kreise zugänglich zu machen, der die wissenschaftliche Wertung dafür nicht hat. Zum dritten sei anerkennenswert, daß er diese Überwindung mit soviel Diskretion durchgeführt habe. Und doch hat er das Peinliche der Sache nicht vollkommen überwunden.« Und dann

---

9 Vgl. *Die »Fackel«-Neurose*, Sitzung vom 12. Januar 1910, Bd. 2.

fügt Freud hinzu, sein persönliches Verhältnis zu Kraus sei immer von der Überzeugung getragen gewesen, daß in ihm der Sache der Psychoanalyse »ein wirklicher Helfer entstehen« könne. Vielleicht habe er sich geirrt, aber »Kraus habe ein außerordentliches Talent«, das er angesichts seiner großen Leistungen nicht moralisch werten könne.

Kurz darauf war die Sache mit Wittels zu Ende. Seltsamerweise bildet die Frau aus Purpur und Gold die nie widerrufene Verbindung zwischen Freud und Kraus, als Wittels in ihr schon nichts anderes mehr sieht als eine Form von Neurose, und das, obwohl sich Freud auf Grund seiner scharfen Wahrnehmung der unauflösbaren Widersprüchlichkeit zwischen Ich-Trieb und Struktur der Verhältnisse einer jeden Gesellschaft niemals explizit zu ihr bekannt hatte. Es sieht ganz so aus, als ob Wittels spät und immer nur zur Hälfte ein Freudianer wird. Jedenfalls hat er in der Mittwoch-Gesellschaft eine Bestätigung seiner hinterhältigen Kraus-Biographie gesucht, und Freud versagt sie ihm. Wittels wird sich rächen, indem er eine für den noch lebenden Freud unerträgliche Freud-Biographie verfaßt, und aus der Vereinigung für Psychoanalyse austritt.

Die vollständige Geschichte der Beziehungen zwischen Freud und Kraus, zwischen der entstehenden Psychoanalyse und den rebellischen Wiener Intellektuellen, ist ein Stück Geschichte des großen Wiens und steht, glaube ich, noch aus. Aus der Gesamtlektüre der *Protokolle* und der *Fackel* werden sich Antworten ergeben, die hier nicht einmal versucht werden können. Zudem findet sich in den *Protokollen* Woche um Woche die Geschichte der Beziehungen zwischen Freud und Adler. Und trotz der Nüchternheit der Protokolle, die viel weniger reich sind als die Schriften und viel weniger lebendig als die Korrespondenz, wird hier überzeugender und vollständiger als in anderen Dokumenten deutlich, daß Freud sich zwischen den beiden unterschiedlichen antibürgerlichen Auffassungen der Sexualität ansiedelte, die das Haus in der Berggasse von zwei Seiten belagerten – dem Pansexualismus des »Immoralisten« Kraus und dem Panökonomismus des Marxisten Adler. Vielsagend ist auch, daß Freud häufig, vor allem Jung gegenüber, seine Irritation über die Unverständigkeit der »Herren der Mittwoch-Gesellschaft« eingesteht und damit gewissermaßen vor dem Inhalt der *Protokolle* warnt: Mit Ausnahme von Adler bezeichnen sich alle als überzeugte Freudianer, manch eine ihrer Äußerungen vermittelt dem Professor indessen den Eindruck, weder verstanden noch gelesen worden zu sein (er ärgert sich zu Recht nicht nur über Wittels, sondern auch über Stekel, Federn und Rank, die häufig reden, als seien die *Abhandlungen zur Sexual-theorie* nie erschienen). Freud versammelte sie ohne Illusionen, aber auch ohne Verachtung; er wollte nicht isoliert sein, mehr noch: Er wollte der Isolation keine Chance geben, wollte hören, was draußen und um ihn herum geschah. Nicht zufällig kommen von ihm, dem Verletzlichsten, Lektionen der Toleranz.

Doch werden sich damit andere beschäftigen. Mir erschien es einfach interessant, den Frauen, die über Freud (zum Teil sehr gründlich) nachgedacht haben, mitzuteilen, was die Mittwoch-Gespräche nahelegen, und zwar, daß zu den Gründen für die Komplexität des Problems nicht nur die »Dunkelheit« des Kontinents der weiblichen Sexualität zählt, sondern auch der ungelöste Widerspruch zwischen Sexualität und Gesellschaft. Freud ist kein Mann, der die Widersprüche von sich weist und endgültig zu klären vermeint. Offensichtlich ist die Sexualität für ihn zugleich ein vorgesellschaftliches und ein gesellschaftliches Problem, und bei der Frau ist diese Komplexität um so größer, als sie auch »gesellschaftlich im Dunkeln« bleibt. So scheint mir, daß Freud, bei all seinen bekannten »machistischen« Bemerkungen, nicht auf diese reduziert werden kann, was übrigens auch Luce Irigaray – wenn auch polemisch – in *Speculum* bemerkt. Freud war sich der Neuheit seines Ansatzes und der unausgeloteten Tiefen, auf die er stieß, sicherlich bewußt. Wir aber haben vielleicht unterschätzt, welche Rolle bei ihm (im Unterschied zu einigen seiner Freunde) das Eingebundensein in die Wirklichkeit seiner Zeit, die Schwierigkeiten in seinem Verhältnis zu Institutionen[10] – kurz, die Dichte der Gesellschaft als zwischenmenschliche, geschichtliche Welt spielte. So konnte er zugleich die Wahrheit der Phantasie der »Frau aus Purpur und Gold«, ihre Bedeutung als kulturellen »Bruch« sehen, wie auch die Unmöglichkeit, sie als konkretes Modell vorzuschlagen. Die wunderbare Hetäre von Klimt und Wittels ist tatsächlich Lulu: Ihr Zauber ist ewig wie die Natur, aber in ihre Geschichte ist der zerquetschte Bauch in einem der unterirdischen Gänge der Londoner U-Bahn eingeschrieben. Noch einmal muß es ihm bei Wedekind – mehr als bei Jensen oder anderen Großen – so vorgekommen sein, als erfasse der Künstler die ganze Wahrheit, auch denjenigen Teil, den er, Freud, mühevoll ans Licht zu bringen suchte.

Januar 1982

---

10 Dazu findet sich in dem schönen Buch von Carl Emil Schorske, *Geist und Gesellschaft im fin de siècle*, dt. v. Horst Günther, Ffm 1982, ein erstaunliches Kapitel.

Zeremonie des Abschieds

Zeremonie des Abschieds ist der Titel des letzten Bandes von Simone de Beauvoirs Memoiren, die mit der Geschichte einer *Tochter aus gutem Hause* begonnen hatten (Gallimard, Paris 1981, *La cérémonie des adieux*, gefolgt von *Entretiens avec Jean Paul Sartre*, August-September 1974[1]). Es ist ein quälender, aber wahrer Titel, denn einen langen Weg zum Tod zu gehen, ihn mitzugehen, verlangt von den Lebenden Riten, Vorkehrungen, Formen: Zeremonien eben, die befolgt und verdrängt werden, da ihre letzte Bedeutung unerträglich ist. Die Beziehungen werden tiefer und füllen sich zugleich mit Unausgesprochenem, verwickeln sich; Panik und Hoffnung auf Aufschub wechseln einander ab, denn der Ausgang ist gewiß: das Ende.

»Sein Tod trennt uns. Mein Tod wird uns nicht wieder vereinen.« Mit diesen Worten beschließt Simone die Erzählung von zehn Jahren, im Tenor des Anfangs: »Dies ist das erste – und wahrscheinlich das einzige – meiner Bücher, das Sie nicht gelesen haben werden, bevor es gedruckt wird« – dieses zärtliche Sie, mit dem die beiden einander immer angeredet hatten und das sich auf Italienisch nicht wiedergeben läßt – als unterbreite sie ihm noch einmal, was sie geschrieben hat. Und doch weiß sie, daß es nur eine Einbildung, eine Täuschung, ein Kunstgriff ist: »Niemand hört es; ich spreche zu niemandem.«

Niemand ist Sartre, der aufgehört hat zu existieren, der Mann, dem sie endlich auch das erzählt, was sie vor ihm verborgen und was er vielleicht geahnt, wogegen er sich aber bis zuletzt gewehrt hatte. Heute wissen wir, aus diesen Seiten, daß der Weg zum Tod unerträglich lang gewesen ist: 1954 ein erster Schwindelanfall, 1958 die ersten Angstzustände, die ersten Untersuchungen, die ersten unwiderruflichen Spuren in den Bewegungen, und dann von 1970 an der Hagel von Anfällen, Abwesenheiten, Diagnosen, bis hin zur Gewißheit, daß jedesmal eine kleine Zone des Gehirns geschädigt wird; und jedesmal eine halbe Wiederherstellung, eine ganze Verstümmelung. Der ebenfalls mit grausamer Langsamkeit fortschreitende Verlust der Sehkraft, ein Kommen und Gehen von vollkommenem Dunkel und etwas Licht, sollte für den Mann, der vom gelesenen und geschriebenen Wort lebte, einen ersten Tod bedeuten, in

---

1 Simone de Beauvoir, *Die Zeremonie des Abschieds und Gespräche mit Jean-Paul Sartre. August-September 1974*, Reinbek bei Hamburg 1983.

vielerlei Hinsicht eine Wende. Als Sartre eines Tages vor einer harmlosen Abreise sagte: »Jetzt heißt es also Abschied nehmen«, blieb ihr das Herz stehen. Sie wußte bereits, *wie* das Ende kommen mußte; nur hinsichtlich des *wann* konnte sie mogeln, sich selbst und Sartre gegenüber.

Zwei Jahre nach seinem Tod war Simone in ihren Gefühlen immer noch gespalten. Sie, die so kühl und gefaßt war, die gegenüber Sartres Begeisterungen immer distanziert schien und mich fast heiter gekleidet in ihrer kleinen Wohnung mit den freundlichen Farben empfing, das übliche Seidentuch um den Kopf geschlungen; sie vermochte mich nicht ohne Tränen zu umarmen. Nicht weil ich es war, sondern weil ich in jenem Moment Rom verkörperte, die Erinnerung an die glücklichen Monate, die sie jedes Jahr mit Sartre an dem einzigen Ort verbrachte, wo sie ihn mit niemandem teilen mußte – Rom, wohin »ich nicht mehr zurückkehren kann, nie wieder zurückkehren werde«.

Die so gefaßte Simone, immer noch gespalten. Sie erholt sich, verliert sich wieder, immer ohne sich zu beugen, aufrecht, während ihr die Tränen über das Gesicht laufen, das nicht ans Weinen gewöhnt ist. (Nur daran, daß sie vielleicht manchmal alleine weint.) Während ich diese Seiten las, habe ich mir gesagt, »wie gern sie ihn hatte«, obgleich ich es wußte und es hier nirgends geschrieben steht; es gibt keine Herzensergüsse, die Seiten sind trockener als gewöhnlich, ohne die Häufung von Bildern und Erinnerungen, die anderswo rückhaltlos festgehalten werden, ohne allzu große Sorge um die formale Gestaltung, wie im Vertrauen auf die Wesentlichkeit der gesamten Erfahrung. Es wirkt, als sei diese Wesentlichkeit verdunkelt durch die Erlebnisse des von der Krankheit heimgesuchten Mannes. Die Welt bleibt im Hintergrund, sie dient zum Beweis, daß er noch eingreift, daß er noch da ist – in seinem Appell, in seinem Engagement, in seiner Weigerung, sich ganz auf sich selbst zurückzuziehen, in seiner Bindung an die *Gauche Prolétarienne* wie auch darin, schon halbblind wegen Andreas Baader nach Stuttgart zu eilen. Von dem immer wechselhafteren und trüberen Hintergrund hebt sich einzig das Bild eines Menschen ab, der leben will wie immer: Der Sommer kommt, und er fährt mit Wanda nach Athen, mit Arlette, seiner Adoptivtochter, in die Provence, mit Simone nach Rom; er wandert durch Straßen, an die er sich erinnert und die er nur noch umrißhaft erkennt, tritt morgens auf die großen Balkone hinaus, unbeweglich, nur um Helligkeit und Milde des heraufziehenden Tages zu spüren. – Nur das und doch alles, alles und doch nur das. »Also bitte, erzählen Sie mir nichts von optischen Wundern«, sollte Sartre Simone eines Tages anfahren, als sie beim Anblick ihres Spiegelbildes in einer Glastür gedankenlos ausrief: »Das sind ja wir!« Niemand sieht mit den Augen eines anderen Menschen.

Die Dinge nicht. Die Ideen schon. Diese können noch erfaßt, noch hervorgebracht werden, auch in einem Körper, der nicht mehr sieht. Und den Simone nie mit soviel Zärtlichkeit betrachtet zu haben scheint wie in seinem Verfall. Viele haben sich darüber entrüstet, daß auf diesen Seiten sogar die klinischen Details, die jämmerlichsten Gebrechen, die erniedrigendste, durch die Krankheit erzwungene Knechtschaft verzeichnet sind: Vielleicht hat wirklich nur eine Frau ein Verhältnis zum Körper – zum eigenen und zu dem der geliebten Personen –, das es ihr erlaubt, ihn in seiner Ganzheit zu lieben und nichts von ihm, wenn er seine Kräfte verliert, zu verhüllen, als sei dies »unsagbar«, als verletze es die einzig annehmbare Form, die der Gesundheit, des Körpers in seiner »Normalität«. Um dieses Verbot aber übertreten zu können, muß man das Konkrete zu lieben verstehen, eine andere Wahrnehmung der Person haben, was das Stoffliche und das Bewußtsein, die Erinnerung und das Vergessen, die Klarheit und das Dunkel, das flüssige und das stockende Wort, die geschmeidigen und die blockierten Bewegungen angeht. Man muß sogar im Dunkel und im Stocken voll Zärtlichkeit und Schmerz kein »weniger«, sondern ein »mehr« sehen, was alles schwerer macht, aber »mehr« ist: ein Mehr an Erfahrung, an Schmerz, an Leben, das durch die dann immer gegenwärtige Vergänglichkeit in ein anderes Licht getaucht wird und eine andere Tiefe gewinnt.

Aber das ist nicht leicht. Deshalb fließt die Erzählung zuweilen so beherrscht dahin, wie man eine Verzweiflung zu beherrschen versucht; deshalb ist es, obgleich er, Sartre, im Mittelpunkt steht, eigentlich Simone, die – obschon nur in Nebensätzen erwähnt – mit einer Klarheit hervortritt, die sie nie gehabt hat, weder im ersten Band ihrer Memoiren, in dem sie sehr viel von sich sprach, noch im zweiten, der parallel zu *Die Mandarins von Paris* entstand und in dem sie zum Entsetzen der *bienpensants* sehr freizügig von ihren Liebesgeschichten erzählte. Denn in Wahrheit hat Simone nicht mit sich gegeizt, sondern Abstand zu sich selbst gehabt; ihr fehlt die typisch weibliche Dimension der Selbstverliebtheit. Sogar in der offen erzählten, großen Geschichte mit Nelson Algreen, ganz zu schweigen von der bereits stärker melancholisch gefärbten mit Lanzmann, bleibt sie ein »gesellschaftliches Individuum« und beschreibt sich als solches, Liebe und Schmerz eingeschlossen. Sie vermag sich nicht in der Selbstbetrachtung zu verlieren (und von den einzigen Erfahrungen mit Sartre, in denen sie sich verloren hat und an denen ihr am meisten lag, spricht sie vielleicht einfach nie). Sie schreibt, um zu »verstehen«, nicht um Trost zu finden; das ist die Sartre-Moral. So treten diesmal durch die Form des Schreibens und die Erinnerung die Umrisse ihrer Person hervor, indem sie das Ausmaß ihrer Angst verraten.

Man kann an ihrem Schreiben und ihren Erinnerungen auch ermessen, wie hoch der Preis für die tiefe Beziehung gewesen ist, die sie mit Sartre aufgebaut hat. Tief und geheim, nur zu erahnen nach den ersten Eingeständnissen der Schwierigkeiten von »Dreierbeziehungen«. Als sie ihn jetzt über sein Verhältnis zu Frauen befragt und er mit der Unschuld und Plumpheit des männlichen Intellektuellen bereitwillig auch von ihr sprechen würde, unterbricht Simone ihn mit einem bestimmten »Wir wollen jetzt nicht von mir sprechen« (*Gespräche*, 395). Denn im Unterschied zu den zahlreichen Frauen, mit denen Sartre besondere Beziehungen unterhielt, die er auch nicht abbrach, nur weil es mit der Liebe vorbei war, bleibt sie diejenige, zu der er nie zurückkehren muß, weil er sie nie verlassen hat; sie ist die Gesprächspartnerin seines Lebens gewesen, des Lebens in seiner Vollständigkeit, als Suche, Gefühl und Intellekt, gemeinsame Spiegelung der Welt, gemeinsam empfangene und gegebene Schläge und Glücksmomente.

Doch gerade in diesem so lange Zeit gemeinsam gewobenen Geflecht tauchen in den letzten Jahren andere, lose Fäden auf. Simone lebt, nachdem sie einmal eine Richtung gewählt hat, auch das reife Alter ohne radikale Brüche. Nicht so Sartre. Sein unerschöpflicher Lebensdrang – weshalb er die »Anfänge« den »Endpunkten« vorzog – hat ihn immer in die Nähe derer geführt, die ihm jeweils als Avantgarde erschienen. Nach 1969 waren das für ihn die »Maos« Frankreichs, die *Gauche Prolétarienne*. Warum gerade sie, ist schwer zu sagen; andere Gruppen standen seinem libertären Denken näher als die »Maos«. Doch spielt in dieser Entscheidung – und in den *Gesprächen* bekennt er das – eine zweifache Wahrheit mit, deren einen Teil Simone verstehen, deren anderen sie akzeptieren kann, beides zusammen nicht. Zum einen macht Sartre bei den »Maos« die Erfahrung dessen, der »zuhört«, aber angehört wird und folglich *auch in der Politik etwas zählt*; er, der nun im Alter nicht mehr bei Demonstrationen mitlaufen kann, hat Gewicht bei der radikalsten, oder, so scheint es ihm, aktivsten Gruppe, die, so scheint es ihm,

eine wichtige Vorläuferfunktion hat. Er zählt, insofern er sie verändert. Und dann ist wenigstens ein junger Mann darin, der An-
führer, der sich noch Pierre Victor nennt, weil er im Frankreich
Giscards keine Aufenthaltsgenehmigung hat (sein richtiger Name ist
Benny Lévi, ein ägyptischer Jude). Er ist neunundzwanzig Jahre alt,
vierzig Jahre jünger als Sartre, ein Freund von Arlette, die noch jünger ist, eine Algerierin, die Sartre vielleicht geliebt, ganz sicher
beschützt und schließlich sogar adoptiert hat. Victor ist gebildet,
starrsinnig, ein keineswegs subalterner Kopf, doch steckt er noch in
der Entwicklung. Für Sartre hat die Mischung aus Jugend, die er
nicht mehr hat, Militanz, die er nie mitgemacht hat, und politischem
Denken, das von der Gewalt ausgeht und sie neu ausarbeitet, im
wahrsten Sinn des Wortes eine außerordentliche Verführungskraft.
Sie trifft ihn da, wo die schönen jungen Frauen niemals hingelangen,
regt ihn intellektuell an, beherrscht ihn. Pierre »achtet« ihn nicht,
läßt ihn aber auch nicht los, und als die Blindheit die Oberhand
gewinnt, bietet er sich ihm als »seine Augen« an. Und Sartre nimmt
es als Verlängerung eines Lebens, dem die Blindheit mehr genommen hat als nur die Lektüre und das Schreiben; und dafür wendet er
sich von der Gemeinschaft der *Temps Modernes* ab (»aber es sind
doch deine Freunde«, sagt Simone verzweifelt, »mit ihnen fühlst du
dich wohl; sie sind die einzigen, die alles von deiner Philosophie
wissen. Warum bist du lieber mit Victor zusammen als mit ihnen?«
Weil sie alt sind, und er jung ist, weil ihr Leben abgeschlossen ist
und seines nicht, weil er der Anfang ist, und sie das Ende sind ...
sie, und in gewisser Weise auch Simone, die nun zu »ihnen« gehört).

So kommt es, daß Satre ihr in dem Augenblick entzogen wird, in
dem für gewöhnlich die Krankheit einen Mann, der viele Liebes-
beziehungen gehabt hat, seiner Lebensgefährtin zurückgibt, fast als
handele es sich um eine Rückkehr zur Mutter. Nicht die Vertraut-
heit, nicht die Zärtlichkeit, sondern die intellektuelle Entscheidung,
ihr den Vorzug vor jedem anderen Gesprächspartner zu geben, zerbricht. Es ist nicht verwunderlich, daß Simone das nicht ertragen
kann, daß es, mehr als die mit einigen Qualen akzeptierte »Poly-
gamie«, der schmerzlichste Verrat, der nie ganz ausgesprochene
Bruch ist; bis Benny Lévi, kurz vor dem Ende, der Welt siegesgewiß
einen Sartre vorführt, der seinen Freundinnen und Freunden »nicht
mehr er selbst« zu sein scheint.

Ist er es, ist er es nicht? Simone widmet dieser Frage wenige
trockene Seiten, aus denen implizit hervorgeht, daß diese »jungen
Leute« ihre Verführungskraft über den blinden Mann weit über das

Zulässige hinaus ausgenutzt haben. Die Seiten sind hart, aber weder
höhnisch noch grausam, wie es hingegen ihre Antwort ist: Nachdem
er gestorben war, verbarrikadierten sie die Türen seiner Wohnung
vor ihr, nahmen alle seine Bücher und Dinge mit und beriefen sich
dabei auf die Rechtmäßigkeit von Arlettes Adoption. An dem Tag,
an dem ich sie besuchte, hatte *Libération* einen langen Brief von
Arlette, Benny Lévis Freundin, veröffentlicht – schmerzerfüllt,
denn auch ihr Verhältnis war ein echtes gewesen –, in dem sie voller
Rohheit schrieb: Du Alte, Sartre war mit uns, er hatte dich verlassen; du bist es, die das letzte Bild von ihm verrät, weil du es nie hast
ertragen können, daß er mit uns war anstatt mit dir. Hatte Pierre
Victor, als ein Text von ihm abgelehnt wurde, nicht die Redaktion
der *Temps Modernes* verlassen und euch dabei höhnisch zugerufen:
»Seht ihr denn nicht, daß ihr alle schon tot seid?«

Erst die letzte Zeit der Krankheit gibt Sartre Simone zurück. Am
Bett des Sterbenden, der fast pausenlos im Fieber phantasierte,
wechseln Arlette und sie, manchmal auch Victor, einander ab, doch
als schließlich das Herz aufhört zu schlagen, bleiben nur die Freundinnen und Freunde der *Temps Modernes* bei dem Körper, und bei
einer Flasche Whisky sprechen sie wie in alten Zeiten über die Vergangenheit. Dann bleibt Simone allein, und mit einer letzten, einfachen Geste wie von Eheleuten schiebt sie das Laken beiseite und
legt sich neben ihn. So sehr am Ende, daß »ich auch ein wenig
geschlafen habe«.

Dann die Beerdigung, die betäubende Menschenmenge, eine
blitzartige, kurze Krankheit, und als sie sich wieder erholt, die
Abfassung dieser hundertfünfzig Seiten Memoiren und die Arbeit an
stundenlangen Bandaufnahmen, Kilometer aufgenommenen Mate-
rials. Es sind Gespräche von 1974, in denen sie gemeinsam das
Leben Revue passieren lassen, Sartres Verhältnis zu sich selbst, seinem Körper, den Frauen, der Politik, Gott. Auch Gott, denn es ist,
als habe Simone bereits damals geahnt, daß jemand eines Tages versuchen würde, ihn auch auf diese Seite zu ziehen – wie es in der Tat
mit der plötzlichen Konversion Benny Lévis zum praktizierenden
Judentum geschehen sollte. Aber 1974 weiß sie das noch nicht. Sie
weiß lediglich, daß sie neben den Gesprächen, die Sartre im Jahr
zuvor mit den jungen Leuten aufgenommen hatte und die unter dem
Titel *Der Intellektuelle als Revolutionär* erscheinen sollten, für ihn,
für sich, die eigenen aufzeichnen mußte: für sie die einzig wahren,
der wahre Sartre. Und das sind die *Gespräche*, über die sie verfügt
hat, daß die Zeitschrift *Orsaminore* daraus auswählen darf, was ihr

am geeignetsten erscheint, als Freundschaftsgeste, ohne einen Pfen-
nig dafür zu verlangen. Was immer dabei herauskommt – und wenn
sie auf Italienisch erscheinen, wird man sehen, daß es nicht wenig,
wenn auch vielleicht nichts wesentlich Neues ist –, in diesen
Gesprächen liegt die unnachahmliche Botschaft der außergewöhn-
lichsten Beziehung dieses Jahrhunderts, der treuesten und gleichbe-
rechtigtsten, die von der größten Aufmerksamkeit füreinander
geprägt war und nie aufgekündigt worden ist. Die vielen gemeinsam
verbrachten Jahre und auch das Alter haben die Freude an der Auseinandersetzung nicht ausgelöscht, am Sie und ich, verbunden und
unterschieden in einer Gemeinschaft Verschiedener, in der beide,
auch er nicht, ohne die andere bzw. den anderen das gewesen wäre,
was sie gewesen sind.

Januar 1982

Private, unverantwortliche Betrachtungen
über das Alter

Als Kind war ich nicht unglücklich, auch nicht unterdrückt – meine Eltern waren aus Triest, einem mitteleuropäischen Grenzland –, aber ich wollte rasch groß werden. Als meine Mutter mir sagte, daß sie vor mir auf Grund eines Sturzes einen Abort gehabt hatte, war ich, damals vielleicht sechs- oder siebenjährig, entrüstet: Wie, drei Jahre lang war ich wegen ihrer fatalen Unachtsamkeit auf dem Parkplatz vor dem Tor zur Welt geblieben? – Denn damals hatte ich keinen Zweifel daran, daß »ich« diejenige war, deren Anfertigung begonnen worden war, meine Seele, die auf einen entsprechend präparierten Körper wartete. Sie hatte mich drei Jahre »verlieren« lassen, neun Jahre alt, fast groß wäre ich gewesen.

Und die Bedeutung dieses Wunsches, zu wachsen und aufzuhören, erst Kind, dann Jugendliche zu sein, war mir bald klar: Ich wollte ganz für mein Leben verantwortlich, wollte frei sein. So lebte ich, bis ich siebzehn war, voller Ungeduld. Ich erinnere mich, daß ich dann innehielt und mich betrachtete; ich hatte sogar ein Jahr übersprungen, um auf die Universität zu kommen, die Kindereien waren endlich vorbei. Ich hielt mich im Landhaus einer wenig älteren Freundin, die Pianistin war, am Lago Maggiore auf: ein romantischer Park mit regennassen, glänzenden Kamelien, und ich, nicht imstande, auch nur eine einzige Note zu lesen, ließ feierlich die Finger bis zur siebzehnten Taste des Klaviers gleiten. Das ist der Klang meines Lebens, sagte ich mir, das ist meine Tonlage, so wird es für mich sein. Später kam es noch manchmal vor, daß ich die siebzehnte Taste suchte, ein bißchen über mich selber lachend, als wäre ich noch die von damals.

Bin ich die von damals? Bin ich die von damals je gewesen? Es sind mehr als vierzig Jahre vergangen. Hier stehe ich nun als Exemplar des Alters. So jedenfalls sehen mich die anderen, besonders seit ich ein wenig provokativ beschlossen habe, mir meine Haare nicht mehr zu färben, die, wer weiß warum – Chromosomenanlage, Pigmente –, bereits mit dreißig weiß waren, und sie in ihrer unmißverständlichen Botschaft zur Schau zu tragen. Denn auf sie fällt immer ein gewisser Blick. Der Blick, mit dem man die ansieht, die nicht mehr jung sind. Mein Alter spüre ich nicht, sagte Sartre, es steht euch im Gesicht geschrieben. Die anderen sehen mich, eine müde, junge Frau, als alt an.

»Innerlich jung?« Da muß ich gleichfalls ein wenig lachen, denn ich bin nicht mehr sieben, und zudem glaube ich nicht, daß es ein Innen und ein Außen, einen Körper und eine Seele gibt. Und müde, auf welche Weise? Müde wie eine, die ihre Jahre ähnlich einem Pferd mit jenen Rennen verbracht hat und weiter verbringen wird, wo alle fünfzig Meter ein neues Hindernis kommt, eine Mauer, eine Hecke, ein Graben; entweder du springst oder du brichst dir ein Bein. Welches Alter hat das Pferd? Innen und außen? Müde, weil ich viel Erinnerung mit mir herumtrage und nur selten eine lange Erinnerung nicht von Druckstellen schmerzt. Frisch und geschmeidig – wie mir eines Tages in Venedig ein munterer Professor sagte, den ich streng, aber uneingestandenerweise geschmeichelt ansah – bin ich gerade nicht. Aber alt, was heißt das?

Es bedeutet zweierlei. Erstens, daß es einen Käfig gibt, in den der Blick der anderen mich sperrt – angefangen bei den Nächsten –, besonders wenn sie, was häufig vorkommt, meine Kinder sein könnten, für die die Mütter mit Recht immer zur Kategorie der *Alten* gehören. Dieser Käfig besteht aus tausend äußeren Mechanismen, wie Simone de Beauvoir in ihrem Buch bemerkt, wenn sie ausführt, daß die einzigen, die altern können, ohne ihre Rolle wesentlich verändern zu müssen, die Intellektuellen sind, die zudem genügend Erfolg haben, um von ihren intellektuellen Produkten leben zu können: die einzigen, die die Gesellschaft nicht auslöscht, indem sie sie unter die Untauglichen einreiht. Gott behüte mich davor, etwas gegen die Pensionierung zu sagen, doch kann ich nicht umhin, dasselbe von den »Alten« festzustellen, was ich einmal von den »Jungen« festgestellt habe: Malthusianistisch wie sie ist, hält unsere Gesellschaft die einen wie die anderen für mehr als die Hälfte des Lebens im Limbus[1] fest, fern der Orte, wo über uns selbst und die anderen entschieden wird. Die Jungen schließt sie in eine verlängerte Jugend ein, die häufig über die zwanzig hinaus fortdauert, angebetet, aber machtlos, unverfroren ausgepreßt durch die Vermarktung der Jugendlichkeit, zu einer bewußt obsoleten Schule gezwungen und von der Arbeit und damit von einer Verfügung über sich und die »res publica« ausgeschlossen. Denn wenn Emanzipation ganz sicher nicht schon Freisein bedeutet, so beginnt man ohne Emanzipation nicht einmal, frei zu werden. Und was die Alten angeht, die schickt die Gesellschaft in den Limbus der Pflege, erst von einer selten motivierenden Arbeit ausgelaugt, dann wie ein unnützes »Mehr« in

---

1 Vgl. Dante, *Göttliche Komödie*, Hölle, 4. Gesang: Der Limbus ist der Ort der guten Nicht-christInnen, vor allem derer der Antike, die zwar aus der christlichen Heilsgemeinschaft ausgeschlossen, aber keine Verdammten sind. (Anm. d. Übers.)

Erwartung des Todes in Städten, Familien und Lebensweisen geparkt, die sie nur schwer ertragen. Die Reichen glauben sich zu retten, indem sie erstmals eine Weltreise unternehmen, denn »jetzt haben sie Zeit«; die Armen laufen um den Block und machen bei der Bar halt, stehend, denn das alte Café oder den Bocciaklub gibt es nicht mehr.

Für die Frau schließlich reicht es, daß sie in ihre Mutterrolle eingeschlossen bleibt, damit sie gesellschaftlich lange vor den »Kränkungen des Alters«, wie man sie einst nannte, endgültig altert; oder daß sie acht Stunden lang am Fließband arbeitet, um gesellschaftlich zu existieren, wobei sie jedoch die obengenannten Kränkungen bis zum höchsten Grad der Abnutzung steigert. Beide sind, er etwas weniger, sie radikal – wenn sie sich nicht lächerlich machen wollen – von der Sexualität ausgeschlossen, die bei den »Alten« fast als Perversion gilt. Und das in einer sexozentrischen Gesellschaft, wie es sie noch nie gegeben hat. Kurzum, man muß Jane Fonda sein, um mit fünfundvierzig mehr Sexappeal zu haben als mit zwanzig. Geld, Intelligenz, Erfolg, Gymnastik und Politik sind fünf große Faktoren, um die Grenzen des Alters hinauszuschieben. Alle fünf gesellschaftliche Bedingungsfaktoren.

Aber Alter bedeutet auch noch etwas anderes: das Herannahen des Todes. Zwar stimmt es, daß das Alter, gemessen an einem bestimmten Ideal des Körpers, auch einen Verfall darstellt, doch geht vom unvollkommenen Körper eines jungen Menschen eine andere Botschaft aus, als von dem einer oder eines über Fünfzigjährigen. Dasselbe gilt im Fall der Krankheit, die bei den Jungen per definitionem vorübergehend, bei den Alten dagegen per definitionem Vorzeichen eines Endes ist, das über kurz oder lang kommen wird. Der Lebenszyklus der Frau, der immer schon gesellschaftlich betont worden ist, wird durch diese Botschaft zusätzlich unterstrichen, als sei ihr *eigentliches* Leben das ihrer Fruchtbarkeit. So kommt, wenn die hinterhältigen gonadotropen Geschlechtshormone durch den Körper zu wandern beginnen, zu den eigentlichen Beschwerden noch erschwerend das »Oh Gott, jetzt ist es soweit, ich bin alt, ich bin am Ende« hinzu. Und wird dieser Verfall des Körpers auch gesellschaftlich betont, so ist er doch nicht gesellschaftlich bestimmt: Er ist tatsächlich unser biologisches Schicksal. So haben wir also im Alter Angst vor dem Tod? Ist es dann nicht paradox, daß wir, statt uns mit dem Tod auseinanderzusetzen, die Deprivation des Alters über den biologischen Zyklus hinaus ausdehnen? Vielleicht befrachten wir »jung« und »alt« mit so vielen Bedeutungen, weil wir ihn, unseren Feind, austreiben wollen, den wir auf Grund unserer Feigheit nicht ertragen. Wir könnten anders altern als jetzt, während wir nicht darum herumkommen werden zu sterben. Was ist nötig, um zu sterben, aber nicht zu altern? Ein Glaube ans Jenseits, der diesen dunklen Schrecken besiegt, von dem Hamlet spricht? Für die Gläubigen ist das Sterben leichter, und vielleicht wächst mit dem Umsichgreifen von Todespraktiken die Religiosität heute nicht zufällig in all ihren Formen und ersetzt eine weltliche Moral, weil diese immer eine Moral des Endlichen ist.

Das Endliche, das Ende. Wieviel unnütze Angst. Ich kann mir eine einzige Sache vorstellen, die schlimmer wäre als das Sterbenmüssen: die Aussicht, niemals sterben zu können. Bisher hat sich nur die Science-fiction-Literatur damit befaßt, und es sind ihre erschreckendsten Erzählungen. Wenn auch Schriftstellerinnen und Schriftsteller, Philosophinnen und Philosophen uns das sagen würden, statt über unser Ende zu jammern, würden wir langsam zur Vernunft kommen und das »carpe diem« leben ohne den Totentanz im Hintergrund, wie in der Renaissance.

März 1982

Ich will Jüdin sein

Ein dunkles Unbehagen hat mich erfaßt, als ich die ersten Aufrufe gegen Begin und das Massaker unter der palästinensischen Bevölkerung gelesen habe, die alle von Jüdinnen und Juden unterzeichnet waren. So viele Entdeckungen: Der ist also Jude, und die ist Jüdin, das hatte ich nicht gedacht. Natürlich hätte man es vermuten oder wissen können, wenn man sich danach gefragt hätte; aber ich frage mich nie danach. Mir steht der Tag noch deutlich in Erinnerung, als meine Banknachbarin, die Giorgina Moll hieß und die ich nie mehr wiedergesehen habe, zu mir sagte: »Morgen komme ich nicht mehr in die Schule«, und ich, verblüfft: »Warum nicht?« Sie erwiderte: »Weil ich Jüdin bin.« Und dann andere, die aus der Klasse verschwanden, glücklicherweise rechtzeitig. Und das Schweigen der Erwachsenen, Väter, Mütter und Lehrer, alle antifaschistisch oder nicht-faschistisch, oder jedenfalls hatten sie sich damit abgefunden, nichts zu sagen, selbst wenn sie etwas taten – dieses Schweigen, das diejenigen, die wie ich 1938 vierzehn Jahre alt waren, ihnen nie verzeihen werden.

Mit dem Krieg wurde dann alles entsetzlich klar, und ich glaube, seitdem ist für mich das Höchstmaß an Verfolgung für immer mit dem Höchstmaß an Irrationalität verbunden. Denn schließlich war ich aus Triest, von weltlicher und mitteleuropäischer Bildung, überhaupt nicht religiös und überhaupt nicht nationalistisch (und war mein Vater, der als Anhänger der Unabhängigkeitsbewegung Irredenta gegen Österreich gekämpft hatte, es gewesen, so hatten die faschistischen Adler und die »aufgehende Sonne«[1] ihn schnell von dieser Krankheit geheilt). Diese schreckliche Klarheit sollte sich 1944 nach und nach herausbilden, in der Ungewißheit, was an den Gerüchten über das, was in Deutschland geschah, Wahres war; den Gerüchten, vor denen das Bewußtsein ebenso zurückschreckte wie davor, dem Wort »Endlösung« seine wahre Bedeutung zu geben, obwohl ich mich mit der Vorstellung von weiterem ungerechten Tod abgefunden hatte, bis die Alliierten und die Resistenza jene Welt beseitigt haben würden.

Die Folter aber, die Verbrennungsöfen, die Vernichtungsmaschinerie, die Masse von Kadavern aus Haut und Knochen, diese Überreste haben in mir – als ich in Buchenwald nur noch wenige klägliche,

---

1 Im Orig.: »Sole che sorge«: Anfangszeile eines faschistischen Liedes. (Anm. d. Übers.)

nichtsensationelle Spuren davon sah – eine Beklemmung, eine Krankheit der Seele ausgelöst, von der ich nicht mehr genesen bin. Der gelbe Stern, die versteckten Jüdinnen und Juden erwiesen sich gegenüber dem Grauen – etwa von Hiroshima – als das, was einer möglichen inneren Monstrosität am nächsten kam: eine Kehrseite, die im Unterschied zur Atombombe jeder und jedem innewohnen konnte, den ruhigen NachbarInnen, den kämpferischen Intellektuellen und sogar den ArbeiterInnen. Es war schlimmer als »faccetta nera«[2], es war die moralische Maßlosigkeit der jüdischen Frage.

Als der Krieg zu Ende war, dachte ich, daß zu dem »Nie wieder!« folgendes gehören mußte: daß wir nie wieder dahin kommen durften, in den Begriffen »jüdisch« oder »nichtjüdisch« zu denken, wenn wir jemanden sahen, wie es mir auch tatsächlich bis 1938 nicht passiert war. Verdrängung? Ich glaube nicht. Es ist nicht die Weigerung zu wissen, oder schlimmer noch, der Wunsch zu vergessen; es ist die Weigerung, eine durch das Leiden des Volkes der Diaspora bis ins Unendliche projizierte Andersheit zu akzeptieren; sie zu akzeptieren heißt bereits, sie von sich abzutrennen. So war in diesen Tagen mein erster Impuls, sofort meine Unterschrift unter den Aufruf von Edith Bruck und Natalia Ginzburg zu setzen, so wie ich, wenn ich gefragt werde: »Bist du Jüdin?«, den Impuls verspüre, zu antworten: »Ja, natürlich«, auch wenn ich danach, wie die Dinge gelaufen sind, eher denke, daß ich es nicht bin, oder jedenfalls nicht in ausreichendem Maße, um nach den faschistischen Diskriminierungskriterien ausgesiebt zu werden. Ich wurde niemals deswegen verfolgt, auch wenn man mir zu Hause nie gesagt hat: »Du bist keine Jüdin, und wir sind keine Juden«. Aber dann habe ich diese Unterschrift nicht geleistet, weil ich denke, sie wäre nicht akzeptiert oder mißverstanden worden – entschuldigen Sie, meine Dame, Sie gehören nicht zu uns, oder schlimmer: Was für Probleme willst du mir noch bereiten, habe ich nicht schon genug zu leiden?

Und doch will ich Jüdin sein, wenn jüdisch das ist, was in uns immer das Andere sein kann, das Entrechtete, Heimatlose, Verfolgte, das Bild, in dem unsere Grausamkeit oder Unsicherheit oder Angst das Andere und folglich Feindliche plötzlich festnagelt. Und ich wünschte, diejenigen, die sich aus familiärer, kultureller oder religiöser Überzeugung als Jüdinnen und Juden fühlen, würden die anderen Jüdinnen und Juden meines Typs rekrutieren und diesen

---

2 Ein bei der Invasion Abessiniens (1935) von den italienischen Soldaten gesungenes Lied. (Anm. d. Übers.)

strengen Maßstab der Andersheit ablehnen, den auch diese Aufrufe
auf einmal sichtbar machen.

Man wird mir sagen: Politisch ist es aber gerade der Protest der
Diaspora, der Begin beeinflussen kann. Die anderen Proteste sind
weniger wert. Ein anderer, kein Jude, hat mir in Frankreich gesagt:
Mir fällt es schwer zu protestieren, obwohl ich ganz auf Seiten der
palästinensischen Bevölkerung bin, eben weil ich kein Jude bin und
die Schuld, die wir Nichtjuden gegenüber den Juden haben, unermeßlich ist. Dies sind zwei »politische« Argumente, das erste gültiger als das zweite. Denn das zweite kann dadurch entkräftet werden,
daß die Schuld für alle unermeßlich ist, außer für die Palästinenserinnen und Palästinenser. Aber dieses eine Mal interessiert mich
weniger die Politik, sondern etwas anderes.

Dieses andere besteht darin, daß ich den gelben Stern an niemandem wiederzusehen ertrage, auch nicht, wenn er als positives Zeichen eines leidenden Volkes stolz sich selbst angesteckt wird. Ich
kann nicht akzeptieren, daß die jüdische Diaspora sich auf besondere Weise von dem betroffen fühlt, was Begin tut. Ich fühle mich
nur sehr bedingt verantwortlich für das, was Spadolini tut; und zu
schreiben, daß das heutige Italien ein unanständig korruptes Land
ist, bereitet mir keinerlei Schwierigkeit. Weil ich mein Land habe,
werden sie einwenden. Vielleicht. Ich glaube nicht. Ich glaube, daß
mein Land als solches mich nicht interessiert, weil ich überall leben
würde, während für mich das Gegenteil kriminell ist, nämlich nicht
jede und jeden dort hinzulassen, wo sie und er leben will.

Warum also empfinden die Jüdinnen und Juden der Diaspora als
moralische Tragödie, was in Israel geschieht? Sie sind in keiner
besonderen Weise dafür verantwortlich. Daß sie an ihre neue Existenz als nicht zerstreute »Nation«, als Staat, in dem einige von ihnen
nach so langem Umherirren und Leiden die Möglichkeit zu leben
bekamen, die Hoffnung geknüpft hatten, dies müsse nun auch eine
»Nation« oder ein »Staat« sein, der anders als die anderen, per definitionem geläutert und gerecht wäre, ist Naivität, nicht Schuld
gewesen; Staaten sind nicht gerecht. Die prekären Anfänge des Staates Israel, die Anstrengung, aus der er entstanden ist, kann sehr
widerstreitende und komplexe Gefühle auslösen: die Angst, von
einer ringsum arabischen Welt verschluckt zu werden – aber ist
diese Angst nicht vorbei? –, die Beunruhigung durch das Wissen,
daß dieses vor so langer Zeit verlorene Land jetzt anderen fortge-
nommen worden ist, die plötzlich ihrerseits zu Verfolgten werden
usw. Vielleicht wünscht deshalb jemand insgeheim, daß es sie »nicht

gäbe«. Und deshalb schreibt eine jüdische Frau in *Le Monde*, sie könne all dies nicht ertragen, für möglich halten, sich vorstellen, ohne darüber verrückt zu werden.

Ja, so angegangen, ist die Sache zum Verrücktwerden. Der Fehler lag darin zu glauben, das verfolgte Volk sei, nachdem es zu einem Staat geworden war, mehr als jedes andere gegen die Verinnerlichung des Brandmals der Verfolgung gefeit: Mehr als jeder andere Staat hatte Israel – und nicht nur der Künstlichkeit seiner Geburt wegen – alle Chancen, ein rechtsgerichteter und ungerechter Staat zu werden. Die Fotografien von Gefangenen mit verbundenen Augen, an Händen und Füßen gefesselt und am Boden liegend, reichen nicht aus, um zu sagen »Nazismus« – aber was spielt das auch für eine Rolle? Es sind Mißhandlungen und Gewalttaten diesseits, jenseits jeden Rechts, und sie werden auch deshalb von Israelis verübt, weil die, die viel gelitten haben, auch wissen, wie man Demütigungen und Leid zufügt. Das erlittene Unrecht läßt dich nie wieder los. Der Holocaust hat aus Jüdinnen und Juden nicht per definitionem Gerechte gemacht, und um so weniger konnte er ihren Staat zu einem »gerechten« machen.

Zu dieser Einsicht wird man sich wohl eines Tages durchringen und die Legende aufgeben müssen, die auf seit Jahrhunderten angesammeltem Schmerz basiert. Dann wird es Aufgabe aller sein, *Israel* zu verteidigen und seine Nahostpolitik anzugreifen. Das palästinensische Volk als Spiegelbild eines bereits durchlittenen Mechanismus zu verteidigen, wird Aufgabe aller Diskriminierten sein, auch derer, die nicht deshalb diskriminiert worden sind, weil sie kein Land hatten. Daran zu arbeiten ist schwerer, als zu leiden.

Das sind harte, aber wahre Worte. Diaspora und Linke, Jüdinnen und Juden, Nichtjüdinnen und Nichtjuden – ich möchte hier nicht mehr unterscheiden – haben in diesen Jahren weder für die Sache eines wirklich demokratischen Staates Israel gearbeitet noch für die der PalästinenserInnen, die in gewisser Weise, wie sich heute erweist, der Prüfstein der israelischen Demokratie waren. Ich weiß nicht, welches Ergebnis diese Arbeit erbracht hätte, wäre sie unternommen worden, denn es ist nicht einfach, eine Lösung zu finden. Aber wir hätten eine Lösung gefunden, wenn wir alle rechtzeitig in uns die Prämisse aufgestellt und gefühlt hätten, daß alles möglich war, alles außer dem Massaker an der palästinensischen Bevölkerung und früher noch die fortschreitende Beschränkung dieses Volkes, das den weltlichsten, intelligentesten, gebildetsten, aktivsten und am wenigsten fanatisierten Teil der arabischen Welt darstellt (die PalästinenserInnen sind die »Jüdinnen und Juden« der arabischen Welt).

Wenn die politische Initiative ein Gutes hat, so das, rechtzeitig die Gegebenheiten der Ausgangssituationen reiflich zu erwägen. Das aber hat niemand getan – diesen Vorwurf müssen wir alle uns machen. Und vor allem müssen wir jetzt damit beginnen, indem wir zunächst das Massaker stoppen und dann das wieder zusammensetzen, was zusammengesetzt werden kann. Indem wir Begin stürzen. Indem wir von der moralischen und epochalen Frage zur langwierigen politischen hinabsteigen, wo jede/jeder und niemand jüdisch ist – wenn jüdisch diejenigen meint, die leiden, verfolgt, anders sind.

Juli 1982

Die Abenteuer des Geistes

Gombrichs Biographie über Aby Warburg mit ihrem graublauen Einband ist mir vor einem Monat in einem Haus in Mailand, in das ein Turm des Sforza-Kastells hineinzuragen scheint, in die Hände geraten. Ich fühlte mich schlagartig ins Jahr 1942 zurückversetzt, als wäre es gestern: derselbe Ort, derselbe Turm, derselbe graue Winterhimmel. Ich bin wieder siebzehn Jahre alt, es ist Winter und der Lärm des Krieges ist nur gedämpft zu hören in der *sala del tesoro*, die auf den Hof der Rocchetta, ein nach dem Park hin geöffnetes Viereck mit großen Spitzbögen, hinausliegt. Nur noch kurze Zeit sollte hier die Luca-Beltrami-Stiftung untergebracht sein. Ich erinnere mich nicht daran, daß sich außer dem Bibliothekar und mir irgend jemand dort aufhielt, ich rieche den intensiven Wachsduft wieder und sehe die Stühle im Halbdunkel mit dem wenigen Licht, das sich kreisförmig über die geöffneten Bücher legt.

Welche Bücher? Cassirer, Panofsky, Wölfflin, Riegl, Fiedler, Dvorak; ganz hinten der zuverlässige und langweilige Schlosser, links die Abhandlungen über Kunst, über die ich arbeiten muß, und so fange ich mit einem Studiengang vom Ende her an. Das war meine Examensarbeit, aber vorher hatte ich Philosophie studiert. Es waren die Namen der sagenhaften Bibliothek Warburg und des Warburg-Instituts, von dem ich neben den *Monatsheften für Kunstgeschichte* wie durch ein Wunder (nicht ohne Zuhilfenahme eines Wörterbuchs) auch einige der *Vorträge* fand.

In meiner Erinnerung ist es, als hätte es draußen immer geregnet; und die dicken Mauern schützten nicht nur mich vor den ersten Bomben, sondern auch die Seiten, die das Wesentliche enthielten – jedenfalls erschien es mir damals so, und in gewissem Sinn war es das auch, denn es strukturierte mein Denken ein für allemal. Mir stehen die Perspektiven Piero della Francescas und die Abbildungen von Riegls *Spätrömischer Kunstindustrie* vor Augen, das Ende des klassischen »Maßes« und die Illusion seiner »Wiederentdeckung« in der Renaissance. Der Gang durch die Warburg-Bände bedeutete einen Bruch mit allen traditionellen kulturellen Wegen; er bedeutete die Neuentdeckung des »Feldes«, das jedesmal unabhängig und doch durch unzählige Fäden mit der Vergangenheit, den Kulturen und Stilen verknüpft war; es war die Entdeckung des Kontinuums und der Brüche im Denken, der Kunstgeschichte als Kulturgeschichte – und darüber hinaus des Dilemmas zwischen den Formen des historisch-kritischen Wissens und dem Ästhetischen als Versöhnung, also des Dilemmas zwischen Vernunft und Irrationalem, Statik und Pathos, dem Apollinischen und dem Dionysischen jenes Nietzsche, den zu schätzen die Deutschen mir unmöglich machten.

Das war Warburg, und aus dem gleichen Grund war es eine Weise zu studieren, eine bescheidene, ehrgeizige Nachahmung der Weise, in der Aby Warburg seine Bibliothek zusammengetragen hatte – die faszinierendste und schwierigste. Nicht wegen der Kataloge oder der Disziplinen, sondern wegen der Verweise von einem Buch zum andern, wie die Forschung sie nahelegt, wenn eine Bildtafel oder die Predella eines Altars dich auf die Alchimie oder die Mathematik verweist, die Ikonographie auf die Ideengeschichte, ein Stil auf die Geschichte – auf die Geschichte oder eine »Geschichte«, die der Predella, von der du ausgegangen bist. Mein Thema, die Traktate zwischen dem Spätmittelalter und der Frührenaissance, führte eben zu allem, von der Magie zu den neuplatonischen Theorien über das Licht, zur Hagia Sophia, zu Tycho Brahe, und das Ganze zu Gilson, während die Renaissance sich nicht als neuer Humanismus auftat, sondern als unruhigerer, schärferer, unreinerer Blick auf die Welt.

Befreit von Croce, Winckelmann und Lessing (durch die ich notgedrungen hindurch mußte), vertiefte ich mich in diese Fernen voller Verweise, zwischen den Schatten: Hatte Warburg nicht in bezug auf Leonardo geschrieben, daß der Schatten die Farbe des Schweigens ist? Daß das Gedächtnis organisierte Materie ist? Die Geschichte breitete sich wie ein Wandteppich vor mir aus. Das einzelne Bild oder der größere oder kleinere Kunstgegenstand hörte auf, das isolierte »an sich« der Croce-Lehre zu sein, um zu einem Bedeutungsträger zu werden, und das Symbol war kein Emblem, sondern eine andere Art des Bedeutens.

Man konnte sich, ein wenig trunken von dem, was man nicht wußte, jedoch ahnte, im Spiel der Verweise verlieren, das die traditionellen Grenzen durchbrach. Es waren Monate intellektuellen Glücks – denn auch das gibt es –, das durch einen gewissen uneingestandenen Hochmut gesteigert wurde. Abends konnte ich alle diese Bücher an meinem Platz lassen, vom Handbuch der projektiven Geometrie zum endlich wieder hervorgeholten Wölfflin, und am nächsten Tag fand ich sie wieder dort vor, verbunden durch einen Faden, den nur ich kannte, einen wiederentdeckten Zusammenhang. (Hat nicht Carlo Ginzburg geschrieben, daß die Erforschung der Vergangenheit einer Detektivgeschichte gleicht?) Ich dachte, eines Tages würde ich die echte Bibliothek Warburg sehen, die mittlerweile in London in Sicherheit gebracht worden war, und mir über ihren faszinierenden Katalogen den Kopf zerbrechen. Doch dazu ist es nie gekommen.

Im übrigen gingen diese Monate sehr bald zu Ende, im Juli 1943. Dann kam die Resistenza, der Krieg, der zu deinem und zu einer Pflicht geworden war. Er wurde nun zum eigentlichen Ort des Geschehens, der Hof der Rocchetta zu einem selten aufgesuchten Zufluchtsort. Aber ich war dort gewesen, und dort sollte ich bleiben, als hätten mich dieser Schlüssel, diese Perspektive auf die Vergangenheit und Gegenwart ein für allemal geprägt.

So lese ich Gombrichs Seiten heute wie eine, die das Leben einer Person entdeckt, die sie immer gekannt zu haben glaubt, weil sie ihren Werdegang nachvollzogen – nein, falsch – in sich aufgesogen hat. Es ist ein unmittelbarer, fast indiskreter Blick auf eine Biographie, die zwar ganz und gar intellektuell, deshalb aber nicht weniger voll innerer Dramatik ist, wenn es stimmt, daß ein zentraler Punkt seiner Forschung Aby Warburg an den Rand des Wahnsinns brachte. Ein Wahnsinn, der so furchtbar war, daß Warburg in einer Klinik landete, jedoch durchsichtig genug blieb, um sich in einigen Aufzeichnungen über die zu fürchtenden Abenteuer des Geistes beschreiben zu lassen – jene Abenteuer, von denen sich die europäische Kultur nicht mehr befreien sollte, die deren Tragödie (außer als Farce, wie jetzt) in einem grausamen Drama zwischen den beiden Kriegen durchlebte.

Wer war Aby Warburg? Ein Mann, der eine Bibliothek zusammengetragen hat, ein ziemlich reicher Jude, der um die Jahrhundertwende gelebt und sich der Kunstgeschichte gewidmet hat. Und warum hat er eine Bibliothek zusammengetragen? Weil er sich bei seinen frühen Forschungen über das Kunstwerk von der Faszination Winckelmanns und Lessings, die auch für Goethe und später für Marx die Bezugspunkte gewesen waren, befreien mußte, und weil ihn, der von Croces Ästhetizismus der Einheit von Inhalt und Form oder der Reduktion des Inhalts auf Formen glücklicherweise unangefochten blieb, das Kunstwerk als Prisma, das Botschaften in alle Richtungen aussendet, als ein »Sich-Enthüllen« ohne Ende begeisterte. Darüber zerbrach das alte, aber doch fortdauernde geistige Erbe Vasaris, der von einer Ewigkeit der klassischen Kunst ausging, die von Zeit zu Zeit durch die Barbarei verdunkelt wird, ebenso die Renaissance, die als Wiederentdeckung der Form gesehen wird, oder die jüngsten Entdeckungen der Autonomie des Ästhetischen als zauberhaft einsames Produkt großer, in sich selbst abgeschlossener

Intuitionen und schließlich selbst die Definition von Gattung und vielleicht von Kunst überhaupt.

In einem halb scherzhaften Fragment, das Gombrich wiedergibt, unterteilt Warburg die Kunstgelehrten in zwei große Kategorien: die SchwärmerInnen und die NichtschwärmerInnen. Die SchwärmerInnen sind durch die Einheitlichkeit des Werkes, die NichtschwärmerInnen durch seine unendlichen verborgenen Wurzeln, Echos und Verweise hingerissen; die ersten versenken sich ins Unterschiedslose der Ästhetik der Dekadenz oder der SammlerInnen auf der Jagd nach Originalen; die zweiten ins grenzenlos Unterschiedene der Ideengeschichte. Im zweiten Fall mit Hilfe eines Kompasses: Nachdem die dem Klassizismus eigene Vorstellung der Kunst als Katharsis, gewissermaßen als Beruhigungsmittel, aufgegeben worden war, durfte das *Pathos* von der Vernunft nicht als ihre Schwäche oder *défaillance* erfaßt werden, sondern als ihr asymmetrisches Gegenstück; die Vernunft sollte das Pathos in seiner Eigenständigkeit erkennen und sich so vor dem abgründigen, wunderbaren Dunkel des unmittelbar Gegebenen oder des ewig Gegebenen, Wiederkehrenden retten.

Darin lag eine große Versuchung, die uns auch heute nicht fremd ist. Für Aby Warburg muß sie, nach einem wunderschönen Briefwechsel mit Jolles über die seltsame Figur eines Ghirlandaio-Affreskos zu urteilen, sehr groß gewesen sein: In der *Geburt San Giovanni Battistas* kommt unter den Personen, die alle fest auf dem Boden stehen und eindeutiger Ausdruck einer Gesellschaft und eines Stils sind, von rechts eine wie vom Wind erfaßte, wunderbare Kreatur herein, die zu den anderen in Widerspruch steht. »Ich habe mich in sie verliebt«, ruft Jolles dem Freund gegenüber aus, »sie ist nicht aus Florenz, sie ist ein herrlicher Schmetterling, vielleicht aus Ägypten oder aus Mesopotamien, was hat der im Hause Tornabuoni zu suchen?« Und Warburg: Magst du dich in Schmetterlinge verlieben, ich dagegen erblicke in der Chrysalide (»genieße in der Chrysalide, ja in der Raupe«) das Bildungsprinzip der Schmetterlinge. Und doch wußte er, daß nicht aus jeder Chrysalide *dieser* Schmetterling entsteht; er entging der Versuchung des »Schwärmens«. Der strenge Justi hatte es ihm beigebracht, Lamprecht hatte ihm die Mittel dazu gegeben, vor allem aber war es seine mit sich selbst abgeschlossene Wette.

Denn wie soll man das Apollinische und das Dionysische, Vernunft und Pathos, das unwiederholbare Ereignis und die Archetypen, die es in ewiger Wiederholung durchziehen, zusammendenken, wenn nicht in einer artikulierten Vorstellung von der Ideengeschichte? Die Seiten über die Sterne, wie Gombrich sie wiedergibt, sind vollkommen in ihrer Klarheit und Melancholie. Um das nicht entzifferbare Firmament zu »verstehen«, ziehen wir eine Linie von Stern zu Stern und machen eine Figur daraus, die im Laufe einer Nacht und in längeren, als Zeiten lesbar gewordenen Zyklen kreist. Und schließlich glauben wir, daß diese Zeichen, die uns den Himmel anthropomorph zu verstehen erlauben, tatsächlich am Himmel sind, ja uns vom Himmel herab bestimmen. Und dieses Bedürfnis ist so stark, daß uns keine wissenschaftliche Tatsache, wie die, die uns der langsam fortschreitenden Verschiebung der Tierkreiszeichen im Kalender versichert, vom Aberglauben befreien wird. Denn es ist ein Bedürfnis, ein Halt; es ist schwer, ohne Zeichen zu leben.

Das sagt uns auch heute noch etwas, ja, heute mehr als vor zwanzig Jahren. Doch war diese Entdeckung eines auf nichts als eine »Intuition« der Vernunft zurückzuführenden Dualismus – ein Dilemma, das dich bis zur Schizophrenie spalten kann – vielleicht auch der Kern jener letzten großen Epoche des Denkens, die mit dem Tod jeder Metaphysik und der Verbreitung von Tiefenanalysen entstand; eines Denkens, in dem die Vernunft ein Anderes entdeckte, sich nicht mehr erlauben konnte, es wieder in sich aufzunehmen und sich nicht als Wahrheit, sondern als endliche Methode und als Kritik einer endlichen Methode neu legitimieren mußte. Nicht ohne damals darauf zu verzichten, »Wert« zu sein – eben die Kultur zweier Männer, die einander nicht kannten, wie Warburg und Freud.

Nietzsche wurde darüber verrückt. Und unser Jahrhundert sollte das Dilemma übersetzen in eine Antinomie zwischen einem in die historizistischen Theorien der Veränderung neu übersetzten Projekt der Aufklärung (die verschiedenen Formen der zu Politik gemachten Marxismen) und dem irrationalen Gegenstück des nazistischen Übermenschen. Das war durchaus nichts Geringfügiges, ging doch der große Krieg daraus hervor. Zwischen diesen beiden Extremen waren die Kulturen der Synthese verarmt.

Für einige Generationen von Intellektuellen war und blieb ihre Faszination indes bestimmend. Auf diese Weise antifaschistisch zu sein, erzog dazu, nicht nur »ein Übel« zu bekämpfen, sondern mit dem Wissen kämpfen zu lernen, daß das Schwert zusammen mit dem Feind immer auch einen Teil von dir tötet. Die, wie ich und viele andere, jene nach Wachs duftenden Säle voller Verweise verließen, um in einer Welt Stellung zu beziehen, die aufschrie unter dem einzigen großen Krieg, der auch ein »ideologischer« war, tat dies mit der Bestimmtheit derer, die wissen, daß nicht die ganze Welt in der von ihnen gewählten Seite aufgeht, man aber dennoch wählen muß. Und darüber sollten sie die Weite der tiefen, unerforschten Wasser, die uns umgeben, die Endlichkeit und Parteilichkeit nicht vergessen; auch nicht die Gewohnheit verlieren, jede Mauer auf die Leere abzuklopfen, die sie verbirgt und die zu kennen uns verwehrt ist.

Aby Warburgs Bibliothek, wie auch sein Leben und seine nicht sehr zahlreichen Schriften, waren für einige von uns der Ort dieser Problematik. Er mochte Vorträge, die er überdies sorgfältig vorbereitete. (Da ihm klar war, daß das, was man über einen Gegenstand schreibt, immer nur einen Bruchteil erfaßt, konnte er es auch im beschränkten Rahmen eines Aufsatzes oder einer Rede darlegen.) Doch ist verständlich, daß ihm dieses Sammeln von Büchern noch besser gefiel, als wolle er am Firmament der Vergangenheit die möglichen Figuren der Geschichte nachzeichnen. Er starb, bevor seine Bibliothek nach London überführt und damit vor der Zerstörung bewahrt wurde; bereits Fritz Saxl hatte sie auch in ein Institut umgeformt, und die Männer dieses Instituts hatten jene Bücher verfaßt, die auch einigen von uns gegen Ende des Faschismus in die Hände fielen, als wir am Rand einer blutigen historischen Umwälzung standen.

Sein Erbe gelangte schließlich spät, später als anderes, nach Italien. Diese Bücher wurden – nicht alle und häufig aus dem Kontext gerissen – im Abstand von zwanzig oder dreißig Jahren übersetzt (typisch die Reduktion Panofskys auf die »ikonologische Schule«). Vielleicht weil diese spezifische intellektuelle Wette ihr Datum hatte – Ende des letzten Jahrhunderts mit dem Ersten Weltkrieg wurde sie geschlossen –, und unser Jahrhundert, das erst mit der Vorbereitung des Zweiten richtig begann, konnte sie nur noch bruchstückhaft erleben. Nicht zufällig fanden sich diejenigen, die wie einige von uns das Glück gehabt hatten, damit in Berührung zu kommen, schließlich nicht in einer der gegenwärtigen Kulturen wieder, sondern im Stil der »Annales« oder im Interesse für den neuen Strukturalismus (die Feldtheorie). Und wenn wir Marxistinnen und Marxisten waren, so war es der wenig beachtete Weg Althussers, der uns interessierte. Ich bin nicht in der Lage, der Saat von Warburgs Kultur nachzugehen; ich nehme lediglich Echos, Anklänge, Bruchstücke wahr. Es war noch einer der großen Versuche, das extrem Unterschiedliche einheitlich zu denken: Wer macht das heute noch?

Ich weiß es nicht. Gegen Ende des Sommers bin ich mit einem Freund in den Hof der Rocchetta gegangen, habe diesen wunderbaren Ort und die feinen Linien des Backsteins auf dem grauen Stein wiedergefunden. Ich wollte nach so vielen Jahrzehnten jenen Saal betreten, denn seit Ende des Krieges waren es nicht mehr »meine« Bücher; ich hatte Riegls Bildbände über den juwelenbestückten Schmuck der Barbaren nicht mehr geöffnet. Aber ich wollte diese Mauern und dieses Licht wiedersehen, vielleicht den Wachsduft wieder riechen. Es war natürlich geschlossen, Restaurierungsarbeiten oder was weiß ich, und nicht möglich hineinzukommen. Die »Warburg-Tage« hat mir jetzt Ernst Gombrich zurückgegeben, und mehr als das. Die Rhythmen der Forschung, der Entdeckung und des Zweifels, die zum Leben eines Mannes geworden waren, hat hier ein großer Historiker so rekonstruiert, wie Warburg ein Bild oder ein Relief untersuchte: als unwiederholbaren und in die Vergangenheit und Gegenwart offenen Schnittpunkt.

Januar 1984

Frauenfreundschaft ist ein Skandal

Der Film, den ich in Paris gesehen habe, hieß nicht *Heller Wahn*, sondern *Die Freundin*. In Italien ist der Titel als *Heller Wahn* übersetzt worden, ohne Rücksicht auf den melodramatischen Beigeschmack, den er in unserer Sprache hat (denn wie die Filmtitel in Italien kommen, so kommen sie halt), und auch über den Schlußsatz hat sich ein leidiger Streit entsponnen. Sagt Ruth (die Winkler) mit Bezug auf Olga (die Schygulla) vor jenem inneren Gericht, als das die Welt sich ihr darstellt, stolz: »Das ist meine Frau« oder »Das ist meine Freundin«? Sie waren also Geliebte. Polemiken werden entfesselt, Befragungen durchgeführt. *Meine Freundin* im Deutschen heißt tatsächlich *la mia amica*. Spielt aber im Italienischen »die Freundin von dem und dem« nicht augenzwinkernd auf seine Bettgefährtin an? »Meine Frau« mag besitzanzeigend sein, enthält aber keine zwinkernde Anspielung, wenden die Übersetzerinnen ein. Außerdem sind die beiden vielleicht ineinander verliebt und wissen es nicht; oder Margarethe liebt Frauen, gesteht es sich aber nicht ein; oder es gibt, außer für die Bigotten, keine Grenzziehung zwischen Freundschaft, Liebe und Sexualität, sie sind ein Kontinuum, das unsere heuchlerische Zivilisation zerteilt, katalogisiert und wertet.

Wie ärgerlich. Die Diskussion in Italien, meine ich. Denn das Außergewöhnliche am letzten Film Margarethe von Trottas besteht nicht darin zu erzählen, wie eine Liebesbeziehung zwischen zwei Frauen ihre anderen Paarbeziehungen, die mit dem Ehemann bzw. dem Geliebten, in Schwierigkeiten bringt, was offensichtlich ziemlich banal wäre. Vielmehr erzählt er, was weit weniger offensichtlich ist, daß eine *Freundschaft* zwischen zwei Frauen die Paarbeziehungen und sogar die Familienverhältnisse sprengt, in denen sie leben. Sie sprengt sie, weil eine Frauenfreundschaft, im Unterschied zu einer homosexuellen oder lesbischen Beziehung, kein Ersatz für etwas anderes ist und nicht in eine andere gewöhnliche homo- oder heterosexuelle Beziehung überführt oder durch eine solche zurückerobert werden kann. Was in Hinblick auf Männerfreundschaften seit langem bekannt ist (mir fällt dazu *The long Good-bye* von Chandler ein, eine herzzerreißende Geschichte über zwei Männer, die »nur« Freunde sind). In Hinblick auf Frauenfreundschaften war es dagegen niemals bekannt oder ausgesprochen, aus dem einfachen Grunde, daß es sie vor unserer Zeit nicht oder selten gab, und wenn, dann nur zwischen besonders privilegierten, freien Frauen, also ausgesprochen wenigen.

Die Freundschaft ist nämlich ein Verhältnis, das die Autonomie der Personen, eine bereits gegebene oder mögliche gefestigte Struktur ihres Ichs voraussetzt. Jedenfalls muß sie gefestigt genug sein, damit das Verhältnis zur anderen nicht durch Leidenschaft überdeterminiert wird, das heißt durch ein *für sich* zwingendes Verlangen, ein Bedürfnis, eine offene Wunde, die geheilt werden muß. Leidenschaft kommt von Leiden. Sie ist keine »große Liebe«, wie manchmal gesagt wird, sondern eine Liebe, die gesteht, daß sie die andere oder den anderen verzweifelt braucht, um selbst zu genesen, um sich von lange zurückliegenden Wunden zu erholen, eine Bestätigung zu finden gegen weit zurückliegende Negationen und Sicherheit zu gewinnen in bezug auf die entscheidende Frage: Zähle ich genug für jemanden, um sicher zu sein, daß ich als Frau, als Mann existiere? Für jemanden? Falsch: für *die* eine oder *den* einen, von der oder dem ich allein die Antwort erhalten kann. Das ist Leidenschaft.

In der Freundschaft stellt sich diese schreckliche Frage, die zerstörerisch oder heilsam sein kann, nicht. Befreundet ist man, wenn die/der andere angenommen wird und wertvoll ist auf Grund dessen, was sie/er ist, und nicht auf Grund dessen, was sie/er uns gibt oder was wir von ihr/ihm verlangen. Dann geben und nehmen wir, ohne daß unser ultimatives Bedürfnis über sie oder ihn hereinbricht: »Wenn ich für dich nicht alles bin, dann bin ich auch nichts für mich selbst.« So spricht die Freundschaft nicht. Sie spricht eine wunderbare Sprache, die mit den Worten beginnt: Du bist wie du bist, ganz abgesehen von mir und nicht für mich. Sprechen wir miteinander. Ich höre dir zu, hör du mir zu. Über den Reichtum deines Lebens freue ich mich, deine Armut macht mich traurig. Ich sehe deine Fehler mit nachsichtigem Auge; es wäre schön, wenn es sie nicht gäbe, und ich kann sie dir auch sagen, denn meine Worte werden für dich weder Rettung noch Vernichtung bedeuten, wenn überhaupt, dann werden sie zum Nachdenken anregen oder besänftigen. Ich schaue dich frei heraus an, die Freundschaft kennt jene »pietas«, die gerade das Gegenteil der Leidenschaft ist, die mit niemandem Mitleid hat, weil sie mit sich selbst keines hat. In der Freundschaft setzt man sich auseinander, macht Dinge gemeinsam; mit der Freundin oder dem Freund kannst du auch weinen und ein bißchen von ihr/ihm getröstet werden; und wenn du lachst, lacht sie/er mit dir; bist du glücklich auf Grund einer oder eines anderen, so ist sie/er es mit dir.

Der Freundin und dem Freund ist jene Kehrseite der Leidenschaft unbekannt, die in der Eifersucht, dem vollkommenen Mangel an Selbstsicherheit besteht; deshalb ist Freundschaft großzügig und kann im Grad des Verstehens über die Liebe hinausgehen, die häufig durch den Wunsch nach einer Wiedergutmachung getrübt ist, der sie verschlingt. Unaufdringlich und doch gegenwärtig, macht sie der oder dem anderen die Zeit nicht streitig, verlangt sie nicht von ihr/ihm. Und zuweilen erlischt sie nicht einmal durch sehr lange Abwesenheiten. Die Freundschaft ist ein außergewöhnliches Verhältnis, das uns in unserem Leben begleitet und behutsam gepflegt werden kann, denn in der Freundschaft zittert unsere Hand nicht: Sie zu schenken ist leicht, und ebenso, Abschied zu nehmen.

Ich bin keine Expertin für die Klassifizierung von Gefühlen, aber darin scheint mir Freundschaft zu bestehen. Im übrigen habe ich nicht wenig Freundschaft erfahren und verstehe mich darauf. Und ich habe mich niemals im Spiel des Unbestimmten verloren, das nicht weiß, wo Freundschaft aufhört, wo Liebe beginnt. Die Grenze ist klar: Der Schmerz deines Verlangens, dein Mangel an Selbstsicherheit zeigt sie dir an. Das besagt nicht, daß Freundschaft mehr oder weniger ist als Liebe, außer für diejenigen, die meinen, alles messen zu müssen.

Männer haben dieses wertvolle und komplexe Verhältnis immer gekannt, Frauen nicht. Denn es ist ein Verhältnis zwischen Personen, die viele Dinge besitzen und deshalb auch viele Dinge gemeinsam leben können – Ideen, Arbeit, Projekte, Abenteuer. Frauen haben bis jetzt wenig Eigenes besessen, und das, was sie hatten, mußte seiner Natur nach innerhalb eng umrissener Grenzen geteilt werden. Deshalb waren Männerfreundschaften in gewisser Weise »gegen« sie gerichtet oder schlossen sie zumindest aus. In diesen Freundschaften stellen die Samstagabendpartie in der Kneipe, das letzte gemeinsame Glas, bevor man nach Hause geht, derweil sie – Ehefrauen, Mütter, Töchter – im jeweils eigenen Heim warten, die einfache Form eines Verhältnisses unter »Freiern« dar, die ihre Zeit auf einer Basis der Gleichheit miteinander verbringen. Und außer sich auszutauschen, können sie sich gemeinsam in die Zukunft projizieren, gemeinsam für etwas kämpfen. Sie können gar füreinander und nicht, wie in der Liebe, die/der eine wegen der/des anderen sterben. Man stirbt eher, um der Freundin/dem Freund das Leben zu retten als der/dem Geliebten, wohingegen man nur für letztere/letzteren tötet.

Wie hätte die Frau auch Freundschaft kennenlernen sollen? Sie, die kaum behaupten konnte, auch nur sich selbst zu besitzen, und für die in der Rangfolge der Beziehungen der Ehemann, der Sohn, der Vater vor ihr selbst kommen mußten. Sie, die weder über ihre Zeit noch über ihre Zukunft frei verfügen durfte. Sie, die immer am Tropf gehangen hat, wobei ihr keine frei auf der Weltbühne gewählte, sondern die durch die familiäre oder höchstens durch die kirchliche Kanüle gefilterte Nahrung eingeflößt wurde. Jahrhundertelang haben Frauen einander als Komplizinnen gekannt und geholfen, in den ihnen zugestandenen Zeiten und Formen. In bestimmten Altersphasen, wenn sie sehr jung oder sehr alt waren, haben sie voreinander nicht so sehr sich selbst, sondern vielmehr die Melancholie oder den Überdruß des ihnen auferlegten Lebens ausgeschüttet. Und immer endete ihr Gespräch, wenn etwas anderes sie zum Aufstehen und Fortgehen zwang, und nicht, wenn es ein natürliches Ende fand.

Während es ihnen immer möglich war, lesbische Beziehungen zu haben, können sie also erst in unserer Zeit Freundinnen sein. Und die Natur dieser Freundschaft bringt die Welt um sie herum durcheinander, beunruhigt sie; unter anderem, weil sie nicht nur separat ist wie die der Männer. Sie ist auch neu, ist einer der Orte, an denen Frauen eine Identität konstruieren, die verändert und sich gegen die alten Abhängigkeitsverhältnisse auflehnt, dadurch gesteigert, daß in ihr über zuvor nie Gesagtes gesprochen wird. Deshalb kann sie von denjenigen – Vater, Ehemann oder Sohn –, die *an sie* immer als an ihr Eigentum gedacht haben, als feindlich empfunden werden. Die Unerträglichkeit der Frauenfreundschaft ist es, wovon Margarethe von Trotta in *Heller Wahn* erzählt.

Sie erzählt von ihrer Unerträglichkeit für die anderen und vom Preis, den die beiden Freundinnen für eine komplexe Beziehung zahlen, die aus einer ersten Regung mitleidsvoller Neugierde der Stärkeren entstanden ist. In der Szene, in der Olga halb zärtlich, halb ironisch ein Liebeslied für Alexej singt, sieht Ruth sie an, und Alexej sieht sie an. Am Ende lächelt er Olga verständnisinnig zu, er hat es als »sein Lied« gehört, die Botschaft ist angekommen, aber Ruth nähert sich Olga und legt ihren Kopf an ihr Gesicht wie eine, die weiß, was es heißt, einen Mann zu lieben, was für ein verzweifeltes Unterfangen es manchmal sein kann. Es ist, als wünsche sie ihr, daß es »gut gehen möge«, als versichere sie ihr, »ich verstehe dich; ich fühle mit dir«. Es besteht eine sprechende Symmetrie zwischen den beiden Blicken, dem des Mannes und dem der Frau, doch ist es der Blick zwischen den beiden Frauen, der den anderen unerträglich erscheint auf Grund seines hohen Grads an Kommunikation und seiner Unerschütterlichkeit. Und die wird tatsächlich zutage treten.

Leidenschaften kommen und gehen, Freundschaften dauern. Die Leidenschaft kennzeichnet der schmerzliche Ton der Doppeldeutigkeit, denn manchmal brennt die Haut, auch wenn sie gestreichelt wird; die Freundschaft dagegen kennzeichnet der ruhige Ton des wechselseitigen Verstehens und die Hand, die dir nicht weh tut.

Diese Frauenbeziehung ist so ungewöhnlich, daß wenigstens eine von ihnen bereits frei sein muß, denn Freundschaft ist auch ein Stück Erlernen, was die Freiheit der anderen ist, ebenso wie die Leidenschaft, aus Angst vor sich selbst, ein Angriff auf die Freiheit der anderen ist. Olga ist emanzipiert, gebildet, Feministin – die Schygulla ist noch nie so schön gewesen wie in dieser schlichten Kleidung und in diesen Bewegungen, die nichts vom Fassbinder-Idol hat. Die jüngere Frau ist verstört, malt bereits Gemaltes in Schwarzweiß, und alle behandeln sie, als sei sie vom Wahnsinn bedroht (weil man gewöhnlich glaubt, daß eine, die einen Selbstmörder zum Bruder hat und deren Mutter in der Klinik ist, bereits mit einem Bein im Abgrund steht). Olga sieht in ihr vor allem die verletzte und bedrängte Person. So findet sie Ruth, als diese wegen eines vielleicht vorgetäuschten Selbstmordversuchs flieht, wie selbstverständlich wieder und nimmt ihr ohne große Umstände, mit der Geste derer, die jemandem einen Schal abnimmt, die Schlinge vom Hals. Den Ausspruch: »Ich möchte leben, aber nicht so«, führt sie zu den einfachen Akten des Lebens zurück. Die Frauen kennen ihr ganz besonderes »so kann ich nicht leben«, den spezifischen, etwas rauhen Akzent ihrer geschwundenen Hoffnungen (ihre Selbstmorde, ohne Nachricht zu hinterlassen, da sie sowieso die Hoffnung aufgegeben haben, daß jemand ihnen zuhört), eine alte Geschichte der Subalternität noch im Tod. Und indem Olga die Normalität des direkten Gesprächs wiederherstellt und die andere als Frau und nicht als Wahnsinnige behandelt, entsteht die Freundschaft, die beruhigende Gegenwart, das Geben und bald auch das Empfangen, denn kaum daß Ruth etwas empfangen hat, kann sie auch geben. Auch sie, die nur die anderen zu brauchen schien, die anderen sie aber nicht, oder höchstens brauchte ihr Mann ihr Gefühl und ihren Körper. Dieser Mann, der sie anscheinend liebt, wird es nicht hinnehmen, daß Ruth, die ihm gehört, weil sie ihn braucht und abhängig ist, ihn weniger braucht und unabhängiger wird. Und sie, zurückgeworfen auf die Einsamkeit, wird in ihrem Wahn träumen, daß sie ihn umbringt, weil sie in ihm den Verneinenden, ihren Feind erkennt. Auch die Männer von Olga haben ihre Stärke und Autonomie nicht hingenommen; sehr bald haben sie die Stärke dieser Frau zu einem

Alibi gemacht, um ihre Bedürftigkeit nicht zu sehen. Der eine bittet sie um Hilfe, der andere verläßt sie, alle beide ruhigen Gewissens, denn sie ist ja stark. Doch ist das Unverständnis des Mannes, wie immer in von Trottas Filmen, weniger seine persönliche Grenze als vielmehr ein Produkt der überkommenen Verhältnisse, deren Sklave auch er ist. Niemand hat je als einzelne oder einzelner Schuld.

Und niemand trägt folglich allein die Schuld, wenn die Freundschaft zwischen Olga und Ruth die anderen Beziehungen sprengt und auch die ihre zu sprengen droht. Das wäre auch nicht anders, wenn die Situation durch die Neurose der einen nicht so extrem zugespitzt wäre. Auch zwischen zwei Olgas, wie der Brentano und der Günderode, die immer wieder in der Geschichte auftauchen, könnte es dazu kommen. Denn die heutigen Olgas haben sich viel über ihr Leben zu sagen, über die innere Unruhe, die Veränderlichkeit, die Negation und Selbsthinterfragung, und auch über die Not und die schwierige Rechnung mit dem eigenen Leben. Schwierig wie für Männer; bei Frauen jedoch dadurch überdeterminiert, daß sie die Haut wechseln wie Schlangen im Frühling, was sie zwingt, die alte, historisch gegebene Form der Weiblichkeit zu tragen (sonst verneinen sie sich), ihr aber ein anderes Vorzeichen zu geben (sonst bleiben sie abhängig). Außerdem haben sich Frauen das zu sagen, was Männer einander vermutlich nicht mehr sagen können, weil sich die konventionelle Lebensart der Männlichkeit langsamer ändert: wie schwierig nämlich die Beziehung mit ihr oder ihm ist.

Denn in der Liebe weiß er wenig von ihr, auch wenn er sie liebt, wie Franz; weniger noch, als sie von ihm. Im allgemeinen haben sie einander wenig zugehört; die Aufmerksamkeit für die andere oder den anderen ist der Liebe nicht zu eigen. Und seit Jahrhunderten wird die Beziehung der Geschlechter als Guerillakrieg verstanden: die zigste Version des Herr/Knecht-Verhältnisses.

Genau das macht die Liebe im Okzident so schwierig, wo Liebe eben nicht nur Erfahrung der Freuden, sondern eine Wette auf totale Kommunikation ist. Bereits Mozart wußte, wie einsam und schmerzlich, wie spärlich und auserlesen die Freuden sind, selten tragisch, außer als Metapher für die Kommunikation, die nicht stattfindet und die in der Umarmung zweier Körper, Umschreibung der Vereinigung, für einen Augenblick erreicht scheint – und dies um so mehr, als darin Bewußtsein und Erinnerung einen Moment lang aufgehoben zu werden scheinen und sich eine Verschmelzung zu ergeben scheint, die, kaum vorüber, dich erneut dir selbst überläßt, ein halber Körper, wieder allein. Paradoxerweise suchen Mann und

Frau, die Früchte einer eher historischen als biologischen Differenz
sind, den höchsten Grad der Begegnung dort, wo nach den Regeln
des sexuellen Spiels die Gefahr, sie zu verlieren, am größten ist.

Freundinnen und Freunde sind frei von dieser Gefahr, aber auch
ohne diese Hoffnung. Das wissen Frauen einander zu sagen, wenn
sie unter sich sind; Männer, so fürchte ich, nicht. Und so bildet sich
zwischen zwei Freundinnen auch ein Selbstbewußtsein heraus, das
bisher dunkel, wenig ausgesprochen oder nur bei einer Neurose in
der Analyse eingestanden wurde. Das heißt, man fürchtet sie wegen
ihres Wissens und zieht es deshalb vor zu sagen: »Sie sind lesbisch«,
auf Grund der armseligen und anscheinend doch sehr verbreiteten
Vorstellung von Sex. Dabei wird unterstellt, daß Sex zwischen
Frauen lediglich eine Nachahmung von heterosexuellem Sex sei.

Heller Wahn spricht von diesen Zusammenhängen oder deutet sie
jedenfalls an, denn Margarethe von Trottas Fragen bewegen sich von
Film zu Film auf steinigerem Gelände. Daß ihrem Mann, Volker
Schlöndorff, *Heller Wahn* nicht gefallen hat, ist verständlich. Und
zwar nicht nur, weil sie ihm arglistig einen Ausdruck geraubt hat, in
dem – von einem der Protagonisten, Dieter, ausgesprochen – er sich
mit Entsetzen wiedererkennt. Sondern weil ihr Mann sie, glaube
ich, wirklich liebt. Sie aber setzt ihn darüber in Kenntnis, daß zwei
Frauen einander Dinge sagen und voneinander wissen, die zwischen
ihr und ihm vielleicht niemals ausgesprochen werden.

Februar 1984

Luisa und ihr Körper

Ich dachte, wir hätten entdeckt, daß der Körper nicht nur die Hülle unserer Seele ist, *wir sind* unser Körper, er ist unser Umfang und unsere offene Tür zur Welt. Mit dem Körper fühlen, sprechen, leiden, denken wir, mit ihm empfinden wir Freude, in ihn schreibt sich unser Leben ein, Jugend, Reife und Alter; der Körper ist unser einziges Beziehungsinstrument. Schien es uns nicht, das zu wissen? Können wir schreiben, daß die Prostituierte eine Arbeit macht wie jede andere, weil sie ihren Körper benutzt wie der Arbeiter die Maschine und der Barkeeper den Shaker? Heißt das somit, daß Luisas Körper (Luisa, das heißt ihr Körper) einen anderen Körper (oder sich selbst) benutzt, als sei er etwas anderes als sie? Oder hat Luisa sich in Zonen aufgeteilt (wie die Schwestern es meine Groß-mutter lehrten, wenn sie sich im Kloster waschen mußte: vom Hals bis zum Unaussprechlichen, von den Füßen bis zum Unaussprech-lichen, das Unaussprechliche ohne Namen, und das Ganze im Hemd), so daß einige Zonen »Nicht-Körper« oder »namenloser Kör-per« sind und die anderen heilig und unberührbar bleiben? Und das-selbe soll für die Dienste gelten, Hauptsache die Frau entscheidet darüber?

Die aus ihrem Körper eine Maschine oder eine Ware machen, egal ob Mann oder Frau, sind nicht emanzipiert, insofern sie ihre totale Entfremdung erleiden. Verinnerlichen sie sie dann und machen sie sich zu eigen in der Hoffnung, trotzdem frei zu sein, so ist das zwar ein achtbarer Weg, ändert aber nicht im geringsten etwas daran, daß sie entfremdet sind und bleiben. Es gibt bereits soviel Entfremdung auf der Welt und soviel Unfreiheit der Person, und es werden so viele Märchen erzählt über die Revolutionen, die stattgefunden haben, ohne daß das System oder der Arbeitgeber, in diesem Fall der Kunde der oder des Prostituierten, etwas davon gemerkt hat. Also laßt uns doch bitte schön nicht auch noch anfangen, Traum und Wirklichkeit zu verwechseln und es mit der »Subjektivität« so weit zu treiben, daß wir eines Tages sagen werden, die Schwarzen in Pretoria müssen einfach nur denken, sie seien nicht schwarz, und schon ist die Apartheid zu Ende.

Juni 1984

Aller Leidenschaften Ende[1]

Nicht von ungefähr ist die Diskussion über die künstliche Befruchtung und die Spermabanken in Frankreich entbrannt, nachdem Frau Corynne Parpalaix ihr Recht auf den deponierten Samen ihres jungen Mannes, den sie wenige Tage vor seinem Ableben geheiratet hatte, vor Gericht eingeklagt hat. Das Gericht hat ihr recht gegeben und damit festgelegt, daß ein Teil des verstorbenen Körpers (wie soll man es sonst bezeichnen?) mit zur Erbschaft gehört.

Das französische Zentrum für Spermaforschung und Spermaspenden (CECOS) ist nicht einverstanden. Seine Grundsätze sind die Unentgeltlichkeit der Spende, ihr anonymer Charakter und ihre Bestimmung für unfruchtbare Paare. Das Gesetz aber sieht es anders; es gesteht dem Ehemann der künstlich befruchteten Frau das Recht auf Nichtanerkennung der Vaterschaft zu. Nach dem gleichen Grundsatz (Willensäußerung des Mannes) hat es Corynne Parpalaix recht gegeben. Im Fall Parpalaix wird durch die Bindung der Spermaspende an eine bestimmte Person – sollte die Befruchtung gelingen – ein für das ungeborene Kind nicht unbedeutendes Erbgut an den Samen gebunden.

Das Gesetz sieht sich vor vielen bislang unbekannten Problemen, einschließlich desjenigen des Mißbrauchs (wieviele FrauenärztInnen können das Gegenteil der Abtreibungspraxis tun und gegen entsprechende Entlohnung eine Frau befruchten, die das möchte – aus Gründen, die ihrem Partner erwünscht sind oder nicht?). Zudem wird der Samen in diesem Fall nicht gratis gespendet, sondern wird zur Ware. Als Antwort darauf hat der Justizminister Robert Badinter die Regelung des Ganzen auf die Tagesordnung gesetzt.

Die komplizierteren Probleme liegen jedoch auf der Ebene der Moral, der veränderten Sitten und Werte. Die offenkundigsten zeigen sich in der Existenz zweier amerikanischer Spermabanken: eine für normale Leute, an die sich die alleinstehende Frau oder das unfruchtbare Paar wendet, das den Samen eines so und so großen Mannes, mit blauen oder braunen Augen, blond oder braunhaarig usw. bestellt. Es kauft ihn sich, und aus diesem und dem eigenen Stoff fabriziert die Mutter ein etwas vormodelliertes Kind. Die andere ist die Spermabank der »Genies«, der Nobelpreisträger. Zwar

---

1 Der Titel bezieht sich auf Vita Sackville-West, *All passion spent*. Die deutsche Übersetzung erschien unter dem Titel *Erloschenes Feuer*, Frankfurt/Main-Hamburg 1953. (Anm. d. Übers.)

kann die Käuferin sich das Genie, von dem sie ein Kind will, nicht aussuchen, doch gewinnt hier das Gespenst der nazistischen Eugenik – das, ob man will oder nicht, auch in der Auswahl des Spenders präsent ist – eine feste Gestalt. In Kürze könnten wir es mit Befruchtungen nach körperlichem und intellektuellem Typus sowie nach sozialer Lage zu tun haben und würden nicht nur gesellschaftlich, sondern auch biologisch hierarchisiert auf die Welt kommen.

Was ist das aber dann für eine Geburt? Bis vor kurzem ging es vor allem um das unfruchtbare Paar, bei dem die Dinge einfacher zu liegen scheinen. Zwar geht das Kind nicht aus dem Verkehr des Paares hervor, doch kann es sich einbilden, daß die Empfängnis bei dessen sexuellem Erlebnis stattfinde. Das Kind entsteht aus einem Liebesverhältnis, das durch eine genetisch wirksamere Spritze kurzgeschlossen wird. Und es wird einen Vater haben; die Mutter hat es gewollt, um es gemeinsam mit dem Vater aufzuziehen. Der unbekannte Spender wird unbekannt, ja verborgen bleiben: die Praxis ist häufig geheim.

Komplexer ist der psychische Weg der Frau, die unbedingt ein Kind ohne Vater will, so daß sie sich nicht darauf beschränkt, es durch eine Gelegenheitsaffäre zu bekommen, ohne den Partner von ihren Absichten zu unterrichten, sondern es tatsächlich von einem Unbekannten bekommt. Sie will ein Kind, das nicht aus der *Beziehung mit einem Mann* hervorgeht, so als machte sie es allein. Diese Art von Parthenogenese ist in emotionaler Hinsicht eine merkwürdige Fortsetzung der ersten Debatte des neuen Feminismus über die Mutterschaft. Hatte Gott bei der Vertreibung aus dem Paradies nicht zu Adam und Eva gesagt: Im Schweiße deines Angesichts sollst du arbeiten (daher »sich von der Arbeit befreien«), und unter Schmerzen sollst du Kinder gebären (daher »sich von der Mutterschaft befreien«)? Shulamith Firestones *Frauenbefreiung und sexuelle Revolution*, einer der Gründungstexte der Bewegung, war also für ein »Schluß mit« diesem geschichtlichen Fluch. Und ein grundlegender Impuls hat die Frauen zunächst dazu gebracht, darüber zu entscheiden, ob sie ein Kind wollen oder nicht, dann dazu, immer seltener welche zu wollen (Männer und Frauen wollen immer seltener welche). Die als Alleinstehende, mit Hilfe einer rein medizinischen Technik gewollte Mutterschaft ist eine seltsame Kehrseite. Sie zeugt von einem Willen zur totalen weiblichen Autonomie. Das Problem des »nicht unter Schmerzen Gebärens« (unter reichen Frauen ist es ziemlich verbreitet, die befruchtete Eizelle in der Gebärmutter der brasilianischen Hausangestellten zu deponieren) ist zweitrangig gegenüber der Weigerung, durch eine sexuelle, folglich emotional involvierende Beziehung schwanger zu werden.

Es ist eine innere Weigerung von recht großer Tragweite, die das »Projekt eines Kindes« ohne Vaterfigur impliziert: das Kind einer Frau, und fertig. Und zwar einer Frau, für die die Idee der Körperlichkeit, die sie ihrem Geschöpf in den ersten Gesten vermittelt, nur die Wahrnehmung des eigenen Körpers widerspiegelt, nachdem sie das andere Geschlecht abgelehnt hat, sei sie nun lesbisch oder nicht. Die Frage, welche Projektionen des Unbewußten dies impliziert und ob nicht unter dem Anschein des Lebens ein ziemlich dunkler, auf die Idee der Art sich erstreckender Todestrieb dahinter steht (was gewiß beeindruckender ist als die Entscheidung, keine Kinder zu haben, die ihr dennoch verwandt ist), öffnet ein Untersuchungsfeld, auf dem die Analyse das Wort hat. Denen, die das Phänomen – wie wir – nur in gesellschaftlicher Hinsicht betrachten können, erscheint es als äußerst gesteigerte Form der immer häufigeren Einsamkeit von Frauen, die nicht deshalb gewählt wird, weil ein Mann nicht mit ihnen leben will, sondern weil sie nicht mit ihm leben wollen. Dennoch folgt es nicht zwangsläufig daraus. In der Empfängnis liegt ein entscheidendes Erlebnismoment, und es allein oder zu zweit zu leben verweist auf mentale Strukturen oder solche des Unbewußten, die sich von einer späteren Entscheidung zur Trennung stark unterscheiden.

Und dann ist da der Mann. Ist es nicht kurios, daß er sich noch schwächer zu fühlen scheint hinsichtlich des archetypischen Aktes der Fortpflanzung der Gattung, seit Wissenschaft und Sitte es der Frau erlaubt haben, sich für oder gegen die Mutterschaft zu entscheiden? Die Domäne der Reproduktion kommt der Mutter zu, dem Vater die Regelung des gesellschaftlichen Zusammenlebens. Seine »natürliche« Figur ist, trotz aller Männlichkeitsmythen, unendlich viel ärmer. So versucht er, sich durch den tiefgefrorenen Samen zu verewigen (und knüpft, wie wir in Frankreich sehen, das gesellschaftliche Eigentums- und Namensrecht daran).

Es ist wie ein Wettlauf der Geschlechter um den Vorrang auf dem Feld der Genetik. Wie die Frau denkt, sie lebe nach dem Tod im Körper des Kindes weiter, so denkt der Mann, er lebe nach dem Tod durch seine – von ihm getrennte – Befruchtungsleistung weiter. Es ist verständlich, daß die Sperma-Zentren darum bemüht sind, diese Praxis nicht zuzulassen oder ihr wenigstens mit der Unentgeltlichkeit und Anonymisierung, durch die der gespendete Samen keinem »Mann« mehr gehört, sondern dem »männlichen Geschlecht«, die Bedeutung zu nehmen. Der Wunsch nach ewigem Leben muß sehr groß sein, wenn er sich sogar in den Symbolismus einer aufs Sperma reduzierten Identität verirrt.

Die Symmetrie mit der Frau, die ihr Kind durch die Spritze will, sticht ins Auge: Der Akt, Leben zu schenken, wird von der Beziehung zwischen *zwei Personen* getrennt, und die Beziehung zwischen den Geschlechtern findet nur in der bloßen Abstraktion der Technik der künstlichen Befruchtung statt. Es ist eine vollkommene Absage an die emotionale Dimension, eine solipsistische Geste. Und mehr noch für den Mann als für die Frau, die wenigstens noch das Kind austragen wird (Frauen, die durch die Spritze Mütter werden und dann die Eizelle im Schoß der Hausangestellten deponieren, gibt es zur Zeit, darf man den Berichten glauben, noch nicht). Es ist, als habe sich die Bedeutung von »Mutter«, »Vater« und »Kind« vollständig gewandelt und sei großenteils verloren gegangen. Andererseits enthüllt die sexuelle Beziehung als Empfängnisakt eine Welt von Bedeutungen und Werten, die sich – nach einer so langen Anstrengung, den Sex als »Vergnügen« von der Fortpflanzung zu trennen – erst jetzt entwirrt, da die Technik erlaubt, ihn auszuschließen. Und ist nicht das, was dem Mann als eine Entscheidung fürs Leben über den Tod hinaus erscheint, eine Entscheidung für den Tod im Leben, eine das Innerste angreifende Verstümmelung der Beziehung zwischen mir und dem anderen?

Und das Kind? Sie haben uns gelehrt, daß das Bild von Vater und Mutter entscheidend sei für die Konstruktion unserer ersten Identität. Was wird das aus dem Sperma eines unbekannten Genies, das aus dem Samen eines bekannten, aber gestorbenen Vaters hervorgegangene Kind von sich denken? Es wird eine kaum zu füllende Leere in sich tragen.

Kurzum, die Wissenschaft scheint uns heute Produkte zu liefern, welche die Angst vor dem Tod (jene unendlichen Agonien), Todesphantasien (diese verstümmelten Filiationen) und Todeswerkzeuge (Kriege) widerspiegeln. Als erginge sich der Genetiker, nachdem die Lebenden ausgebessert worden sind und die Kindersterblichkeit drastisch reduziert worden ist, nunmehr in zweifelhaften Labyrinthen, in denen mit den die Person strukturierenden Archetypen aufgeräumt wird. Und das gewiß nicht in einer Phase, in der die Gesellschaft ersatzweise Unterstützung anböte. Oder neigt die Gesellschaft, die angeblich an Sinn verloren hat, gerade deshalb dazu, ihre Zerstörungskraft bis in die Wurzeln des Unbewußten hinein zu versenken?

August 1984

132

Die Gefahren der Nicht-Leidenschaften

Rossandas Artikel »Aller Leidenschaften Ende« drängt mich dazu, einige Schlußfolgerungen zu ziehen. Ich bin eine »neue Feministin« und möchte der Rede von den »veränderten Gewohnheiten und Werten«, die dazu führten, daß Frauen immer mehr einer »totalen Autonomie« und einer von der emotionalen und/oder sexuellen Beziehung zu einem Mann unabhängigen Mutterschaft zuneigten, etwas hinzufügen. Diese Tatsache erscheine – weil eben keine Entscheidung fürs Leben, sondern für den Tod – als »äußerst gesteigerte Form der immer häufigeren Einsamkeit von Frauen«.

Wer das Phänomen, wie Rossanda, in gesellschaftlicher Hinsicht betrachtet – und das hat sie sehr gut analysiert –, weiß, daß die Revolution der Frauen gerade in ihrer Analyse der Gesellschaft und deren abwegiger Formen von unmenschlichen und gewaltsamen Macht- und Ausbeutungsverhältnissen bestand, deren Basis und Mittelpunkt die Fortpflanzung und die Sexualität sind.

Die Entscheidung der Frauen, und das war allerdings eine Entscheidung, bestand darin, die Mystifizierungen und Erpressungen aufzeigen zu wollen, die den gesellschaftlichen Verhältnissen zugrunde liegen und durch die der Mann diese bestimmt, kodifiziert, verwaltet und kontrolliert. Um den Fortbestand der Menschheit zu sichern, hat er sich die Menschheit selbst und die Frau angeeignet, die doch die entscheidende Vermittlerin dieses Fortbestands ist.

Frauen wollten sich selbst und den Männern Klarheit über folgendes verschaffen: Möchte ich eine Beziehung mit einem Mann haben, die folglich auch sexuell ist und mich daher emotional beansprucht, weil ich für den Fortbestand der Menschheit sorgen will, oder will ich für den Fortbestand der Menschheit sorgen, weil ich eine Beziehung mit einem Mann brauche? Und weiter: Muß ich mich notwendigerweise unterordnen, um ein Kind zu haben? Kann ich eine Beziehung auch ohne die Erpressung der Mutterschaft haben? Und in der Praxis sind sie sich bewußt geworden, daß die Fortpflanzung und eine sexuelle Beziehung zwischen freien und autonomen Personen die einzig wirkliche und richtige Lebensform ist. Es hat keinen Sinn, die beiden Dinge voneinander zu trennen, nur weil wir Frauen sind, die »das Kind austragen«. Außerdem haben Frauen entdeckt, daß die Beziehung zum Sohn oder zur Tochter auch vollständig und schön sein kann, wenn sie von der zum Vater unabhängig ist.

Doch mußten sie feststellen, daß das für den Mann nicht gilt, der nur deshalb Fortpflanzung und sexuelle Beziehung in eins setzt, um beides seinen narzißtischen Ansprüchen zu unterwerfen. Seine Krise rührt daher, daß er durch die Selbstklärung der Frauen mit der Tatsache konfrontiert worden ist, »*trotz aller Männlichkeitsmythen hinsichtlich des archetypischen Aktes der Reproduktion der Menschheit der Schwächere zu sein*«*.*

Einsamkeit und totale Autonomie sind also keine Entscheidung *der Frauen, sondern die schmerzliche Notwendigkeit für viele von ihnen, die die traditionelle Situation nicht mehr akzeptieren wollten und konnten und erlebt haben, wie das Bedürfnis (von dem sie dachten, daß auch Männer es verspürten) und die Versuche zurückgewiesen wurden, andere, von Konditionierungen und Doppeldeutigkeiten freie Beziehungen eines wahreren Lebens und einer wahreren Identität zu schaffen.*

»*Die vollkommene Absage an die emotionale Dimension, die solipsistische Geste*«*, kommt von seiten der Männer. Sie ist die Folge einer männlichen, gesellschaftlich reaktionären Antwort, die eben zum Tod und zur Entstellung der eigenen Person und Bedürfnisse führt. Und die Männer haben so geantwortet, weil sie Angst hatten, die Kontrolle zu verlieren, eine neue Daseinsweise zu wagen, eine jahrtausendealte von ihnen hervorgebrachte und von den Frauen erschütterte Kultur demütig in Frage zu stellen. Daß all dies zu einem Wertewandel geführt hat, freut uns: Es ist das Symptom einer Revolution, die sehr viel mehr und Tiefreichenderes in Bewegung gesetzt hat, als zugegeben wird und als es oberflächlich betrachtet scheint. Wenigstens jetzt ist klar, daß die Männer immer allein gewesen sind, daß ihre Beziehungen immer Selbstbefriedigungen und arm an wirklichem Leben waren. Welche Konsequenzen das haben wird ... wird sehen, wer am Leben bleibt (wenn der Nuklearkrieg es zuläßt).*

Marisa Coppola – Neapel

Alle diskutieren über die künstliche Befruchtung. Und viele haben mich wissen lassen, daß sie mit meinen Betrachtungen nicht einverstanden sind; geschrieben aber hat es bisher nur Marisa, eine Freundin. Nur Mut, die Herren.

Marisa sagt also, »die Fortpflanzung und die Sexualität sind Basis und Mittelpunkt der abwegigen Formen der gewaltsamen Macht- und Ausbeutungsverhältnisse«. Das glaube ich nicht. Sie sind ein

Aspekt der genannten Formen, und zwar ein besonderer, der durch einen großen Unterschied sowohl auf seiten derer, die Macht ausüben, als auch auf seiten derer, der sie erleiden, gekennzeichnet ist. (Und wer sie ausübt, ist nicht immer der Mann: Die Geschlechterbeziehung ist ihrer innersten Erfahrung nach ein Aufeinanderprallen von Machtformen. Nur gesellschaftlich ist die Macht eindeutig.)

Im übrigen wäre die Menschheit, wenn die Dinge stünden, wie Marisa schreibt, ein bloßes Produkt von Gewalt, die Fortpflanzung reine Gewalt, die Sexualität reine Gewalt. Das ist nicht die Analyse des Feminismus, oder wenigstens nicht des ganzen Feminismus, und ganz sicher nicht meine. Ich glaube, daß Frauen heute daran interessiert sind, zu verstehen, *warum* Fortpflanzung und Sexualität historisch *auch* Macht-, Herrschafts- und Unterwerfungsverhältnisse gewesen sind. Und warum Frauen sich bis zu einem gewissen Punkt über so lange Zeit hinweg in der Rolle, die ihnen übertragen oder auferlegt worden war, wiedererkannt haben. Warum sie sich heute nicht mehr darin wiedererkennen. Welche Veränderungen sich daraus für sie selbst und für Männer ergeben. Warum wir uns heute eine komplexere Sexualität vorstellen und auf welche Weise wir sie befreit sehen wollen. Das sind die Fragen.

Umgekehrt verstehe ich nicht, wie man sich außerhalb der Zweigeschlechtlichkeit der Geschichte und der Gegenwart wahrnehmen kann, ohne sich verstümmelt zu fühlen. Paradoxerweise ist die einzige Erfahrung, bei der ein Mann oder eine Frau vom anderen Geschlecht absehen kann, der Sex. Aber rein als sexuelle Beziehung, als Freude am eigenen Körper und dem der oder des anderen, als ein Grund für Affektivität verstanden – nicht der gesamten Affektivität, wenn es denn stimmt, daß sie auch andere Beziehungen betrifft. Und wenn es stimmt, daß Sexualität – und das haben Feministinnen gelehrt und daher ihr intensives und polemisches Verhältnis zu den Vätern der Psychoanalyse – eine »Form« ist, welche die Gesamtheit der Kultur und der zwischenmenschlichen Beziehungen angeht. Und nicht nur sie.

Außerdem ist dieses Bild eines für Übergriffe und Gewalt geborenen und strukturierten Mannes, der mit Beharrlichkeit einen Plan der Unterdrückung und Kontrolle verfolgt, nicht dienlich, um die wirklichen Formen, in denen Unterdrückung und Kontrolle stattgefunden haben, zu verstehen. Ganz sicher nicht, um »den Fortbestand der Menschheit zu sichern«, wie Marisa schreibt; der hätte auch vom Matriarchat bestens gesichert werden können. Warum nicht?

Auch die Frage »Will ich eine Beziehung mit einem Mann, um für den Fortbestand der Menschheit zu sorgen, oder will ich für den Fortbestand der Menschheit sorgen, um eine Beziehung mit einem Mann zu haben« (mit anderen Worten, ich brauche einen Mann, um Mutter zu werden, ich muß Mutter werden, um einen Mann zu haben) scheint mir nicht die Frage zu sein, die wir uns stellen, besonders heute nicht. Darauf lassen sich die Impulse, die Bedürfnisse, das enge, dichte Geflecht einer Beziehung zu zweit nicht reduzieren. Dazwischen steht das, was wir »Liebe« nennen und was ein tiefer Antrieb des begehrenden Ich ist, keine reine Phantasie, die »Er« sich ausgedacht hat, um »Sie« zur Sklavin zu machen. Schließlich ist es auch ihm passiert, sich zu verlieben, und zuweilen hat er über das Problem der anderen und seiner selbst mit der anderen und umgekehrt scharfsinnige Dinge geschrieben, die uns sehr wohl geholfen haben, uns zu verstehen, wenn auch mit unserer eigenen Akzentsetzung, einem eigenen »mehr«, einem anderen Blickwinkel. Mich hat immer die etwas naive Überzeugung einiger Freundinnen bestürzt, die Identität bestünde »an sich« und »von selbst« und sei nicht vielmehr in der Beziehung mit *dem Anderen* konstruiert und sedimentiert – dem Anderen als Person, als Welt, als Erinnerung, als Hoffnung: all dem, dem jede und jeder von uns im Leben begegnet, was wir mit unterschiedlicher Spannung und Beteiligung, mit unterschiedlichen Bedürfnissen ergreifen und womit wir uns auseinandersetzen. Das zu brauchen, ist keine »Unterwerfung«; es bedeutet, sich innerhalb eines Realitätsprinzips zu entwerfen und zu vervielfältigen, bedeutet eben die Absage an den Solipsismus. In dieser Hinsicht sind im übrigen die homo- oder heterosexuelle Beziehung ein und dasselbe: Immer ist der Mensch, den du wählst, von dir *unterschieden* (und nicht von ungefähr entsteht daraus immer eine komplizierte und zumeist ungleiche Dialektik).

Wenn man dies vernachlässigt, so kann man, glaube ich, die weibliche Unterdrückung auch nicht in ihrer Besonderheit erfassen. Und gewiß bleibt dann nur das Retortenbaby – nicht als Hilfestellung für das unfruchtbare Paar, sondern als überhebliche Bestätigung beider Geschlechter: Ich genüge mir allein (plus der Technik). Schade, daß ich mich nicht allein befruchten kann. Ist das keine gespenstische Vision? Ein kluger Freund aus Frankreich schrieb 1984, daß Aldous Huxley sich im Grunde mehr im Alltagsverstand verwirklicht hatte als Orwell. Stark, frei, schön, weil gefühllos und unbeteiligt, nicht im Dialog/Kampf, nicht zwischen uns und das Andere projiziert, sondern gegen das Andere gepanzert. Und wäre es wenigstens ein

Panzer, um einen Befreiungskrieg zu führen! Nein, er dient, um die
einsamen Straßen zweier einsamer Geschlechter zu versperren und
so dem unangenehmen chemischen Zwischenfall zu begegnen, der
vor einigen zehntausend Jahren das Leben auf unserem Planeten in
zweigeschlechtlichen Formen entstehen ließ, als es sich höher-
entwickelten Strukturen anzunähern begann. (Die Meduse kommt,
glaube ich, allein zurecht, doch möchte ich es nicht beschwören.
Möge die Biologie das richtige Beispiel vorschlagen.)

Liebe Marisa, so geht es wirklich nicht. Die Frauen, denen es ge-
lungen ist, sich außerhalb des auferlegten Schemas zu sehen, dürfen
sich jetzt kein armseliges Schema auferlegen, durch das sie den
Mann wahrnehmen. Ist es möglich, daß man nicht versteht, daß
dieser Bruch mit den »historischen« Rollen die wahre Kraft des
Feminismus ist? Daß der Mann sich durch uns bereits selbst zum
Problem geworden ist und sich von der Männlichkeit wie von einem
Käfig erdrückt fühlt?

Gewiß nicht alle Männer. Aber auch die Frauen haben sich nicht
alle »befreit«, auch nicht innerlich. Es ist möglich, daß sie es nicht
tun können, ohne sich ein verkümmertes, leicht karikaturistisches
Bild vom »Feind« zu geben. Aber laufen sie so nicht vor allem
Gefahr zu glauben, sie seien endlich losgelassen und befänden sich
im Krieg, während sie einem subtileren Zwang zu jener einsamen
Identität und Unkommunizierbarkeit des Inneren erliegen, die ihnen
auferlegt waren?

Kurz, um noch einmal auf Vita Sackville-West zurückzugreifen –
die ihren Titel *All passion spent* übrigens von einem Milton-Vers
nahm –, das Auslöschen jeder Leidenschaft bedeutet das Auslöschen des Lebens. Die Leidenschaften dürfen nicht ausgelöscht, sie
müssen angenommen und durchlebt werden. Nicht indem wir einfach dulden, sondern indem wir den anderen ins Gesicht und ins
Herz blicken, unsere und ihre Unfreiheiten aufdecken, uns selbst
und sie neu denken und uns durchaus auch ein paar blaue Flecken
zuziehen. Der Rückzug auf sich selbst ist eine armselige Sache.

August 1984

Die Todsünden

Ich schicke voraus, daß ich immer vermutet habe, daß die sieben Todsünden von den Mächtigen und Reichen für die Nichtmächtigen und Armen definiert worden sind. Tatsächlich sind es sehr seltsame Sünden: Der Hochmut etwa ist den Untertaninnen und Untertanen oder Gefolgsleuten, von den Leibeigenen ganz zu schweigen, untersagt, dagegen ist er eine geradezu obligatorische Tugend des Fürsten. Dasselbe gilt für den Zorn. Er wird sogar als gerecht angesehen, wenn er sich der Grundlagen seines Gesetzes sicher ist: Auch Jesus vertrieb die Händler erzürnt aus dem Tempel. Was den Neid und die Unmäßigkeit angeht – sind sie etwa nicht wesentlich Sünden der Armen und Hungernden, und wurden diese nicht von denen, welche die Mittel und reich gedeckte Tische hatten, im Namen der Tugendhaftigkeit ermahnt, nicht die gleichen Güter und Gerichte zu begehren? Die Trägheit ist, wie wir wohl wissen, nur für Arbeiterinnen und Arbeiter eine Sünde; ist irgendein steinreicher Mann träge, macht ihn das sogar sympathisch; er ist einer, der sich nicht aufregt, der uns nicht auf die Nerven geht. Was die Unkeuschheit angeht, gibt es nichts zu lachen. Sie ist immer nur für den eine Sünde gewesen, der die Frau des »Höherstehenden« begehrte. Das *ius primae noctis* war Unkeuschheit in Reinform, da der Herr die Schöne nicht einmal kannte, und dauerte lange Zeit fort unter allgemeinem Schmunzeln – außer bei dem armen Bräutigam und vermutlich dem Mädchen (aber das sagt die Geschichte nicht, im Gegenteil, der männliche Alltagsverstand meint, daß *für sie* die Liebesnacht mit einem Herrn ...). Wer denkt nach dem Ende des Feudalismus noch, daß Unkeuschheit eine Sünde sei, außer für diejenigen, die kaum Macht besitzen, das heißt für die Frauen? Doch wäre das ein anderes Thema, wo von den sieben Todsünden sechs für den Mann und eine mehr für die Frau veranschlagt würden. Bleibt der Geiz, mit dem ich mich beschäftigen werde.

Er ist eine merkwürdige Sünde, die zweideutigste und modernste. Auch er ist eine Sünde der Armen, aber einer besonderen, inneren Armut. Vor Doktor Freud haben große Dramatiker sich mit ihr beschäftigt. Der *Geizige* von Molière ist *auch*, aber nicht nur eine komische Gestalt, und dem Geiz des Wucherers, der ein besonderer, mehr der Habgier ähnlicher Geiz ist, wurde von Shakespeare in Shylock Gestalt verliehen, denn im Geld – vielmehr im Äquivalent für ein Pfund Fleisch, was bezeichnend ist – findet er einen verzweifelten Ersatz für seine Identität eines »Anderen«, eines Juden.

Für die Geizigen ist Geld kein Mittel, um etwas zu erwerben, keine Münze zum Ausgeben; es ist Gold, das gehortet werden muß, fast als verlöre man, würde man es irgendwann ausgeben oder verlieren, sich selbst. So sind die Geizigen offenbar arm, arm an sich selbst; heute würden wir sagen neurotisch, besorgniserregende Personen, die Mitleid verdienen. Jeder andere Antrieb wird für sie zweitrangig, denn das Selbstgefühl verlangt, wenn es in Gefahr, wenn es schwach ist, verzweifelt den Vorrang. Man kann ihnen keinen Vorwurf daraus machen, wenn sie sich gegen all ihre Unsicherheit eine Versicherung durch Geld verschaffen. Der Geiz ist eine Sünde gegen Gott; es ist, als sagte man ihm, du hast mir mich selbst in keiner anderen Form gegeben.

Es ist eine Sünde unserer Zeit, einer Zeit der schwachen und unsicheren Identitäten. Ich kenne nicht viele Hochmütige, ein paar Arrogante (was eine etwas groteske Unterart ist); der Neid ist, scheint mir, ziemlich rar; der Zorn ist ein nervöser Ausbruch, dessen man sich sehr schnell schämt, und alle sehen dich eher besorgt als furchtsam an; die Unkeuschen sind, auch dank des Feminismus, voll blauer Flecken, da sie ihre laut verkündeten Gelüste sehr teuer bezahlen; die Trägen sind selbst in der UdSSR wieder aufgewertet worden (*Einige Tage im Leben von Oblomov*). Und wer kann im übrigen noch träge sein bei all dieser Sucht nach Geld und Position? und so weiter.

Nicht so dagegen die Geizigen. Sie sind eine Menge, eine Masse, ein Heer. Der Geiz ist ein Kennzeichen dieser Jahre, das Nebenprodukt der geschwundenen Gewißheiten, des Rückzugs und der Ernüchterungen. Gewißheit, ich habe dich verloren? Dann gebt mir sofort einen Status und Geld, über die wenigstens bestimme ich selbst. Ich halte sie fest, sie gehören mir, sie sind Ich, ein Ich, das die Krise der Revolution, der Realsozialismen, des Marxismus, der Demokratie, des Glaubens und der Paarbeziehung nicht zermürben kann. Der Goldbarren in der Schweizer Bank ist da, um mir zu versichern, daß ich existiere.

Es folgt daraus, daß man mit sich selbst geizt, denn wer sich »wenig« oder schwach oder unsicher fühlt, hat Angst zu geben; es ist dann immer, als würde man sich verschenken oder verschwenden. Wer gibt, wird gefürchtet (bestimmt will sie/er etwas, besser ich meide sie/ihn, wer weiß, was sie/er im Tausch dafür will?), man weist sie/ihn zurück, weil man jedes Ansinnen zurückweist (ich bin arm) und in jedem Angebot ein Ansinnen vermutet (sicher ist sie/er auch arm und tut nur so, als sei dem nicht so, um mich um das bißchen zu bringen, was ich habe).

Und es folgt daraus, daß man mit den Ideen geizt, die waghalsig und riskant sein müssen, wenn sie sich entsprechend ihrer Natur in Grenzgebiete vorwagen: Wenn sie dann aber in den Abgrund eines Fehlers stürzen und du (Arme/Armer) mit kaputten Knochen daraus hervorgehst? Lieber auf Nummer Sicher gehen, sich auf die milde Wärme der alten Werte zurückziehen, die dir doch wenigstens Sicherheit gaben, wenn sie denn auch nicht unbedingt Werte waren. Wer lächelt nicht über das Sprichwort »Besser einen Tag als Held gelebt...«. Nichts ist heutzutage unbeliebter und grotesker als der Held, und alles, was nicht strikt der eigenen Person dient, der eigenen, mühsam zusammengetragenen Barschaft an Leben und Identität, erscheint heldenhaft. Es folgt daraus, daß man mit Gefühlen geizt und sie auf grausame Weise aufrechnet: Es ist unbedingt nötig, miteinander quitt und möglichst im Vorteil zu sein. Hier gehen, wie immer bei diesem Thema, Männer und Frauen auseinander. Erstere sind immer tendenziell geizig gewesen in dem Sinne, daß ein gut Teil ihrer Gefühle oder Leidenschaften, derjenige, den wir allgemein als den der politischen, wirtschaftlichen oder geistlichen »Macht« bezeichnen können, »außerhalb« der Sphäre angesiedelt wurde, die als Sphäre der Gefühle anerkannt war. Das Gefühl für *die Anderen* – für Frau, Kind, Vater, Mutter, Mann – war nicht das einzige und kein vorherrschendes. Und war es das doch, dann Hals über Kopf – kaum war die Psychoanalyse entdeckt – aufs Sofa, mit dem Analytiker im Rücken. Oder es handelte sich, da Männer immer alles in großem Stil machen, um höchst identitätsstiftende Gefühle, um Kennzeichen, Wappen des eigenen Lebens: Gefühle, durch die man den Verstand verliert wie Orlando, gefährliche Wetten mit sich selbst eingeht wie Swann oder das eigene Schicksal erkennt, wie es dem unglücklichen Don José mit der fatalen Carmen erging. Die anderen spielen keine große Rolle bei dieser Art von Gefühlen; diese treten an die Stelle der eigenen Person, sind das eigene Wahrzeichen, dem man Leben und Tod weiht.

Aber mit dem Gefühl, das besagt, »die anderen kommen zuerst, sie sind es, die zählen«, geizen wir, eben weil wir arm und unsicher sind. Nicht zufällig sind die religiösen Seelen, die nie allein sind oder deren abgrundtiefe Einsamkeit in der Tiefe Gottes festen Grund berührt, zu diesem Gefühl fähig. Sie verstehen es, andere zu lieben. Diejenigen, denen dieser Hohe Zeuge der eigenen Existenz indessen fehlt, die andere, historische Garanten – Ideen, Perspektiven und Ideologien – haben untergehen sehen, wie sollten die nicht mit sich geizen und die anderen fürchten, weil sie sich elend und verletzt fühlen? Und geizig häufen sie das Wenige an, das sie bewahrt zu haben glauben, verteidigen sich, schenken sich nicht. Sie denken, sie hätten nichts zu geben.

Daraus folgt schließlich der verbreitetste Geiz unserer Tage, das Geizen mit Hoffnung. Man ist geizig, weil man nicht hofft. Hoffnungen setzt man auf etwas, was es noch nicht gibt und worin man – Gott bewahre! – womöglich investieren muß, während die meisten krampfhaft die kleinen sicheren, bereits bestehenden Dinge anzuhäufen suchen, das Heute oder ein sehr konkret faßbares Morgen ohne jegliches Risiko. Und dann ist Hoffnung selten individuell. In diesem Fall ist es die Pascalsche Wette auf Biegen oder Brechen, um so schlimmer für meine wenigen Reichtümer; aber die AnhängerInnen Pascals sind rar gesät. Ist sie dagegen kollektiv, so muß man sich ein wenig aufteilen, etwas von sich abtreten, in einer Gemeinschaft leben (wie schrecklich), um der labilen Bestätigung von anderen willen auf die ein oder andere eigene labile Bestätigung verzichten. Kurzum – »Der Spatz in der Hand ist besser als die Taube auf dem Dach« ist ein Sprichwort, das ein Geiziger erfunden hat und das auf den Nationalflaggen geschrieben stehen könnte.

Es mag an der allgemeinen Krise liegen, jedenfalls steht fest, daß sie den Herrn und die, die es nicht sind, dazu gebracht hat, sich ängstlich an den Geiz zu klammern. Nur die Ärmsten, die wirklich Armen sind frei davon; sie haben keinerlei Schätze zur Seite zu schaffen, weder aus Gold noch aus Ideen, und auch kein Selbst, das nicht wie ein Strohhalm den Sturzwellen der Mächtigen ausgeliefert wäre. Für sie wird nur das Himmelreich da sein, das irdische gehört den Geizigen, die allerdings nie verstehen werden, glücklich Gebrauch davon zu machen, sondern nur, um sich selbst und den Nächsten zu quälen.

Modern, krisenstiftend und traurig, ist dieser Geiz eine Sache unserer Tage. Wer ihn erfunden hat, vermochte weit vorauszuschauen.

Übrigens, warum sind eigentlich die sieben Todsünden nicht das Gegenteil der sieben Haupttugenden? Sehen wir uns an, was dabei herauskäme: Die theologischen Tugenden sind Glaube, Hoffnung und Liebe; die Gegenteile wären Skepsis, Verzweiflung und Egoismus. Die vier Kardinaltugenden sind Tapferkeit, Gerechtigkeit, Weisheit und Besonnenheit, und die Gegenteile wären Feigheit, Ungerechtigkeit, Dummheit und Unbesonnenheit. Das sind immer noch sieben, und sie erscheinen mir überzeugender. Mehr als vor Zornigen, Hochmütigen, Unkeuschen, Geizigen, Neidischen, Unmäßigen usw. muß man sich vor SkeptikerInnen, Verzweifelten, EgoistInnen, Feiglingen, Ungerechten, Dummen und Unbesonnenen in acht nehmen. Wer weiß, warum jene und nicht diese die sieben Todsünden sind.

Dezember 1984

142

Eine politische Lehrzeit

Am 25. April 1945 war ich zwanzig und befand mich nicht in Mailand, was gut hätte sein können, sondern stand in einem kleinen Dorf der Comer Gegend am Fenster. Das Dorf öffnete sich auf ein am Ende von Camerlata abgeschlossenes Tal hin; Como und der See lagen versteckt, waren nur zu ahnen. Von diesem Fenster aus sah ich die Leute munter zwischen den Häusern und Höfen oder den kleinen Villen auf den Hügeln umherlaufen; es herrschte Festtagsstimmung, überall Stimmengewirr, überall rote Tücher, die in dieser Gegend eine Zeitlang das Äquivalent der Nationalflagge waren (ich wüßte nicht zu sagen warum, doch operierten in der Comer Gegend auch die katholischen Brigaden, und ein ganzer Teil des Sees wurde von den liberalen Partisanen unter Bellini delle Stelle kontrolliert). Jedenfalls waren die Tücher, die die Leute um den Hals trugen, rot, und ich betrachtete sie freudlos und dachte an die Momente, in denen ich unbedingt an einige dieser Türen hätte klopfen und für ein paar Stunden Waffen, Arzneimittel, Flugblätter oder Dokumente hätte hinterlegen müssen, und es nicht hatte tun können, weil ich die Bemerkungen, Anfeindungen und Ängste dieser jetzt feiernden Leute kannte. Eines Abends war das Gerücht umgegangen, PartisanInnen hätten den Tunnel vermint, über dem die Arbeiterwohnhäuser lagen, die der Krieg in Unterkünfte für Evakuierte verwandelt hatte. Wir alle hatten die Häuser verlassen, wenige Habseligkeiten bei uns, und hatten die Nacht in der Kälte verbracht, in der Erwartung, daß das Haus in die Luft gehen würde. Ich hatte guten Grund zur Annahme, daß das Gerücht falsch war – konnte es aber nicht sicher sagen –, und spürte den furchtsamen und feindseligen Blick von einigen, die mich in Verdacht hatten, an jenem bestimmten Etwas beteiligt zu sein, über das nicht gesprochen wurde.

Jetzt waren sie alle glücklich, daß der Faschismus gestürzt war, und ich sagte mir, daß sie weiterhin nichts getan, abgewartet hätten, wenn er nicht gestürzt worden wäre. Vor meinen Augen erstanden die Bilder der getöteten Genossinnen und Genossen, die ich oft nur als auf einen Haufen geworfene oder erhängte Körper gesehen hatte, so anders als im privaten Tod, dem feierliche, heitere Gesten der Ruhe gegeben werden. Man durfte sich ihnen nicht nähern, wie sie da gleich Lumpen auf dem Bürgersteig oder auf der Erde lagen, womöglich über anderen Lumpen, oder wie sie da hingen, gleich Bündeln, mit einem Schild auf der Brust, Striemen am Hals, den

Kopf auf dem gebrochenen Genick verdreht, mit jenem seltsamen Lächeln, das der Tod auf die Lippen malt. Diese Bilder an bleiernen Tagen in Mailand, auf den Fotos einer obszön befriedigten Presse oder in den Erzählungen meiner Mutter, die erleichtert war, daß das Gesicht des erschossenen Onkels verschont geblieben war (von so wenig ließen wir uns trösten), haben mich für immer geprägt, und an jenem Tag machten sie mir das Feiern der mürrischen, opportunistischen Durchschnittsmenschen zur Qual. Ich war ungerecht und dumm, denn jene Toten hatten dafür gekämpft, daß niemand eine Heldin oder ein Held sein mußte, um anständig zu leben.

Diese Erinnerung, lebendig wie die kalten Farben eines Apriltags im Norden, und die unmittelbar darauf folgende Erinnerung an Neri und Gianna, die von ihren und meinen Genossinnen und Genossen wegen einer undurchsichtigen Geschichte umgebracht worden waren – einer Geschichte, aus der ich mich herauszuhalten habe, wie man mir warnend zu verstehen gab –, haben dazu geführt, daß ich niemals sagen konnte: »Die Resistenz, das waren noch Zeiten!« Es waren furchtbare Zeiten, die mich und andere zu einer unbarmherzigen Sicht der Notwendigkeiten und der Wahl erzogen haben, die mich auf immer von den Theorien der Lust trennen werden, etwa so, wie Erwachsene von einem Kind getrennt sind, dem sie nicht gerne sagen, was sie wissen, und für das sie im Stillen hoffen, dieses Wissen möge ihm immer erspart bleiben.

In Wahrheit hatte dieser Krieg uns umgestülpt wie einen Handschuh, und bald sollte er uns, was wir damals nicht wußten, in die Isolation treiben. Ich meine den Zweiten Weltkrieg, wie ihn der Norden erlebt hatte, der sich vom Krieg in Süditalien so sehr unterschied, wie zwei gewaltsame und bis in die letzten Monate hinein von sehr ungewissen Hoffnungen geprägte Jahre nur anders sein und dich zu einer anderen machen können. Heute scheint der Sieg der Alliierten über den Nazismus außerhalb jeder Diskussion zu stehen, und vielleicht mögen andere Länder es so erlebt haben – eine bescheidene Widerstandskämpferin wie ich aber ganz sicher nicht. Der Krieg hatte für uns relativ spät begonnen; Griechenland war weder der erwartete rasche Durchzug gewesen noch eine befreiende Niederlage, und als die Russen die Wehrmacht bei Stalingrad stoppten, fanden wir uns immer expliziter als von der Wehrmacht besetztes Land wieder. Und so sollte es fast zwei lange Jahre bleiben, in denen die Alliierten es für richtig befanden, die Partisaninnen und Partisanen nach Hause zu schicken – als wäre das möglich gewesen – und die Abwürfe für die Brigaden in den Bergen einzustellen. Für

die, die im Norden lebten, waren selbst die Zeichen der Niederlage
gefährlich, die sich nach Weihnachten 1944 unter den über Italien
verteilten deutschen Truppen bemerkbar machten; einige schienen
den Griff zu lockern, andere wie wilde Tiere loszubrechen, und so
auch die in Brunate eingesetzten Faschisten der Decima MAS.[1]

Erst am 25. April 1945 hatten wir es wirklich hinter uns, nicht
ohne einen Strom von Raserei und Blut zurückzulassen. Das befreite
Italien und seine Städte öffneten sich wie ungepflügte Erde, voller
Samen, aber auch voller Löcher, Steine und alter giftiger Wurzeln.
Über diese Zeiten läßt sich jedoch sagen, daß sie schön waren; hart,
wie die noch eisigen Winter, und doch voller Erfindungsgeist, wobei
die Erfindung der Freiheit und des Wiederaufbaus zwar kompliziert,
aber etwas ganz und gar anderes war als jene lange, ungewisse Herausforderung durch Ruin und Tod. Unsere Zeiten waren andere
gewesen als die Mittel- und Süditaliens, und wir waren anders. Enzo
Forcella hat daran erinnert, daß der Süden Politik machte – auch im
unangenehmen Sinn des Wortes –, während bei uns die Befreiungs-
komitees oder die befreiten Republiken jene Gemeinschaft erprob-
ten, die Kampf und Gefahr geläutert haben, egal, wer die Akteurin-
nen und Akteure sind. Es läßt sich hinzufügen, daß die antifaschistische Einheit im Norden eine »sozialrevolutionäre« Radikalität kenn-
zeichnete, die nicht nur der kommunistischen, sondern auch der
sozialliberalen oder katholischen Resistenza eigen war. Niemand
nährte die Illusion, daß mit der Befreiung vom Faschismus auch all
das beseitigt worden sei, was bisher die Sichtbarwerdung eines politischen Aufeinanderprallens von Klassen, Interessen und unterschiedlichen Sichtweisen der Demokratie, des Staates oder der
internationalen Bündnisse verhindert hatte. Deshalb wurden im Juli
1945 nur wenige Waffen abgegeben, und viele kommunistische,
monarchistische und katholische Brigaden blieben insgeheim für
mindestens weitere drei oder vier Jahre intakt.

Doch ist dies das Thema einer anderen Geschichte, der
Geschichte, die danach kam. Die Geschichte der beiden Kriege, des
Krieges im Süden und des Krieges im Norden, ist die zweier Italien,
die unterschiedliche Zeiten in unterschiedlichem Rhythmus und
innerhalb unterschiedlicher Horizonte durchlebten und in denen die

---

1 Ursprünglich »Zehnte Torpedoboot-Flotille«: eine für Italiens unkonventionelle Seestreitkräfte
  verantwortliche Einheit, der auch Bodentruppen zugeordnet waren. Diese wurden als Elite-
  truppen Mussolinis seit 1943 für brutale Verfolgungsaktionen gegen Partisaninnen und Partisanen eingesetzt. (Anm. d. Übers.)

Lehrzeiten sich voneinander unterschieden. Gewiß hatten sich viele von uns im Laufe von drei Jahren von Grund auf verändert, und das dachte ich auch von mir, an jenem Morgen des 25. April, vor mir das treulose, festlich gestimmte Tal.

Im Jahre 1939 war der Beginn des Weltkriegs ein fernes Ereignis gewesen, etwas Äußeres, vor dem man sich schützen mußte wie vor allem anderen. Meine Familie und mein armes, intellektuelles Umfeld hatten es für angebracht gehalten, sich in die Religion der Kultur, in den Rückzug aufs Persönliche zu flüchten. In unserer Jugend hatten wir uns entschieden den Ereignissen entzogen, die wir zwar als schrecklich empfanden, die aber die Ohnmacht und eine unbemerkte Komplizenschaft mit dem Nicht-Informiertsein teils im Bewußtsein verblassen, teils unausweichlich erscheinen ließ. In den stillen Sälen der Querini-Stampalia-Bibliothek in Venedig oder bei den Konzerten in Ca' Foscari oder, mit siebzehn, im Institut für Paläographie und Kunstgeschichte der Universität Mailand lernte ich wunderbare Dinge: das sollten die meinigen sein, mit ihnen hätte ich jenen blutigen, aber weit entfernten Wahnsinn durchquert. So waren wir; viele kleine, antifaschistische Italienerinnen und Italiener hielten es so, auf Grund der Ablehnung der Politik und auf Grund eines Individualismus, der den Groll kompensierte durch den Stolz, anders zu sein als die anderen.

Und eben in meinem geliebten kunstgeschichtlichen Institut hielt ich mich auf, als die ersten Splitterbomben der RAF (eine Abkürzung, die lange bevor sie für Rote Armee Fraktion stand, Royal Air Force bedeutete) auf die Universität niedergingen, die sich damals noch in Corso di Porta Romana befand. Verblüfft sah ich, wie die großen Bücher mit den Kunstabhandlungen, die in ihren Pergamenteinbänden unbeschädigt schienen, sich zwischen meinen Fingern auflösten, kaum daß ich sie berührte, als hätten die Luftmassen sie von Papier in ein Staubgespenst verwandelt. Einige Tage später sollte ich vom Fenster aus sehen – wo ich, überzeugt von meiner Unverletzlichkeit, stand –, wie die Bomben über meinem Haus zersplitterten, was mich plötzlich zur gegenteiligen Überzeugung brachte, daß es nämlich reiner Zufall war, am Leben zu sein. Und im Verlauf der ersten Monate des Jahres 1943 zerbröckelte die arrogante alltägliche Geste, die Bücher in der einsamen, nach Wachs riechenden Sala del tesoro im Hof der Rocchetta aufzuschlagen, aus der mich auch der Fliegeralarm nicht vertrieb, und sie zerfiel schließlich in der Unmöglichkeit, so zu leben, als sei der Krieg ein Problem anderer.

Im Sommer 1943 war es mit jeder privaten *splendid isolation*, mit jedem möglichen Alibi vorbei. Das Schauspiel der Badoglio-Demokratie, deren Schande selten beschrieben worden ist, hatte mich und andere dazu gebracht, die politischen Kräfte zu hinterfragen, die wieder an die Oberfläche gelangten, nachdem wir uns stillschweigend von der Rückzugshaltung unserer Eltern abgewandt hatten. Dieses Hinterfragen geschah mit einer doppelten Bewußtseinshaltung, die hoffentlich nicht zu viel Entsetzen hervorruft: einem frostigen Mißtrauen gegen die Erwachsenen, deren Schweigen uns jenem Nicht-Verstehen und Wählenmüssen ausgesetzt hatte, und – ich glaube, die einzige und unbewußte Introjektion des Faschismus – dem Mißtrauen gegenüber den Formen und vielen Persönlichkeiten der Demokratie der Belle Époque. Deshalb wurde die jammervolle Rückkehr derer, die sich versteckt hatten, von uns engherzig beurteilt; jegliche »Restauration« schien uns sinnlos, und zu viele Programme klangen für uns zugleich alt und deklamatorisch.

Warum eine wie ich von Simmel, Cassirer, Panofsky oder Riegl gleich zu Lenin sprang, ist rasch erzählt. Jene Stunden im Sforza-Kastell, in denen ich mir eine Art Warburg aufgebaut hatte (nach Ende des Krieges hätte ich die faszinierende Bibliothek, die echte, gewiß besucht, doch statt dessen sind die Jahrzehnte vergangen, und ich habe nie einen Fuß hineingesetzt), habe ich Antonio Banfi zu verdanken, dessen Vorlesungen ein wunderbares Abenteuer waren, eine Art Schiffahrt inmitten von Sturzwellen, in die er uns – töricht und ungebildet wie wir waren – warf, damit wir ohne Rettungsring groß werden sollten. Und während ich fassungslos zwischen den Flugblättern von *Giustizia e Libertà* und denen der Liberalen umherirrte und vergeblich jene gedankliche Strenge suchte, die derjenigen der Texte, mit denen ich umzugehen gelernt hatte, ein wenig geähnelt hätte, fragte mich jemand: »Weißt du, daß Banfi Kommunist ist?« Kommunist? Ich wußte nichts von den Kommunistinnen und Kommunisten, sie waren mir aber eher unsympathisch, weil ein mir verhaßter Verwandter, ein Inbegriff jeder denkbaren Heuchelei der middle class, innerhalb der eigenen vier Wände lauttönend die Berichterstattung der italienischen Rundfunkanstalt EIAR über den Spanienkrieg anzweifelte und, wenn nicht für die Roten, so doch zumindest für die Seite der Roten hielt, deren Grausamkeiten uns tagtäglich vorgesetzt wurden; und es war seine Ungläubigkeit, die sie für mich glaubwürdig machte. War es möglich, daß mein Idol und Meister auf der Seite der bolschewistischen Hydra stand? Fest entschlossen ging ich Anfang Oktober in einer Pause zwischen den

Prüfungen in das verlassene Lehrerzimmer des früheren König-
lichen Mädchenkollegs – wohin sich, in unablässig von der Mensa
heraufziehendem Zwiebelgeruch, die ausgebombte philosophische
Fakultät geflüchtet hatte –, um mit ihm zu sprechen. Banfi stand
angelehnt an ein Etwas, das einst ein Heizkörper war, und hörte, wie
eine junge Gans ihn respektvoll fragt: »Stimmt es, daß Sie Kommunist sind?«

Die Aussage einer solchen Gans kann ihn kaum beunruhigt haben;
es konnte sich nicht einmal um eine Provokation handeln. Wie ich
denn darauf käme, fragte er mich höflich. An einem bestimmten
Punkt löste er sich, ohne ein Wort zu sagen, von diesen Rohren, ging
zum Tisch und schrieb mit seiner wunderschönen kleinen Schrift
einige Zeilen auf ein kleines Zettelchen der Universität, faltete es,
gab es mir und sagte: »Steck es ein, und sieh zu, daß du diese Bücher
liest«. Dann verabschiedete er mich. Ich ging hinaus, entfaltete den
Zettel und war einem Schlag so nahe, wie man ihm in jenem Alter
nur sein kann. Da stand geschrieben: »Harold Laski, *Democracy in
crisis* und *Liberty in the modern state*, Karl Marx, *Der Achtzehnte
Brumaire des Louis Napoleon* und *Der Bürgerkrieg in Frankreich*,
Lenin, *Staat und Revolution*, von S. das, was du findest.«

Er war Kommunist. Alles, was ich mir erträumt hatte (und was
sich in der weiblichen Paraphrase der Apollinaire-Verse: Ich wünsche
mir ins Haus hinein: / Eine Frau – rechtschaffen soll sie sein / Die
Katze rührt die Bücher an / Und Freunde gehn stets aus und ein ...[2]
zusammenfassen ließ), ging zum Teufel. Ich fuhr mit dem Zug der
Nordbahn nach Hause, mit der finsteren Entschlossenheit der
lebenslänglich Verurteilten, fand in der Stadtbibliothek von Como,
in einem Regal außerhalb der alphabetischen Ordnung, alles außer
S., von dem keine Spur zu finden war, und hatte bereits beschlossen,
den Stier bei den Hörnern zu packen und zuerst die bittere Medizin
zu schlucken: den fatalen Lenin.

Von Como aus fuhr eine klapprige Straßenbahn zu meinem Vor-
ort, und ich schwankte, an den Haltegriff geklammmert, vor drei
alten, erschöpften, von Mühsal und Wein wankenden Arbeitern hin
und her – konkreter Ausdruck dessen, was der Weg der Pflicht sein
mußte – mit dem sicheren Gefühl, Abschied nehmen zu müssen von
dem, was an Schönem in der Einsamkeit des Wissens, Verstehens,
Sehens und Fühlens dessen liegen konnte, was wenige für wenige

---

2 Vgl. »Die Katze«, in: *Bestiarium*, 25 Gedichte nach G. Apollinaires *Le Bestiaire en Cortège
d'Orphée* von Karl Krolow, Gießen 1959. (Anm. d. Übers.)

gemacht hatten. Denn in Wahrheit habe ich wohl niemals am privilegierten Charakter der Kultur, des Geschmacks und des heimlichen
Glücks, das sie geben konnten, gezweifelt. Und das kommunistische
Rußland erschien mir als die rachedurstige Negation all dessen. Die
wahre Antwort auf die Frage dieses Krieges schien darin zu bestehen, daß ich das wirklich unausweichliche, totale Elend, das sich
vor mir ausbreitete, annehmen mußte. Denn die andere Sache, die
ich wohl immer gewußt habe, ist, daß das Elend selten mit großem
Feingefühl einhergeht und es heuchlerisch wäre, das Gegenteil zu
behaupten.

Rückblickend verstehe ich nicht, woher all diese Verzweiflung
kam, gelang es doch meinem verehrten Meister, Kommunist zu sein
und in der höchsten Kultur des Jahrhunderts zu schwelgen. Ich erinnere mich an jene im wahrsten Sinne des Wortes fieberhaften
Stunden, denn ich kam mit rotem Gesicht zu Hause an und las die
ganze Nacht, mit einem brennenden Gefühl des Verlusts, *Staat und
Revolution* und fand darin eine begriffliche Klarheit, die unbestreitbar, doch nicht leicht zu ertragen war. Ich glaube, ich wurde in jener
Nacht zur Kommunistin, wie dem Populismus wenig zugeneigte
Intellektuelle ohne christliche Liebe für die Armen es werden. Der
kategorische Imperativ hing über mir wie der berühmte Sternenhimmel, und ich war zu dämonisch, um Reißaus zu nehmen.

Wie immer bei den wenigen einschneidenden Entscheidungen des
Lebens, war das Kommunistin-Sein komplizierter, reicher, lebendiger, in einigen Augenblicken der Begegnung mit den Genossinnen
und Genossen machte es sogar glücklicher, als ich es mir melodramatisch ausgemalt hatte. Wenn überhaupt, dann schützte mich im
Gegenteil die Tatsache, daß ich von weit her kam und mir kein Paradies versprach, vor nicht weniger melodramatischen Enttäuschungen und Krisen, die andere durchmachten und weiterhin durchmachen. Ohne den Krieg wäre ich vielleicht keine Kommunistin geworden, aber ich kann mir nicht vorstellen, was ich dann geworden
wäre. Wenn man das von einem so unmenschlichen Ereignis mit derart ungeheuerlichen Verlusten sagen kann, so war der Krieg eine
außergewöhnliche Schule; er warf uns in den Horizont der Welt, und
darin sollten wir bleiben. Im Norden stürzte er uns sogleich in die
Klassenkämpfe, und darin sollten wir bleiben. So war der Friede für
uns kein Friede, sondern das Ende einer grenzenlosen und unkontrollierbaren Zerstörung, war das Feld, das endlich wieder den
Kämpfen offenstand, die als einzige geführt zu werden verdienen.
Ich frage mich, ob der Unterschied zwischen denen, die wie ich den

Krieg des Nordens durchgemacht haben, und denen, die aus dem
Süden kamen oder später geboren wurden, uns nicht während der
folgenden vierzig Jahre, die wir parallel erlebt haben, grundsätzlich
trennte. Denn wir ersteren waren über den Krieg gegen die Deutschen und den Faschismus hinausgegangen, und dieses Darüber-
Hinaus hatten wir bereits am 25. April verloren. So haben Sieg und
Niederlage sich in uns verwoben zu einem Sinn für die Vieldeutigkeit der Zeiten und der Zeit, den wir den anderen vielleicht niemals
mitgeteilt haben.

Mai 1985

Für sich, für alle, für jemanden schreiben

»Was versucht man zu tun, wenn man einen Brief schreibt? Zum Teil gewiß, eine Spiegelung des anderen zu geben«, bemerkt Virginia Woolf 1929 in einem Brief an Gerald Brenan[1] und fügt hinzu: »Denn wenn ich an Lytton oder an Leonard schreibe[2], bin ich ganz anders, als wenn ich dir schreibe.« So ist *Eine Spiegelung des anderen* der Titel des vierten Bandes von Virginias Briefen, von 1929 bis 1931, herausgegeben von Nigel Nicolson und Joanne Trautmann (*A Reflection of The Other Person*, The Hogarth Press, London 1977).[3]

Virginia ist damals zwischen 47 und 50; eine Fotografie von Lenare zeigt sie sehr schön und ein wenig ironisch; sie steht in der Blüte des Lebens und hat den Erfolg kennengelernt. Entscheidende innere Ereignisse beschäftigen sie: der Abschluß ihres schwierigsten Roman, *Die Wellen*, und das Sich-Abfinden mit dem langwierigen Verlust von Vita Sackville-Wests Liebe.[4] Und während sie darunter leidet, macht sie die Entdeckung, Gegenstand der Liebe einer anderen zu sein – Ethel Smith[5], die sich grundlegender von Vita nicht unterscheiden könnte. In der ungeliebten, alten und exzentrischen Ethel sollte Virginia den Absolution erteilenden Spiegel finden, den »die oder der andere« dir manchmal bietet – eine Erfahrung, die sich nur wenige erlauben können und die in gewisser Weise grausam ist. Eine herausragende Persönlichkeit wie die kämpferische und unerschrockene Zweiundsiebzigjährige mußte ihr begegnen, damit Virginia eine ganz und gar mit sich, mit ihren Gedanken und Launen überschütten kann, ohne Rücksicht und unter gelegentlichem Verrat (»eine alte Irre hat sich in mich verliebt«).

---

1 Gerald Brenan, Schriftsteller und Kritiker. Virginia hat ihn 1922 getroffen, und er hat immer zu ihrem Umfeld gehört.

2 Lytton Strachey, einer »aus Bloomsbury«, unter anderem Verfasser von *Eminent Victorians*; Leonard Woolf, Virginias Mann.

3 Es gibt sechs Briefbände, alle herausgegeben von N. Nicholson und J. Trautmann und erschienen in London bei der Hogarth Press, einem vom Ehepaar Woolf gegründeten Verlag. Sie sind folgendermaßen unterteilt: 1888 (Virginia ist sechs Jahre alt) bis 1912, 1912 bis 1922, 1922 bis 1928, 1928 bis 1931, 1931 bis 1935 und 1935 bis 1941, als sie sich umbringt.

4 Victoria Sackville-West, Schriftstellerin, Frau des Diplomaten Harold Nicolson (1892-1962). Sie begegnet Virginia 1922.

5 Ethel Smith, Schriftstellerin, Musikerin und Komponistin, Feministin und glühende Frauenrechtlerin. 1930, mit 72 Jahren, lernt sie Virginia kennen.

Später wird der Briefwechsel das Einbrechen von Weltereignissen in einen privaten Garten spiegeln, der immer am Rande des Untergangs stand. Der meistgeliebte Neffe sollte in Spanien sterben, und der Zweite Weltkrieg führt Virginia schließlich auf die Straße zum Fluß, um den Tod zu suchen. Aber auf der Schwelle zwischen den zwanziger und dreißiger Jahren scheinen die großen Abszissen und Koordinaten des Lebens noch innere zu sein; und wenn daraus einer der dichtesten Briefwechsel entsteht, so deshalb, weil Virginias Innenleben strukturell reaktiv gegenüber der Welt ist, nicht im Abstrakten, sondern im Verhältnis zu den Personen, die um sie herum leben und mit denen die Beziehung, um echt zu sein, jeweils anders ist. So häufig zum Symbol des Privaten erhoben, ist Virginia hingegen einzigartig offen für das Beziehungssystem, zu dem sie seit ihrer Jugend in Bloomsbury unmittelbaren Zugang erlebt hat.

Briefeschreiben ist die vorrangige Weise dieser ihrer Beziehungsform. Es unterscheidet sich von der Komposition eines Buches, das eine indirekte Weise ist, zu anderen zu sprechen, und auch vom Tagebuch, das eine Auseinandersetzung mit sich selbst darstellt. Und während wir gewöhnlich in den Tagebüchern die Herzensergüsse und in den Briefen den Ideenaustausch finden, ist das bei Virginia gerade umgekehrt. Das Tagebuch ist eine strenge Werkstatt, in der die Gefühle nicht zentral sind; sie sind es dagegen in den Briefen, in denen sie unverstellt eine andere oder einen anderen um Legitimierung bittet oder sie ihr/ihm anbietet. In diesen Jahren ist die Bitte ganz besonders eindringlich, weil Virginia aus der Phase der Jugend in jene übertritt, die für die Frauen dieses Jahrhunderts zwar nicht mehr bedeutet, »außerhalb des Lebens«, aber doch »außerhalb eines bestimmten Lebens« zu stehen. Dieser Übergang scheint in dem Band durch, der um so mehr ans Herz geht, als er streng formal durchkomponiert ist. Nach einer Berlin-Reise geht es Virginia schlecht – das übliche Leiden, das sich in den Wahnsinn einzuschreiben scheint –, auch weil ihre Beziehung zu Vita für sie wesentlich ist, für die andere jedoch nicht mehr. Sie schreibt ihr: »Noch fünf Minuten über mich. Stört es Dich? Langweilt es Dich? Du bist die einzige, der ich schreibe. (...) Weißt Du, ich fürchte, sie werden mich eine Zeitlang strengstens überwachen. Keine Empfänge, keine Romanzen. Aber Dir ist das sehr recht, Du kleines Luder. Du willst, daß Potto[6] und Virginia in ihrem Loch bleiben.

---

6 Potto ist ein Spitzname, den Virginia sich gibt.

Ich bitte Dich, meine Liebe, schreib mir, egal was Dir durch den Kopf geht, und je mehr, desto besser. Heute habe ich keine Schmerzen, ich fühle mich nur wie ein begossener Pudel.«

Wie andere Rückfälle in ihr Leiden ist auch dieser so sehr an Herzensdinge gebunden, daß man sich fragen muß, was Virginias »Krankheit« eigentlich war. Was sie Ethel darüber schreibt, ist sehr erhellend. Vor der Heirat mit Leonard »war ich für jene Zeit ziemlich abenteuerlustig, das heißt, wir waren sexuell sehr frei ..., aber ich war sexuell immer feige und habe nie mit Grafen Ausflüge in die Berge unternommen, wie Du. Meine Angst vor dem wirklichen Leben hat mich immer in einem Nonnenkloster gehalten ... Und dann habe ich geheiratet, und mein Hirn ist wie in einem Feuerwerksregen explodiert. Als Erfahrung ist der Irrsinn großartig, das versichere ich Dir; in seiner Lava finde ich noch immer den größten Teil der Dinge, über die ich schreibe. Alles treibt er in seiner genauen, endgültigen Form aus dir hervor, nicht stückchenweise, wie es bei gesundem Verstand geschieht.« Der »Irrsinn« folglich als einziges Moment der Zusammenfügung?

Es ist, wie meistens bei Erzählungen über die Vergangenheit, ein kryptischer Brief, da in der Erinnerung etwas Unkommunizierbares liegt und Virginia es in exemplarischer Form vorlegt, indem sie unvermittelt zum Wesentlichen kommt, das in diesen zwei Jahren um eine doppelte Liebe zwischen Frauen kreist. Virginia liebt Vita, die sie nicht liebt, und wird von Ethel geliebt, deren Liebe sie nicht erwidert. Sich abspielend zwischen Frauen, die über eine große Fähigkeit zur Introspektion und Beschreibung verfügen, erlangt die Problematik der Leidenschaft eine außergewöhnliche Transparenz. Fast als zeige sich der Mechanismus des Verlangens und der Verweigerung in aller Deutlichkeit, nachdem er vom Antagonismus der Geschlechter befreit ist; als könne er seine Radikalität nicht mehr hinter historischen und gesellschaftlichen Ablagerungen verbergen. Gerade die Beziehung mit der anderen, die nicht nur, aber auch geschlechtlich gleich ist, stellt sich als äußerstes Risiko dar, als härteste Erprobung der Person.

Daß es sich um Leidenschaft handelt, bezeugen diese Briefe und strafen die freundlichen Biographen Virginias (den Neffen Quentin Bell) und Vitas (den Sohn Nigel Nicolson) Lügen, die es unerschrocken leugnen: Bell, indem er sich zu zeigen bemüht, daß es mehr als Freundschaft, aber weniger als eine Beziehung war, Nicolson, indem er ihre Bedeutung herunterspielt: »[Virginia] empfand weder starke Emotionen noch Schuldgefühle und fürchtete nie, daß

[Leonard] es als Betrug ansehen würde, da er ebenso wie Harold wußte, daß keine der beiden Ehen in Gefahr war. (...) Vielleicht war es das einzige Mal in ihren mittleren Jahren, daß Virginia eine körperliche Anziehung empfand, und auch dann nur eine schwache. Der Abgrund, den sie gefürchtet hatte, stellte sich als wenig mehr denn eine Stufe heraus, und sie stolperte nicht einmal darüber.« (Vgl. die Einleitung zum dritten Band der Briefe, *A change of perspective*, 1923-1928.)

Diese beiden jungen Biographen aus stürmischen Familien erscheinen sehr »viktorianisch«, kümmern sich nicht darum, was Virginia an Ethel schreibt: »Ich glaube, daß die Leute irren, wenn sie diese ungeheuerlich vielschichtigen und umfassenden Leidenschaften beständig einengen und benennen, indem sie Pfähle hineintreiben und sie in abgegrenzte Räume sperren.« Virginias Briefe drücken in der Tat aus, daß Leidenschaft sich nicht, wie Bell und Nicolson denken, nach dem körperlichen Aspekt und noch dazu »quantitativ« bestimmen läßt (»sie verbrachten nicht mehr als ein Dutzend Nächte miteinander«), und auch nicht nach dem spektakulären Bruch mit anderen Beziehungen. Vielmehr läßt sie sich nach dem Grad an Leid, Abhängigkeit und Verletzlichkeit bestimmen, die im Verhältnis zu der oder dem anderen empfunden werden, die/der plötzlich im Mittelpunkt der Selbsterfahrung steht. Von der/dem man im Werk keinen Abstand gewinnt, von der/dem man sich nicht befreit.

Vorausgesetzt, das Werk befreite von etwas: *Orlando* – worin Virginia in glänzender Form Vitas Androgynie übersetzt – hat sie in keiner Weise befreit. Die Briefe zeichnen das Bild eines Verlassenwordenseins, gegen das die Verlassene sich immer noch auflehnt, wobei sie hin und her schwankt zwischen dem Wunsch, sich der anderen bedürftig zu zeigen, und der alten Vorstellung, daß man Frauen nie um etwas bitten sollte, weshalb sie ihrer ehemaligen Geliebten mit leichter Hand Ereignisse und Ironie bietet. Dann hält sie nicht stand und beschließt zu brechen, auch wenn es mit nichts mehr zu brechen galt, außer mit einem eigenen Hirngespinst. Und an dem Punkt kommt Ethel ins Spiel, mit wunderbarem Verständnis und dadurch schreckliche Zeugin dessen, daß wir nur von denen verstanden werden, die wir nicht lieben.

So erscheint der Mechanismus des Verlangens und der Verweigerung grausam und perfekt, eine wahre Struktur der Leidenschaft, und bindet unter ständigen Ausweichversuchen Virginia an Vita und Ethel an Virginia. Vita befreit sich freundlich von Virginia, Virginia hält Ethel auf Distanz, indem sie sich ihr mit dem ganzen eigenen

Gewicht entgegenwirft. So sehr sich in den Briefen an Vita formale Leichtigkeit, Melancholie und verführerische Bilder verweben, so sehr fehlt in den weitschweifigen und spröden Briefen an Ethel jegliches Element der Verführung, und die Härte der Person und ihrer entscheidenden Fragen wird aggressiv preisgegeben. Dennoch siegt Ethel in diesem harten Spiel, weil ihre Fähigkeit zuzuhören so groß ist, daß Virginia auch von ihr abhängig sein wird, obschon auf gänzlich andere Weise als von Vita. Das war die *durus amor*, die andere mehr zu mögen als sich selbst; und Abhängigsein bedeutet hier, von der anderen zu verlangen, daß sie mir beständig Selbstsicherheit gibt.

In einem Brief schreibt Virginia, daß sie nunmehr die Personen, nicht die Werke interessieren, die doch gewiß der wesentliche Knotenpunkt eines in anderer Hinsicht so gequälten Ichs waren. Beim Lesen dieser Briefe kommt der Gedanke auf, daß auch Virginia mehr durch ihre Person als durch ihr Werk faszinieren kann. Und doch sind es Briefe einer Schriftstellerin, einer Person, die niemals etwas schwarz auf weiß zu Papier gebracht hat, ohne daß der Reiz der Schrift die Erfahrung umhüllt und sie verdoppelt, ihr Leichtigkeit oder einfach eine andere Tiefe verliehen hätte. Nicht zufällig schrieb Virginia auch dann, wenn sie direkt hätte kommunizieren können. Und wer die Blätter empfing, hob sie, so glaube ich, nicht nur aus Anhänglichkeit auf. Die Form befreite sie nicht von der Melancholie, aber im Unterschied zur Melancholie und auch zu ihr, Virginia, sollte sie für immer bleiben; ein für viele für immer geschriebenes Leben.

Oktober 1985

Castors Ende

Zum letzten Mal hatte sie geschrieben, um sich zu verteidigen: in *Le Monde*, gegen eine Biographie, der es nicht an Gift fehlte und die zwei amerikanische Journalistinnen veröffentlichten, nachdem sie die Erinnerungen und Texte geplündert hatten, die Simone de Beauvoir ihnen in der Überzeugung zur Verfügung gestellt hatte, es handle sich um eine gemeinsam zu machende Arbeit – nicht immer gehen Frauen sehr fein miteinander um. Dann hörte man nichts mehr von ihr, und gestern ist sie gestorben, ohne daß etwas von einer Krankheit bekannt gewesen wäre. Immer hatte sich bei Sartre und ihr die Diskretion, eine fast absolute Verschwiegenheit, abgewechselt mit der von manchen als rücksichtslos und schamlos bewerteten Veröffentlichung all dessen, was von ihnen geschriebenes Wort, Form, Zeugnis oder Symptom einer Existenz in der Zeit geworden war.

Sie war 78 Jahre alt, und sicherlich lag ihr nichts mehr am Leben. Sie hatte einmal geäußert, daß sie nicht sehr lange leben wolle, weil sie sich nicht Tage und Jahre ohne die Freundinnen und Freunde vorstellen könne, mit denen sie das Leben Seite an Seite verbracht hätte. Wie Sartre, und vielleicht mehr als er, war sie sich bewußt, in einem Beziehungsgeflecht zu leben, weshalb ihr eine ganz oder vorwiegend innere Suche unvorstellbar war. Sie hatte immer im Fluß der Geschichte gelebt, der uns alle mitreißt, und jeweils die Orte und Fragen zu verstehen gesucht, vor allem aber bestimmte bevorzugt: immer die der Freundinnen und Freunde, der parallelen Existenzen der Generation der »Engagierten«. Wenn sie eines Tages gefehlt hätten, hätte sie nicht nur gefühlsmäßig gelitten; ihr Leben wäre in gewisser Weise halbiert gewesen. Und wie viele hatten in diesen Jahren gefehlt: Sehr bald waren Nizan, Vian, Merleau, Camus und viele für uns zweitrangige, in ihrem alltäglichen Gespräch aber wesentliche Gestalten von ihr gegangen. Sartre und Olga waren im Grunde die letzten gewesen; jetzt gibt es das Trio nicht mehr, das den Schlüssel für jene Einheit zwischen privater Existenz und intellektuellem Abenteuer gebildet hatte.

Vielleicht hätte sie sich gewünscht, nicht länger, diese letzten Jahre aber besser zu leben. Nach dem Erscheinen eines ihrer Romane, in dem sie durch die Protagonistin über sich selbst gesagt zu haben schien: »j'ai été flouée« – etwa: »ich bin reingelegt worden«, nicht von jemandem, sondern von allem, von sich selbst, den anderen,

den Dingen –, hatte es großen Lärm über dieses unerwartete Einge-
ständnis der Niederlage seitens einer Frau gegeben, die alles andere
als eine Verliererin zu sein schien.

Mit ihrer zarten Gestalt, dem gefaßten, sehr schönen Gesicht und
dem etwas kühlen Lächeln, ihrem immer durch ein Tuch fest zusam-
mengehaltenen Haar und den intensiven grauen Augen hatte Simone
de Beauvoir in ihrem Körper und ihren Gesten etwas von der *jeune
fille rangée* bewahrt, der Tochter aus gutem Hause; mehr noch,
einer Tochter aus adliger Familie, die von zu Hause fortgeht, um
alles von sich ohne Jähzorn, aber öffentlich in Frage zu stellen, rückhaltlos und ohne Hintertür. Und was schlimmer ist: ohne je den Eindruck einer Desorientierung oder Kapitulation zu vermitteln, immer
gelassen. Eine unerträgliche Herausforderung: Nein zur Ehe, Nein
zum Zusammenleben, Nein zum weiblichen Schicksal, von der
Mutterschaft bis zum Haushalt, Nein zum sexuellen Moralismus
und Immoralismus (die einzig vorstellbaren), Nein zum Erfolg, der
zu Kopf steigt (denn ihrer ist, wie der Sartres, immer von einem
gewissen Zähneknirschen begleitet gewesen), Nein zum Geld.

Und all dies nicht im Namen des Vergänglichen, der Genüsse des
Lebens, sondern im Namen einer anderen Idee der Person, der
Suche, der Verantwortung sich selbst und den anderen gegenüber.
Wenn sie das Gefühl hatte, *reingelegt* worden zu sein – und ich erinnere mich nicht, daß sie in die voller Genugtuung geführte Presse-
kampagne eingegriffen hätte, die ringsherum losbrach –, so ganz
sicher nicht, weil sie sich geweigert hatte, so zu leben, wie alle es
uns vormachen. Vielleicht durch etwas Tieferes, ihrem Frausein
Innewohnendes, denn sie war in betontem Maße eine Frau.

Sie war es in den Tugenden, den Grenzen und Bedürfnissen.
Arbeitsamkeit ist eine weibliche Tugend, und ebenso liebevoll wie
erbarmungslos nannten Sartre und ihre anderen kreativen Freunde
sie den Castor, ein mehr arbeitsames als geniales kleines Tier. Es ist
nicht klar, was sie von dieser Bezeichnung hielt. Gewiß lagen die
Grenzen ihres Schreibens auch darin, daß sie zuviel schrieb und
zuviel registrierte, wie aus Angst, etwas zu verlieren, aus Unfähigkeit, synthetisch festzuhalten: das Schreiben auch als beständige
Flucht in die Wirklichkeit. Und dann die Bedürfnisse: der Mut, mit
dem sie zu Sartres Entscheidungen stand, was jedoch nicht ohne
Verletzungen blieb; die Hoffnung auf eine weniger komplizierte und
friedlichere Liebe in der Begegnung mit Nelson Algreen, die in einer
Katastrophe endete, über die sie nicht sprach, während sich seine
Angriffe von jenseits des Ozeans häuften. Von diesem Bedürfnis

legen ihre Romane das einfachste Geständnis ab – Geschichten von eher verliebten als geliebten Frauen.

Und vielleicht wird Simone de Beauvoir eben auf Grund der so gewöhnlichen, nicht durch die Form sublimierten Wahrheit ihrer Geschichten ihren Platz nicht in der Literatur-, sondern in der Ideengeschichte finden. Und das auf Grund – außer des wichtigen *Pour une morale de l'ambiguité* – zweier grundlegender Werke über zwei negierte Bedingungen: über die Frauen, *Das andere Geschlecht*, und über das Alter. Die Frauen haben diese ihre Arbeit, die sich auf der Grenze zwischen erstem und zweitem Feminismus, Dokumentiertem und Gelebtem, geschichtlichem und polemischem Werk bewegt und vielleicht zu ihren besten Seiten zählt, anerkannt, aufgenommen, vermehrt, benutzt und überwunden, was das schönste Schicksal ist, das einem Buch widerfahren kann; die Alten nicht. Aber seien wir ehrlich, wer akzeptiert schon, alt zu sein? Die Parabel der meines Erachtens bewundernswerten Grauen Panther ist kurz gewesen. Simones Buch bleibt trotzdem sehr schön.

Was Simone angeht, so hat sie die Weiblichkeit und das Alter genau so gelebt, wie sie darüber geschrieben hatte: die erste in ihrer brennenden Widersprüchlichkeit, das zweite mit dem Privileg der Intellektuellen, dem einzigen Weg, der nivellierenden Kraft des Alters zu entgehen. Sie hat bis zuletzt gearbeitet, geschrieben, gesammelt und veröffentlicht, und hat dem wachsenden Schweigen standgehalten – über Sartre und über die, welche die Lebengefährtin eines Sartre gewesen war, an den Frankreich sich lieber nicht erinnert. Das einzige, was sie uns wohl nicht gesagt hat, ist, wie sehr sie um diesen Mann geweint hat; im Gegenteil, vielen ist es ein leichtes gewesen, ihr die Kälte in *Zeremonie des Abschieds* vorzuwerfen. Aber nach seinem Tod hat sie nie mehr einen Fuß nach Rom gesetzt, die Stadt, wo er ganz ihr, Simone, gehört hatte, und die daher zu mehr als einem Ort ihres Lebens geworden war. Es war mir schrecklich, sie mehrere Jahre später weinen zu sehen, die vielen Tränen auf diesem ernsten, weder verwelkten noch zerstörten Gesicht, das ebenso streng war wie sie selbst. Von Sartre war ihr das vergangene Leben geblieben, ein ganzes Leben, und eine Ausgabe Klassiker der Literatur. Alles andere hatte man ihr genommen, doch glaube ich nicht, daß ihr das viel ausmachte. Eine Zeit war zu Ende. Simone hat sich nicht darüber beklagt, und auch vor dem Tod wird sie nicht zurückgeschrocken sein.

April 1986

Bleibt heut abend in der Stadt

Es ist wichtig, daß wir nach der Nuklearkatastrophe von Tschernobyl in Rom unsere Stimme wieder gemeinsam erheben. Wichtig ist der Anlaß und wie wir ihm begegnen: nicht als Mütter, Ehefrauen und Töchter, die vor der Katastrophe verstummen und um Rettung flehen; auch nicht als einfache Zeuginnen der »zigsten Schändung« der Menschheit, die eine männliche Gesellschaft zu begehen droht. Vielmehr als von der Geschlechterdifferenz geprägte und in der wenig auffälligen, aber gründlichen Reflexion dieser Jahre gereifte Subjekte, die entscheiden, sich gegen die Logik und die Konsequenzen eines Entwicklungsmechanismus und seiner Mächte zu stellen, von dem Frauen ausgeschlossen worden sind.

Eine Zeitlang haben sie auch geglaubt, sich selbst ausschließen zu müssen, so groß war die Kluft zwischen ihnen, dem Bild ihrer selbst, das ihnen durch die Tradition, auch durch die demokratische, anhing, und ihrem Selbstbewußtsein als *Individuen und Frauen* (was keineswegs selbstverständlich zusammenfällt), das sie nicht gerade mühelos zu entdecken begannen. Und der Abstand zwischen einer anderen Weise, die Welt zu betrachten, Wertmaßstäbe und Prioritäten zu setzen, und dem, was sie von der Vieldeutigkeit einer jahrhundertelangen partiellen und beschränkten Lebensbedingung, die aber ebenfalls Ort »gesonderter« Werte war, erbten, war so groß, daß sie dachten, sie könnten auf keinen Fall in die Geschichte der Männer eingreifen, die immer unfaßbareren, destruktiveren und unkontrollierbareren Ergebnissen entgegenstürzte. Der Abstand zwischen den Zeiten der heute entfesselten Gewalten und den Zeiten der neuen Frauen schien unüberbrückbar. So wählten sie eine andere Form des »Unbeteiligtseins« als die, welche Virginia Woolf 1938 dazu gebracht hatte, einem wichtigen Freund zu antworten: Bittet uns nicht um eine Spende für eure Gesellschaft gegen den Krieg, wie richtig sie auch sei, denn ihr habt uns von der Erziehung, von der Bildung und Autonomie der Person ausgeschlossen, die allein ermöglichen, dieses Unglück zu verstehen und sich als Beteiligte, nicht nur als Hilfskrankenschwestern zu fühlen.« Das Unbeteiligtsein des neuen Feminismus entstand nicht, weil Frauen sich angesichts eines von Männern besessenen Ideals von Allgemeinwissen für unvorbereitet hielten. Es entstand vielmehr aus dem Bewußtsein von der Armut und Gefährlichkeit *dieses* Wissens, weshalb sie sich folglich zu einem langen Weg genötigt sahen, die Materialien eines *anderen*

Wissens und einer *anderen* Seinsweise zu sammeln – vor allem in sich selbst, indem sie die Fäden eines aus Biologie und Geschichte abgelagerten Seins genau zu unterscheiden suchten: ein riskantes, sehr langwieriges und einsames Unterfangen – *einsam unter Frauen.* Und darin liegt für eine wie mich, die immer unter Frauen *und* Männern gearbeitet hat und weiterhin arbeitet, der tiefere Sinn einer separaten Sphäre und des weiblichen Separatismus: Es gibt einen wesentlichen Ort unserer Bewußtwerdung, in dem niemand uns führen kann.

Aus dieser Suche heraus, die nicht so bald abgeschlossen sein wird, inzwischen aber durch keine »Reaktion« mehr rückgängig gemacht werden kann, haben Frauen beschlossen, heute abend zu demonstrieren, was keine Unterbrechung ihres Weges ist, sondern ein Teil davon. Daher ist es ein Problem von großer Tragweite, das sich altgediente und junge Feministinnen, separatistische Gruppen und Parteifrauen, wenn nicht zu lösen anschicken, so doch aufzeigen – entschlossen, zusammenzustehen – auf Vorschlag der Feministinnen. Und es wäre ein Fehler, dies als Aufruf zu einem kleinsten gemeinsamen Nenner anzusehen. Es ist eher das Zeichen für eine erlangte innere Stärke der Bewegung, die sich der Unterschiede zwischen Frauen und folglich der unterschiedlichen Ziele oder Vorstellungen bewußt ist (wir sind ein durch eine spezifische Geschichte bedingtes Geschlecht, keine gesellschaftliche Gruppe) und die den Unterschieden in ihrem Inneren nicht mehr Gewicht beimessen will als der gemeinsamen und unterschiedenen Anwesenheit. Das Unbeteiligtsein der einen ist keine *Abwesenheit*, sondern zu einem *Standpunkt* geworden; die Teilnahme der anderen ist sich der *Grenze der überkommenen politischen Spielregeln* bewußt geworden.

All dies spielt in der Demonstration von heute abend mit, die in gewisser Weise eine Wende in den letzten Jahren der Frauengeschichte markiert, zumindest in Rom. Oder genauer gesagt, eine Etappe in einer Auseinandersetzung – unter uns und mit anderen –, die nicht einfach sein wird, aber nicht außerhalb der Zeit oder der Zeiten »der anderen« liegt. Sie setzt in ihr bzw. ihnen eine Grenze.

Für eine wie mich, die sich immer dem Rhythmus der Zeiten anderer angepaßt hat, und zwar auf Grund einer Bildung, die daraus eine Art Moralität macht, eine Prüfung, der man sich nicht entziehen kann, ist dieser Weg der Frauen also sehr bedeutsam, und die Begegnung mit ihnen ist mir für den Rest meines Lebens wesentlich geworden. Mit derselben Schlichtheit, mit der ich mit dem bißchen, was meine Stimme zählt, allen Frauen, die uns lesen, sagen möchte:

Bleibt heut abend in der Stadt, möchte ich auch sagen, welche inneren und äußeren Wege ich anders sehe und für problematisch halte.

Beim Lesen dessen, was zur Zeit von Frauen geschrieben wird, die auch Freundinnen sind, spürt eine wie ich, was ihr fremd bleibt. Ich habe nie einen »Frauenpakt« als ausschließliches Terrain des Daseins, Handelns und Reflektierens geschlossen und werde das auch nicht tun. Ich habe *auch* einen Frauenpakt geschlossen, seit ich verstanden habe, was es bedeutet, eine zu sein – auch, aber nicht nur. Ich weiß nicht, was es bedeutet, vor Frauen als oberstem Gericht, höchster Instanz oder Superpartei Rechenschaft abzulegen. Ich habe andere Parteien gemieden, kenne mein eigenes Gericht und kann versichern, daß es kein nur gütiges ist, denn das bißchen Macht, das meine Stellung mir gibt, verpflichtet mich dazu, denke ich, Männern und Frauen Rechenschaft abzulegen. Ich glaube nicht an die Behauptung einer »Parteilichkeit« der Geschlechter, die gegen den angeblichen »Universalismus« des männlichen Denkens vorgebracht wird, wenn sie nicht Aufmerksamkeit für das »Andere« ist, auch für das andere Geschlecht. Es gibt keine andere Art, parteilich zu sein, als unsere Begrenztheit in der Wahrnehmung dessen anzuerkennen, was von uns verschieden ist, sonst ist es die kleine Heuchelei derer, die sich für absolut halten. Und schließlich glaube ich nicht, daß aus einer jahrhundertealten Bedingung der Subalternität die Werte, *die anderen Werte*, fertig ausformuliert hervorgehen: nur einige Werte, und ein Blick auf die Unwerte anderer, aber noch viele Elemente von Analogie, Verführung, Armseligkeit und ein ziemlich schwieriger Verzicht auf die Konkurrenz unter Frauen – auch das alles gibt es. Insbesondere bezweifle ich auf Grund des langen Ausgeschlossenseins von jenem weltweiten Regierungssystem, das zur Sphäre der Politik und der Mächte geworden ist, daß es uns gelingt, diese zu erfassen, anzugreifen und auseinanderzunehmen. Es gibt einen Feind, der entwaffnet werden muß, aber wie ein Großteil der Männer wissen wir nicht einmal, wo seine Waffen wirklich sind. Vielleicht auch in uns: in unseren überkommenen Lebensweisen, unserem Konsumismus, unserer Komplizinnenschaft mit einigen Bequemlichkeiten des »Fortschritts«.

Und wie sollte ich auch, meine Freundinnen, im einzelnen Mann, den ich kenne, der mir nah oder fern steht, der mit mir arbeitet, den ich auf der Straße sehe oder bei den Versammlungen treffe, der sich im Formalismus des Öffentlichen verheddert und mit privaten Verständnisschwierigkeiten herumschlägt, den Feind sehen? Der Feind steckt in jener Ablagerung, die auch dem Mann mitgegeben wird und die ihn in einen Käfig sperrt, in den der »Männlichkeit«, weshalb er mittlerweile wenig von sich und fast nichts von uns versteht, er, die Person, das Individuum, die Individuen. Neun von zehn Mal ist er wie wir der Maschinerie in die Falle gegangen, die sein Geschlecht, das heißt bis gestern die Geschichte, konstruiert hat. Ich werde den Allmachtswahn, der in dem Teil Mutter zu schlummern scheint, den wir Frauen alle in uns tragen (nach dem Motto »Ich werde dich retten«), nicht durch den narzißtischen Wahn ersetzen, der mir mit der Verbannung des anderen nahegelegt wird (nach dem Motto »Allein gegen alle«).

Kurzum, ich glaube nicht, daß das Subjekt Frau die Korporation der Frauen ist. Ich glaube nicht, daß wir uns einen Wert verleihen, indem wir den Wert jeder anderen Geschlechtlichkeit leugnen. Ich glaube nicht, daß unser Weg die Gegenfahrbahn des vorgeschriebenen Weges ist: Wir waren abhängig von ihm, also kehren wir ihm den Rücken; wir nahmen unser Maß nach seinem, jetzt suchen wir uns einen Maßstab Frau; wir folgten seinen Zeiten, jetzt glauben wir, daß es nur unsere gibt. Nein, es gibt nur eine Zeit, und deshalb werden wir sie nicht in den Händen der halben Menschheit lassen.

Mai 1986

Nichtgewählte Wählerinnen

Ich lese, daß unsere geschätzten Freundinnen und Freunde von *Micromega* die freien Diskussionen beim Fest der *Unità* mit der Frage eröffnen werden, ob der Feminismus ein Ghetto ist, was besagt, daß Frauen sich selbst ausschließen, wenn sie in radikaler Weise von sich reden. Die These wird in bestem Glauben aufgestellt und zeigt daher um so deutlicher, wie ungewohnt es auch für die aufmerksamsten politischen Beobachterinnen und Beobachter ist, die geschichtliche Dimension des Weiblichen zu erfassen.

Ungewohnt sogar für mich, habe ich doch, als ich von der italienischen Rundfunkanstalt um eine Arbeit zum vierzigsten Jahrestag des Wahlrechts für Frauen gebeten wurde, einige Entdeckungen gemacht. Zum Beispiel, daß das Wahlrecht für Frauen nicht nur in Italien, wo es den Faschismus gab, sondern auch in den großen Demokratien spät eingeführt worden ist, lange nachdem das ungefähr vier Jahrhunderte alte Zensuswahlrecht ausgeweitet worden war. Sollte es nicht zu denken geben, daß das erste Land, das 1893 den Frauen das Stimmrecht zugestand, Neuseeland war, ein Ort deportierter und deklassierter Enländerinnen und Engländer, eine gewissermaßen marginale Gesellschaft außerhalb der Norm? Scott Fitzgeralds *flappers* wählten, als sie sich 1921 einen Jungenhaarschnitt verpassen ließen, nicht so Virginia Woolf. Trotz eines halben Jahrhunderts von Kämpfen der englischen Suffragetten gab Großbritannien den Frauen erst 1928 das Wahlrecht.

Von keinem anderen Ort sind Frauen so hartnäckig ausgeschlossen worden wie von der »Polis«, wo das Gesetz gemacht wurde. Sie nahmen an Kriegen teil, waren Heilige, Märtyrerinnen, Schriftstellerinnen und Wissenschaftlerinnen, durchlebten Zeiten der realen Macht und des Schattendaseins in der zivilen Gesellschaft (gewiß waren sie im Mailand des 13. Jahrhunderts freier als in dem des 19. Jahrhunderts); das männliche Imaginäre nährten sie nicht nur als Engelsfiguren, sondern in Form der vieldeutigen und zu fürchtenden Lilith, des Erdgeistes, der »anderen« Eva, der Herrin der Reproduktion, des Ortes der Leidenschaft, der Selbstaufgabe und des Wahnsinns des Mannes. Sie waren immer in der Arbeit präsent, wahrhaft massiv in der Landwirtschaft; zuweilen besaßen sie großes Vermögen, häufiger noch verwalteten sie es. Sie waren große Königinnen, Elisabeth, Christine, Katharina, Maria Teresa, Victoria. Aber selbst diese entscheiden, je strukturierter die politische Sphäre wird, immer weniger: Victoria betrieb Heiratspolitik und ließ ihren verschiedenen Premierministern soviel Macht, daß sie sie verlor. Noch Rousseau – er, der Verehrer der Gleichheit – fand, daß Frauen auf Grund ihrer mehr leidenschaftlichen als vernünftigen Natur nicht zu öffentlichen Angelegenheiten gehört werden sollten. Kurzum, auf Grund des vermeintlichen intellektuellen Defizits der Frauen haben die Männer sie bevormundet, indem sie für sie regierten wie für die Minderjährigen.

Und in Italien? Es hatte sehr wohl eine politische Tradition des Risorgimento gegeben, aber letzten Endes sollte das Bild der Frau das der Gräfin Serpieri bleiben, wie Boito und später Visconti es gezeichnet haben: Sie steht zwar zur Sache des Vaterlands, jedoch nur so lange, bis das Herz ihr eine andere Priorität eingibt. Dann verrät sie sie, ohne daß ihre Gestalt indes mit dem Urteil der Ehrlosigkeit bedacht würde, das einen Mann treffen würde: »Dem Herzen gebietet niemand« ist typisch Frau.

Denkt man über die letzten Gründe für diesen Ausschluß der Frauen *nicht etwa vom Politikmachen* und weniger noch von Kriegen und Revolutionen, sondern von den *Institutionen der Politik* nach, so erscheint es wenig plausibel, den Grund darin zu suchen – wie einige es tun –, daß die seit Urzeiten bestehende Begrenzung ihres Horizonts auf das Private, im Namen der vorrangigen Funktion der Mutterschaft, sie weniger befähigen würde, ein öffentliches Amt auszuüben. Diesen Grund gab seit Mitte vorigen Jahrhunderts die politische wie die gewerkschaftliche Linke an (die Überlegung diente auch dazu, sie von der Gleichheit am Arbeitsplatz, wenn nicht gar von der Arbeit überhaupt auszuschließen). Verfolgt man aber die Geschichten der Zivilisationen etwas genauer, bis zu den Phasen, in denen noch »rechtzeitig« Zeiten, Rollen und Wissen hätten neu verteilt werden können, indem das Wahlrecht und die gesetzgebende Macht auf beide Geschlechter ausgedehnt worden wären (auch gegen die Ausweitung des Zensuswahlrechts war eine geringere Kompetenz der Besitzlosen ins Feld geführt worden), so läßt sich feststellen, daß diese Hartnäckigkeit, mit der »das Gesetz« von den weiblichen Händen ferngehalten wird, einen tieferen Sinn haben muß.

Vielleicht einen dunkleren. Es kann unmöglich geleugnet werden, daß von den Orten der Regelung der Gesellschaft gerade die gesetzgebenden Versammlungen es sind, die den Ausschluß der Frauen aus ihrem Inneren festschreiben; es ist das Gesetz, das ihre Ungleichheit sanktioniert. Und das zeigt sich vor allem bei der Entstehung der Demokratie, als die Männer Bürger werden und die Frauen nicht, die weiterhin weniger Rechte haben, gleich den Kindern oder den »minderwertigen Rassen«. Das Gesetz ist anscheinend nicht nur das Feld, sondern das Instrument der männlichen Herrschaft. Denn nur *durch das Gesetz* macht der Mann ein Kind zu *seinem*, nachdem die Nabelschnur, die es an die Mutter bindet, durchtrennt und ihm der Name des Vaters gegeben worden ist; und dadurch, daß der väterlichen Autorität größere Macht verliehen wird, quasi als Ausgleich für die weibliche Macht, die für das männliche kollektive Unbewußte unerreichbar ist und darin besteht, daß sie Garantin des Menschengeschlechts ist. Gewiß ist die Frau dies nur, wenn sie befruchtet wird. Aber wie ungewiß ist die Vaterschaft im Vergleich zu der konkreten Gewißheit des neun Monate langen Sich-Verdoppelns ihres Körpers in zwei Kreaturen, die zusammen atmen! Die *Natur* weist dem Weiblichen die Achse der Abstammung zu, das *Gesetz* überschreibt sie dem Männlichen.

Und vielleicht gibt es da noch etwas anderes. Indem der Mann behauptet, die Frau sei mehr Leidenschaft als Verstand, bewahrt er, wie Lea Melandri in *L'infamia originaria* bemerkt, vielleicht *für sich* den Ort, wo die Leidenschaft vor der Vernunft kommt, und sichert sich in der Familie die Rückkehr zum ersten, beruhigenden Schema der Kindheit. Es ist wiederum ein Gesetz, das sein Universum in zwei Bereiche mit je eigenen Regeln aufteilt: den Bereich, wo er mit anderen Männern an der Geschichte baut, und dem, wo *seine* Frau ihm das ganze Leben lang die emotionale Sicherheit und die komplexere Sexualität von der Mutter über die Geliebte zur Tochter wieder integriert.

Es stimmt nicht, daß die Familie die Keimzelle der Gesellschaft ist; die Familie ist *das Andere* der Gesellschaft und wird als solches erbittert verteidigt.[1] Das Meisterwerk des Kapitalismus sollte in der maximalen Ausnutzung dieses *Anderen* als Sphäre für die Reproduktion der Arbeitskraft und als Reservearmee einer unterbezahlten Arbeitskraft – Frauen und Kinder – bestehen. Erst der Sozialstaat nimmt diesen unsichtbar gelieferten Wert wahr, ohne ihn indessen herauszustreichen, und ersetzt ihn zum Teil. Sobald die Wohlfahrt angegriffen wird, wie heutzutage, wird die unsichtbare Arbeit erneut zu einer solchen.

---

1 Vgl. zu diesem Thema den jüngst erschienenen sehr guten Aufsatz von Anna Rossi Doria, »Uguali o diverse? La legislazione vittoriana sul lavoro delle donne« (»Gleich oder anders? Die viktorianische Gesetzgebung zur Frauenarbeit«), der den ganzen, auch politischen Diskurs betrifft; in: *Rivista di Storia Contemporanea*, Loescher, Turin 1985.

Unternimmt man also den Versuch, diesen »Archaismus« des langen Ausgeschlossenseins der Frauen vom Wahlrecht und folglich von der Gesetzgebung zu entschlüsseln, kann die Frage nach dessen eingestandenem oder uneingestandenem Nutzen unmöglich ausgespart bleiben, und die rein historisch-ökonomische Kategorie reicht nicht aus, um es zu erklären. Es ist eine enorme, unerforschte Frage, und es ist einleuchtend, daß der Feminismus, wenn er sie streift, auf gewisse Weise ihre Radikalität neu betont.

Sicher ist, daß kein politisches Denken, weder das demokratische noch das sozialistische, über ihre Implikationen nachdenkt, obwohl es sich die Besserstellung der Frau und Bürgerin auf die Fahnen schreibt. Werden sich die Institutionen in dem Moment nicht zwangsläufig verändern müssen, in dem sie die Hälfte der Menschheit aufnehmen, die eine andere Rolle und eine andere Erfahrung mitbringt? Niemand stellt sich diese Frage: Es wird vorausgesetzt, daß Frauen in der »Polis« nur zu lernen haben, sich wie Männer zu bewegen. Im Jahre 1945 wird in Italien einzig diskutiert, welche Auswirkungen das Frauenwahlrecht auf die Wahlergebnisse haben wird: Werden die Frauen, die der Familie und dem Pfarrer ergeben sind, sie nicht nach rechts verschieben? »Und doch muß es sein«, sagt Togliatti. Die Sozialisten schließen sich an, eingedenk der Polemik Turati-Kulischoff. Nur Pius XII. ruft die Frauen dazu auf, glühender als De Gasperi, Gott, Vaterland und Familie mit der Stimme zu verteidigen.

Verteidigten sie sie? Gewöhnlich heißt es, ja. Hinsichtlich der ersten Wahlen von 1946 bleibt das reine Vermutung, während es für die von 1948 behauptet werden kann, als die Katholikinnen sich stark zusammengeschlossen hatten, gründliche Arbeit leisteten und die Kampagne der Kirche überall zu Buche schlug. Angeblich hätten die Frauen 1946 das Kräfteverhältnis gefährlich zugunsten der Monarchie verschoben; mag sein. Tatsache ist aber, daß zwölf Millionen Frauen wählten, die DC jedoch nur 8 Millionen Stimmen erhielt, und die werden nicht alle von Frauen gewesen sein.

Abgesehen von der Untersuchung weiblichen Wahlverhaltens, die im übrigen von einigen Forscherinnen durchgeführt worden ist, möchte ich an zwei Tatsachen erinnern. Erstens daran, daß Frauen, nachdem sie das Stimmrecht hatten, immer davon Gebrauch gemacht haben. Sie machen mehr als die Hälfte der WählerInnenschaft aus und enthalten sich nicht mehr als die Männer. Zweitens daran, daß sie selten gewählt werden. (Und drittens hat dieses Phänomen nie Neugier geweckt, ist nie Gegenstand einer Untersuchung der

Kammern, der Regionen oder Gemeinden gewesen). Man sehe sich
nur die Prozentzahl der 1948 und 1983 in die Kammer gewählten
Frauen an: Es sind 7,7 Prozent aller Abgeordneten. In den sechziger
Jahren waren es noch weniger; der Feminismus und die Bürger-
rechtsbewegung der beginnenden siebziger Jahre haben sie, vor
allem mit Hilfe der KPI, wieder auf den ursprünglichen Wert
gebracht. Im Senat sind es noch weniger. Im nationalen Durchschnitt der Regionalwahlen auch; für die Gemeinden gibt es keine
vollständigen Angaben, doch scheint es, als würden sie nichts an den
niedrigen Durchschnittswerten der Regionen ändern.

Es stellt sich also die Frage: Warum? Und es läßt sich schwerlich
antworten: auf Grund einer Verspätung der Gesellschaft. Natürlich
gibt es sie; aber in anderen Bereichen sieht die Tendenz so aus, daß
die weibliche Präsenz stürmisch zunimmt. 28 Prozent Erwerbstätig-
keit ist wenig im Vergleich zu anderen Ländern, bezieht jedoch die
»Schwarzarbeit« nicht mit ein und ist immer noch viermal höher als
die Präsenz an den Orten der Politik. Sollten die Frauen aus diesem
Grund im Pressebereich nur 13 Prozent ausmachen, während ihr
Anteil in anderen Sektoren, angefangen beim Unterrichtswesen, den
der Männer übersteigt und sie in Berufen wie Medizin und Architek-
tur stark im Kommen sind? Und wird bei der Presse nicht eine seltsame Rollenteilung reproduziert, wenn der Leitartikel und der politische Bericht nur selten *ihr* zukommen und von *ihr* gezeichnet sind?
Auch die neue Linke hat keine politischen Führer*innen* hervorgebracht; eine Ausnahme bildet *Il manifesto*, weil seine Geschichte an
vorausgegangene Erfahrungen anknüpft.

Im übrigen trennen sich die Frauen aus den Gruppen der neuen
Linken schnell wieder von ihnen. Und wir sollten uns davor hüten,
dies als Selbstausschluß zu bezeichnen. Es ist eine Form der
Anklage (der es an ausreichender Kraft fehlt, um die Dinge zu
ändern), daß das politische System sich auf eine Weise strukturiert
hat, die der Frau »eine männliche Modalität und Seinsweise« abverlangt oder sie ausstößt, weil die gesellschaftliche Rollenteilung fortdauert. Und weil es im Unterschied zum ersten Feminismus einen
besonderen Reifungsprozeß der Frauen gegeben hat – der einzige,
der lebendige Anleihen bei den neuen Bewegungen gemacht hat –,
weshalb sie nicht mehr denken, der Gipfel der Selbstverwirklichung
bestehe darin, den Mann zu erreichen und zu imitieren.

Dieser Ehrgeiz der ersten Emanzipierten, der die zuvor angedeutete
Beibehaltung zweier unterschiedener Bereiche – des Öffentlichen
und des Privaten – mit zwei unterschiedenen Zwecken bedeutet, ist

für eine Frau unmöglich, halbiert sie, spaltet sie oder macht sie einseitig.

Wenn die Politik zudem verlangt, »wie ein Mann zu leben«, so heißt das auch, daß sie nunmehr zu »einem Beruf«, zu einem Gewerbe geworden ist. Ist es gut, daß sie dazu geworden ist? Kein Demokrat hätte bis vor zehn Jahren zugestimmt, daß es gut sei: Wenn der Regierung der Menschen auch nur irgendeine Konnotation von Wert verliehen wird, von irgendeiner Ethik des Zusammenlebens, wie kann sie dann eine einfache Technik sein? So gibt es zwar viele männliche »Politiker« in dem Sinne, daß sie aus der Politik auch die Mittel für den Lebensunterhalt, Gehalt und Privilegien beziehen, aber nur sehr wenige Frauen, für die dasselbe gilt. Zumeist verbringen sie fünf, zehn oder auch zwanzig Jahre in der Politik und kehren dann in ihren Beruf zurück. Es ist, als verführe die Politik sie als Projekt und enttäusche sie als Erfahrung. Viele sagen: In Wahrheit zeigt sich durch uns die galoppierende Krise der Institutionen. Die Politik ist auch unser Gebiet, aber die »Regeln«, die ihr der Politik gegeben habt, sind nicht unsere.

So drängt sich die Frage auf: Warum verändern Frauen diese Regeln nicht? Doch die Antwort liegt außer Reichweite. Unter Frauen bestehen all jene Ungleichheiten, die es auch unter Männern gibt, plus einer weiteren, die sie gegenüber den Männern nicht »anders« macht, sondern ihnen eine »andere und unterlegene Macht« zuweist. Die Politik der »Quote« von 25 Prozent in der KPI oder einigen sozialistischen Parteien ist ein Beweis für das massive Hindernis, das mittlerweile zwischen Frauen und Institutionen steht – Parteien und Gewerkschaften eingeschlossen; und inzwischen auch ein Beweis für eine geschichtliche Unveränderlichkeit: Noch eine Generation und die Frauen werden in vielen Bereichen des zivilen Lebens die gleiche Macht haben. Nicht so in der Politik. Was wird aus den Institutionen werden, wenn klar wird, daß sie auf ein einziges Geschlecht hin funktionalisiert sind?

Juni 1986

Kommunistin, Polin, Jüdin, Frau

Es war im April 1960, als eine Delegation kommunistischer Intellektueller aus Italien zu einem völlig unnützen Treffen mit Intellektuellen, oder besser mit der Kulturabteilung der Kommunistischen Partei Deutschlands, der SED, nach Ost-Berlin fuhr. Während eines Gesprächs sagten wir, daß wir Rosa Luxemburgs Grab besuchen und ihr Blumen bringen wollten. Darauf folgte kühle Zustimmung, eine außerordentliche Schwierigkeit, ein rotes Band zum Zusammenbinden der Blumen aufzutreiben (wir mußten Stoff kaufen und ein Band anfertigen lassen, da alle verfügbaren Bänder wegen des folgenden ersten Mais die deutschen Nationalfarben trugen), und schließlich begleitete uns nur die Dolmetscherin zu einem abseits gelegenen Teil des Friedhofs, wo Kommunistinnen und Kommunisten begraben lagen. Es war eine Art steiniges Rund, aber in der Mitte lagen zwei Gräber, das von Luxemburg und Liebknecht. Nur daß die Leichname nicht dort waren, wie die junge Frau uns berichtete, und man auch nicht wisse, wo sie sich befänden, da während der Nazi-Zeit der Friedhof verlegt worden sei und man sie dann nicht wiedergefunden habe. Diese Grabsteine auf dem Kies symbolisierten demnach etwas, was es nicht gab – vorausgesetzt, man kann von einem sterblichen Überrest sagen, daß es ihn gibt.

Wir sprachen mit unseren GastgeberInnen nicht über diesen merkwürdigen Besuch (und auch nicht über den, den wir Brecht auf dem Dorotheenstädter Friedhof abstatteten, wo tatsächlich ein Körper ruhte, und zwar in berühmter Gesellschaft – ganz in der Nähe Schelling und Hegel, fast direkt neben ihm sein Freund Hanns Eisler). Und etwas verlegen, fast geheimnisvoll, erzählte mir die junge Dolmetscherin, daß ihre Mutter ihr zum ersten Mai immer ein Lied vorsang, und sie wiederholte mir leise den Refrain mit dem zweimal geflüsterten Namen einer fernen Rosa Luxemburg.

Jahre später, am Ende dieses Jahrzehnts, wurde Rosa in Italien wiederentdeckt, wo sie bis dahin nur von Lelio Basso geliebt worden war, in dessen Bibliothek und Wohnung überall irgendwelche kleinen Fotos, Porträts oder sie betreffenden Plakate hingen. 1968 wurde sie für einen Moment zum Symbol der Spontaneität der Kämpfe: War sie, Rosa, nicht diejenige des Massenstreiks gewesen, mehr noch, der Massen, die sich erheben wie ein tobendes Meer, von ihrem geschichtlichen Schicksal getragen, ohne und auch gegen die Partei? Auch damals wurde sie, glaube ich, mehr benutzt als gelesen: vages

Symbol eines Kampfes gegen die Bürokratien, der sich bald zu Anti-institutionalismus und Theoriefeindlichkeit der Bewegung radikalisieren sollte. Kaum war diese erloschen, verschwand auch Rosas Name; weder griff ein paar Jahre später der Feminismus noch das Polen des sich erhebenden Proletariats im Jahrzehnt zwischen 1970 und 1980 auf sie zurück.

Vor einigen Jahren sagte mir Margarethe von Trotta, sie habe zugesagt, einen Film über Rosa zu machen. Eigentlich sollte Fassbinder ihn machen (im Stillen war ich erleichtert, daß er gezögert hatte), und sie begann die Arbeit von vorne, ohne das bereits fertige Drehbuch von Peter Märtesheimer zu akzeptieren. Sie fand sich nicht einem Thema, sondern einer Person gegenüber, und zwar einer Person, die wie ein Stachel in der neueren Geschichte Deutschlands steckte, und mußte ihr »gerecht werden«. Es war also notwendig, sie in den Annalen einer Zeit zu suchen, die sie gewiß nicht sorgsam gehütet hatte; alles zu studieren, alles zu lesen und mit den wenigen Lebenden zu sprechen, die eine Erinnerung an sie bewahrten. Sie schrieb das Drehbuch mehrmals neu, plazierte die Rose immer wieder anders, die »anderntags«, vor und nach der Szene der Schein-Erschießung erblühen sollte, und war anfänglich von Rosas außergewöhnlicher Geduld beeindruckt – Geduld als Standfestigkeit im Leiden, Unbeirrbarkeit, auch Melancholie der Wartezeiten der Geschichte. Doch blieb ihr das Gefühl, sie nicht fassen zu können. Einmal erhielt ich eine Karte aus München, auf der geschrieben stand, sie habe von einer sehr verärgerten Rosa geträumt, die ihr in etwa gesagt habe: »Du wirst mich nie zu packen kriegen.« Denn Margarethe wollte nicht, wie andere Male, einen Autorinnenfilm drehen; sie wollte ein Zeugnis von Rosa Luxemburg geben, sie zeigen, wie sie im Leben, in Wort und Schrift gewesen war, und dieses Bild schien sich ihr schlichtweg zu entziehen.

Man kann sich denken, daß das Verhältnis einer Regisseurin zu ihrem Thema problematisch und voller Ängste ist wie das zu einer Person. Man kann – vorausgesetzt, man hat einen strengen und entschiedenen Umgang mit den Ideen und eine Erinnerung, die keine Ruhe gibt, eine Wahrnehmung der vieldeutigen Zeichen, die ein in feindlicher Zeit versandetes Bild uns zurückgibt. Und das gilt mehr noch für jene Generation deutscher Intellektueller, die das Deutschland dieses Jahrhunderts nicht von sich abgeschüttelt hat wie eine Ente den Regen von ihrem Gefieder. Margarethe war Rosa erstmals als Mädchen auf der berühmten Sondermarke begegnet, hatte gefragt, wer die Frau mit dem scharfen Profil sei, und man hatte ihr übellaunig geantwortet: eine Hexe. Und jetzt hatte ihr, als sie in Polen war, um eine Schauspielerin zu suchen, die Rosa ähnlich sehe, ein unverdächtiger Intellektueller geantwortet: »Warum lassen Sie diese Hündin nicht in dem Kanal, in den sie sie geworfen haben?«

Die Suche nach Rosa war die Entdeckung einer Frau gewesen, für die es nie eine Zeit oder einen Raum gegeben hatte.

Rosa Luxemburg, die wenig Geliebte. Wenig geliebt vor allem als Kommunistin, und nicht nur von ihrer Partei, der deutschen Sozialdemokratie, sondern von der Internationale, auch wenn man es ihr formal nicht an Respekt fehlen ließ. Doch sollte ihr das »Erlauchte Zentralkomitee«, wie sie das der bolschewistischen Partei nannte, ihre mangelnde Ehrerbietigkeit und die »Unterbewertung seiner Rolle« nie verzeihen; nur der Tod hatte sie vor einer Verurteilung gerettet, die sich vor allem im Schweigen ausdrückte bzw. im Vorwurf gegen sie und Liebknecht oder allgemein gegen den Spartakusbund, sie hätten durch ihr Abenteurertum das Scheitern der deutschen Revolution beschleunigt. In Wirklichkeit hatte Rosa (wie auch im Film) eine klares Gespür für die Unreife des Zusammenstoßes und für die Niederlage. Auch unterschied sich die deutsche Geschichte nicht grundlegend von der der vielen Revolutionskrisen im Westen nach 1917, aus deren Kindern und Opfern sich die erste Generation der Internationale bildete und die sowohl dort auftraten, wo der Aufstand versucht wurde, als auch dort, wo er nicht versucht wurde. Sie kamen wie eine Flut und sollten bis 1936 und darüber hinaus in der Zerrissenheit der sozialistischen Bewegung nachwirken.

Aber diese Krise war im Keim in der Unfähigkeit der Sozialisten angelegt, sich der Mitverantwortlichkeit für den Weltkrieg zu verweigern (und in diesem Sinn läßt sich mit Margarethe von Trottas Entscheidung, die Friedens- und Kriegsfrage in den Mittelpunkt zu stellen, nicht nur heute mehr anfangen, sondern sie ist auch die historisch zutreffendste). Es ist dies nicht der simplifizierende Mittelpunkt des Films, sondern das historische Gelenkstück jener Jahre und Ereignisse. So wie sich im Schwanken der Menschen zwischen dem Wunsch nach Frieden und der Begeisterung für die Fanfaren der ausziehenden Soldaten unter Rosas Augen die Doppeldeutigkeit des unmittelbaren Bewußtseins der Massen zeigte, die dann auch den Hintergrund für das Deutschland der dreißiger Jahre bilden sollte. Als die Sukowa ihren letzten Artikel diktiert und sich nicht mehr auf den Beinen halten kann, ist es nicht etwa Schwäche, was sie umwirft, sondern die Wahrnehmung, wie sich die Vorstellung vom anderen wie in einer Liebe verkehrt, vom anderen wie von den eigenen Leuten, die sich verraten und dich deshalb verlassen, und die Unmöglichkeit, es zu verhindern und etwas anderes zu tun, als den Siegenden den Fluch ihrer historischen Schwäche, das Lachen über *Es herrscht Ordnung in Berlin* entgegenzuschleudern. Diese Geschichte ist von den Kommunistinnen und Kommunisten nie zu Ende geschrieben worden, als sie noch Kraft zu existieren hatten – und wer wird sie jetzt schreiben? Wie die von Rosas großem Marxschem Gemälde über die Katastrophe nie geschrieben worden ist. Alles vergeudet, verleugnet, begraben statt ausgearbeitet. Eines Tages werden wir es merken. Margarethe von Trotta hatte diese Geschichte vor sich; und welchen Ausdruck konnte sie dafür finden, wenn nicht einen raschen Wechsel des Erzählrhythmus nach den langen Zwischenzeiten des Gefängnisses, als der Krieg zu Ende ist, oder sich überstürzende Bilder, wahnsinnig sich überschneidende Straßengefechte, verzweifelte oder von einer Salve niedergemähte Gesten, Angst – die kurze Demokratie, die Rosa aus dem Gefängnis (die Freiheit!) in die schwarzen, bewegungslos auf der Leinwand eingefangenen Wasser des Landwehrkanals führten (sie sind immer schwarz, auch tagsüber), die sich über ihrem Körper geschlossen haben?

Wenn die Geschichte der Revolutionen die Person Rosa Luxemburgs wie eine Frage behandelt, auf die sie sich weigert zu antworten, und wenn die Geschichte der Reaktion sie völlig auslöscht, so ist das Schweigen die kleinliche Kehrseite – und wer ist heutzutage schon großzügig? – des Paradoxes, das Rosa Luxemburg für die gegenwärtigen Bewußtseinsformen darstellt. Sie war Polin, aber Internationalistin; die Nationalität war das letzte, wofür sie sich interessierte. Und das heutige Polen, für das die nationale Identität ein Ersatz für Freiheit ist, ein Bedürfnis und eine Flucht vor den Verwicklungen der »realsozialistischen« Geschichte, verzeiht ihr das nicht. Wenn es eine Stadt gibt, wo man den Film nicht einmal kühl aufnehmen wird, so ist es Warschau. Diese Frau, die Russisch, Polnisch und Deutsch sprach und für die diese Sprachen gleichwertig nebeneinander standen, wird von unserer Zeit nicht geliebt, die in Ermangelung starker Identitäten in den Ideen diese Identitäten in der Tradition sucht.

Dasselbe werden diejenigen sagen, die in sich die Zugehörigkeit zum Judentum wiederentdeckt haben. Als Jüdin hat Rosa über die Judenfrage gedacht wie der Sozialismus ihrer Zeit, wie Sartre in der unseren, wie die Leute meiner Bildung. Sie hat sie nicht als Differenz/Wert gedacht, sondern als finstersten Vorwand der Mächtigen für die Ungleichheit. Bernstein ist für sie ein Gegner, weil er weiß – wissen kann – und nachgibt: Etwas anderes zählt für sie nicht. Er ist ihr fremder als der kleine Bremer Soldat, der sie während der letzten Minuten im Hotelzimmer bewacht und nur ein Objekt der Geschichte ist, wie auch sie nichts anderes mehr ist. Rosa spricht mit ihm, sehr müde, sanft, weil sie nicht akzeptiert, daß jemand, ein Mensch, eine lebendige Person Objekt ist.

Nicht einmal ein Tier, nicht einmal der gepeitschte Büffel, »ihr Bruder«. Wie auch die Katze Mimi nicht. Aber darüber sowie über die Kinder, die sie nicht gehabt hat, und ihren Ausspruch »ich mußte die Gänse hüten« sollte jemand schreiben, sie habe einem »bürgerlichen« Schicksal nachgetrauert. In Wahrheit ist das nicht geringere Paradox von Rosas Schicksal ihrer Herangehensweise an das Gegebene inhärent, und dies ist die Herangehensweise einer Frau. Einer Frau, die die Frauen vergessen haben. Die Bewegung der siebziger Jahre – die sie doch alle wieder hervorgeholt hat, auch die Pétroleuse Louise Michel, auch die Bolschewistin Alexandra Kollontai, die als Diplomatin in einer Volksdemokratie gestorben ist – hat ihren Körper im Landwehrkanal gelassen. Margarethe hat sie mit den Händen einer Frau, mit Zärtlichkeit, Sorge und Nüchternheit für uns wiedererstehen lassen. Es war eine weitere zu begleichende Schuld.

Denn es ist der Film einer Frau über eine Frau; über eine, die im höchsten Maße Frau gewesen ist, und zwar nicht, indem sie keine Politik gemacht hätte, nicht in einer dem Öffentlichen entgegengesetzten Innerlichkeit, sondern in der Totalität ihres einheitlichen Umgangs mit all dem, was die Tage bringen, als Tage des Lebens, aber auch der Geschichte, in denen man handelt und wählt. Immer, alles, ohne irgend etwas als gegeben anzunehmen, ohne jegliche Siegesgewißheit. Mögen ein paar altmodische Männer das Porträt einer Frau, die für ihren Mann ebenso leidet wie für ihre Partei, ruhig »pathetisch« und vielleicht »bürgerlich« finden. Die Frauen werden sich nicht täuschen, aber vielleicht war es nötig, daß eine von ihnen diesen so einzigartigen Unterschied zu begreifen und darzustellen vermochte: den Unterschied derjenigen, die sich selbst nicht zwischen Gedanken und Gefühlen, Leidenschaften und Vernunftgründen spaltet – Weiblichkeit einmal als Zeichen von Ethik, Absolutheit und Wert getragen.

Rosa tritt mit den Bewegungen einer Königin auf die Leinwand, auch wenn es nur ein langsamer Winterspaziergang im Gefängnishof ist. Sie durchschreitet diese verworrenen Jahre im Kittel und mit geordnetem Haar, keine unbeherrschte Geste, den durchdringenden Blick, in dem sich das Bewußtsein eines jahrhundertelangen Ausgeschlossenseins spiegelt, auf die Zuhörenden gerichtet, wenn sie zu sprechen anhebt, sich der subtilen Verführung bewußt, der ausgesetzt ist, wer Gerechtigkeit will und sich für sie exponiert. Keine von uns armen Gruppen- oder Parteifunktionärinnen oder ehemaligen Funktionärinnen, die einen Saal durchquert haben, um den Vorsitz zu übernehmen oder zu einem Mikrophon zu gehen, wird sich ein Lächeln über Rosa und sich selbst verkneifen können, wenn sie sieht, wie Margarethes Kamera auf den unmittelbar einer Rede vorangehenden Momenten stehenbleibt, wenn der uralte Drang, die Flucht zu ergreifen, ganz stark ist, aber niemand es weiß. Und die Frauen werden, glaube ich, diese Erfahrung kennen, sich ganz in Entscheidungen einzubringen und folglich zu leiden, ohne sich den einen oder dem anderen zu entziehen, was eine Voraussetzung ist, um sich selbst nicht aufzugeben und sich auf eine Weise zu befreien, die auch durch uns selbst hindurch führt. Und was werden die VerfechterInnen des Sex als dem einzigen und unaussprechlichen Ort der emotiven Kommunikation über jene Szene sagen, in der Rosa erst Kostja Zetkin, der ihr Kind sein könnte und den sie körperlich liebt, in eine erotische/mütterliche Umarmung schließt und dann übergangslos sich ruhig der politischen Arbeit, dem Parteikongreß zuwendet. Die Trennung von Privatem und Politischem läßt grüßen. Tatsache ist, daß man, um die Unentflechtbarkeit des Gelebten als Gedachtes, Getanes und Erlittenes anzunehmen, den Mut haben muß zum Schmerz und ihn zu zeigen. Ich glaube, es hat im Kino nie ein Gesicht gegeben wie das der Sukowa in der Nacht im Gefängnis, als der Krieg ihren Kostja getötet hat. Dieses furchtbare, entstellende, Unwiederbringlichkeit ausdrückende Weinen einer alleinstehenden, nicht mehr jungen und besiegten Frau.

Die unduldsame und nicht geduldete Rosa, nie in der richtigen Zeit, immer abgelehnt – würde sie sich in diesem Film wiedererkennen? Die Jahre sind vergangen und so die Weisen, sich selbst, die Revolution, die Geschichte zu denken. Jener Kolbenhieb auf den Hinterkopf, das Zusammensacken auf dem Boden und Ruges Revolver haben Rosa Luxemburgs Leben am Anfang vom Ende der Revolution ein Ende gesetzt. Das Ende der Revolution war abzusehen, doch sollte es noch lange fortwirken im Labyrinth der Jahre und wirkt auch jetzt noch fort. Das hätte Rosa Luxemburg, glaube ich, wiedererkannt und gemocht, die Figur, die aus der Begegnung zwischen dem, was sie von sich auf der Welt hinterlassen hat, und Margarethe von Trotta hervorgegangen ist. Es gibt dieses wunderschöne Bild, als sie und Lulu Kautsky, einander im Besuchszimmer von Breslau gegenübersitzend, nicht wissen, was sie einander sagen sollen, so groß ist die Zerstörung gewesen; die Wache droht mit dem Abbruch des Gesprächs, und Rosa steht auf und flüchtet in den Schoß der anderen, legt ihr den Kopf an die Brust, erschöpft, die alte Rückkehr zur Mutter. In der Umarmung und auf dem Gesicht der Freundin, die sie aufnimmt, drückt sich, glaube ich, das aus, was Margarethe von Trotta für unsere ferne Schwester empfand. Heute wird dem, wofür sie gelebt hat und wofür sie, wie es in den grausamen Märchen heißt, gestorben ist, hartnäckig jeder Sinn abgesprochen. Dieser Verleugnung hat Margarethe von Trotta sie entrissen, hat sie getröstet, der Vorstellungswelt unserer Tage zurückgegeben, mit der ewigen Geste gegen den Tod, indem sie den Schleier des Vergessens zerriß.

September 1986

Differenzen in der Differenz

Ich weiß nicht, ob Ida Dominijanni *(Il manifesto)* recht damit hat, die Krise des Virginia-Woolf-Zentrums in Rom als Lokalangelegenheit anzusehen. Jedenfalls fordert diese Krise Überlegungen heraus, von denen ich einige gerne darlegen möchte.

1. Meine erste Überlegung betrifft die Strukturen, besser gesagt die Räume, die einige Institutionen in den vergangenen Jahren – ungern und meistens, nachdem sie hatten »besetzt« werden müssen – der Frauenbewegung zur Verfügung gestellt haben. Von feministischen Gruppen verwaltet, sind diese Zentren zu den unabhängigen Aktivitäten – wie den Buchläden, den 150-Stunden-Kursen[1], der Herausgabe von Zeitschriften oder ähnlichem – hinzugetreten. Mit dem Niedergang der Bewegung im engeren Sinn haben sich einige von basisdemokratischen Treffpunkten zu strukturierteren Initiativen fortentwickelt; das Virginia-Woolf-Zentrum in Rom hat – nicht ohne Auseinandersetzungen über die »Legitimität«, ein Überbleibsel der vorangegangenen basisdemokratischen Bewegung – versucht, zu einer Art separatistischer Frauenuniversität zu werden. So bot sie den Frauen, die sich einschreiben wollten, von anderen Frauen gehaltene Kurse an, die über ihre Wissensgebiete sprachen (oder wie in meinem Fall über das, was ich »von Beruf her« nicht wußte), wobei Geschichte und Ideen der Frauen, die bislang nicht unter dem Blickwinkel der Geschlechterdifferenz gesehen worden waren, neu beleuchtet wurden. Das Gespräch unter Frauen, die überzeugt waren, daß die weibliche Identität auch durch diese Suche konstruiert werden müsse, war der erforderliche und hinreichende gemeinsame Nenner.

Es waren interessante Jahre. Ich erinnere mich, wie aufregend und fruchtbar es für mich, die ich eine andere Geschichte hinter mir habe, war, als Frau zu Frauen zu sprechen, ihnen zuzuhören und während meiner Kurse oder im Anschluß daran zu diskutieren. Diese Auseinandersetzungen waren ein nützlicher Bezugspunkt als Maßstab für mich wie für die bestehenden Unterschiede in der Herangehensweise. Kurz, ich weiß nicht, ob ich von Nutzen gewesen bin, ganz sicher aber habe ich viel gelernt.

---

1 Die 150-Stunden-Kurse waren eine Errungenschaft der Gewerkschaften in den siebziger Jahren. Allen Arbeitnehmerinnen und Arbeitnehmern wurde ein Anrecht auf 150 Stunden Weiterbildung pro Jahr zugesichert. (Anm. d. Übers.)

Vor zwei Jahren ist diese Konzeption, die Unterschiede innerhalb des Separatismus zuließ, radikal durch ein Dokument zum Thema weibliche Politik in Frage gestellt worden. Es wurde gefragt, ob das Virginia-Woolf-Zentrum weiterhin diesen verschiedenen Stimmen ein Forum bieten oder ob es nicht wesentlich als Zentrum für das Studium und die Verbreitung der theoretischen Position des Mailänder Frauenbuchladens zur »Differenz« fungieren solle. Denn im Zentrum hatte sich eine Gruppe herausgebildet, die mit dieser Position übereinstimmte.

Der Frauenbuchladen der Via Dogana hatte auf einer Tagung in jenem Herbst unmißverständlich zum Ausdruck gebracht, daß sein Interesse nicht auf die Versammlungsorte von Frauen als solche zielte, sondern auf die Verbreitung seiner Auffassung von den Beziehungen zwischen Frauen und von der Geschlechterdifferenz. Es handelt sich um eine Theorie der Geschlechterdifferenz in der Gesellschaft, die das Sich-Anvertrauen *(affidamento)* zwischen Frauen als soziale Form eines Verhältnisses innerhalb der männlichen Gesellschaft konzipiert, um so die Frauen, die in dieser Gesellschaft leben müssen, sichtbar zu machen und zu stärken, indem jeder von ihnen feste Bezugspunkte geboten werden. Diese Bezugspunkte gründeten zum einen auf einer philosophischen Hypothese, zum anderen auf einer Autorität von Prinzipien, einer Hierarchie, einem System des Austauschs zwischen den Vertragschließenden – Unterricht und Aufwertung –, das die Frauen der Abhängigkeit von einem »Lebensmeister« und damit verbundener gesellschaftlicher Verkehrsformen entziehen sollte.

Kurz darauf veranstaltete das Virginia-Woolf-Zentrum einen Kurs, dessen thematischen Schwerpunkt ein Gespräch zwischen Luisa Muraro und Alessandra Bocchetti mit dem Titel *Vincere cosa, vincere cosa* bildete. Darin ging es um die Frage, ob ein Arbeitsprojekt, in dessen Mittelpunkt nicht diese »Beziehung unter Frauen« steht, nicht im Grunde eine Energie- und Geldverschwendung sei. Zwei weitere Beiträge wurden dem beziehungslos zur Seite gestellt; sie beschränkten sich darauf, andere partikuläre Forschungswege vorzuschlagen. Aufgefordert, über »Politik« zu sprechen, hatte ich – mit einer gewissen Naivität – beabsichtigt, den Archetypus des Verhältnisses Frau/ Politik in Sophokles' Antigone mit den Kursteilnehmerinnen zu untersuchen. Doch während der Diskussion wurde ich mit höflicher Bestimmtheit aufgefordert, mich zu der vom Buchladen vorgeschlagenen Beziehung zwischen Frauen zu äußern, was allein die Anwesenheit meiner Zuhörerinnen und meine eigene an jenem Ort rechtfertige.

Vielleicht stimmte das an diesem Punkt sogar. Tatsache ist, daß diese Entscheidung für diejenigen, die nicht zur Organisationsgruppe gehörten, den Charakter des Virginia-Woolf-Zentrums sichtlich veränderte. Von einem Ort der Zusammenkunft und des Austauschs zwischen unterschiedlichen weiblichen Kulturen sollte es zu einem Ort der Verbreitung einer einzigen werden, die als radikalste und einzig das »Denken der Geschlechterdifferenz« begründende angesehen wurde. Die anderen waren Ausdruck eines Irrtums, einer falschen oder verderblichen Sicht der Differenz – im wesentlichen eine Verwirrung. Von daher die Notwendigkeit, entweder eine Zustimmung zu verlangen, oder sich gegen die, die nicht übereinstimmten, ohne Gesprächsbereitschaft abzugrenzen.

2. Es mag eine ganz persönliche Meinung sein, daß das Virginia-Woolf-Zentrum sich auf diese Art der sehr wichtigen Aufgabe entzogen hat, in der gegenwärtigen Phase gesellschaftlicher Zersplitterung den autonomen Rahmen für weibliche Denkansätze in einer Metropole wie Rom durch eine kulturelle Initiative auszuweiten, die den unterschiedlichen Bedürfnissen und Positionen Rechnung trägt. Innerhalb dieses Rahmens hätten immer noch den Frauen, die sich reif dazu fühlten bzw. das Bedürfnis verspürten, Möglichkeiten und Räume gesichert werden können, um eine konzentrierte theoretisch-politische Forschung zu vertiefen.

Die eine politische Position vertreten, die sie als einzig gültige definieren, bewegen sich in einem anderen Bereich von Prioritäten, der nicht Ausdruck von Frauen als Subjekten ist: Die Differenzen in der Differenz werden gegenüber einer Ausarbeitung, die sich der Hauptsache nach für autonom, kühn, beispiellos und endgültig hält, zu einem abweichenden, ja grundsätzlich feindlichen Element.

Ein Versammlungsort ist das eine, etwas anderes die Bildung einer Gruppe, die im Hinblick auf die »Einheitlichkeit der Linie« die Merkmale einer Partei hat. Ehrlich gesagt sehe ich darin und in den Beziehungen, die die einheitlich denkende Gruppe zum *Anderen* herstellt, keinerlei weibliche Besonderheit, sondern die Formen und Knotenpunkte der Dialektik zwischen Gruppe und informeller Bewegung. Auch die Grundlagen und Methoden entspringen keiner spezifisch weiblichen Epistemologie: Sie finden sich bereits alle in der politischen Phänomenologie der Moderne. Schmerzlich ist dabei, daß, während vermeintlich darüber diskutiert wird, wie Frauen gegenüber Männern »wirklich oder nicht wirklich separatistisch sind«, in Wahrheit ein Graben des Separatismus unter den

Frauen aufgerissen wird. Eben das, was – wie Luisa Muraro scharf-
sinnig feststellen würde – seit Lenin die Arbeiterklasse von der
Arbeiterpartei trennt, im guten wie im schlechten. Rührt der Vorwurf des Pluralismus in seiner negativen Konnotation etwa nicht aus
der klassischen Überzeugung, alles, was sich nicht in einem bestimmten Horizont von Voraussetzungen bewegt, innerhalb dessen
allein die Auseinandersetzung produktiv erscheint, sei unbegründet
und sogar schädlich? Und daraus, daß man jedes andere Denken als
»schwach«, kompromißlerisch und unscharf abwertet? Auch die
Behauptung, die Politik könne die Psychoanalyse hinterfragen, aber
nicht umgekehrt, weil die politische Gruppe als solche den Dynami-
ken zwischen Individuen nicht unterliege, zeugt von der klassischen
Weigerung des Politischen, sich – auch unter dem Aspekt der sozialen Phänomenologie oder der unbewußten Gruppenbeziehungen –
untersuchen zu lassen.

3. Wenn die Entwicklung des Virginia-Woolf-Zentrums sich der
Sicht und dem Erleben einer ehemaligen Dozentin, wie wir uns
nannten, und ohne daß ich irgend etwas von den Wegen der Organisationsgruppe wüßte, so (oder wenigstens auch so) darstellt, drängen sich zwei grundsätzliche Fragen auf, die über die Problematik
einer lokalen (römischen) Struktur hinausgehen.
   Erstens fragt sich, ob es stimmt, daß beim gegenwärtigen Stand
der weiblichen Bewußtwerdung und Ausarbeitung die Versammlungsorte von Frauen, die sich nicht ausdrücklich auf eine For-
schungshypothese berufen oder, wenn sie eine haben, doch die Auseinandersetzung mit anderen suchen, inzwischen überholt und
unnütz sind. Zweitens fragt sich, ob die Bildung einer homogenen
Forschungsgruppe sich auch unter Frauen so vollziehen muß, daß sie
nicht nur eine einzige Hypothese verfolgt, sondern darüber hinaus
alle anderen ablehnt und sie nicht einmal als Vorstöße in Neuland,
als partielle Wahrheiten zuläßt, die dem politischen Geschehen entspringen und etwas daüber aussagen. Als politische Person empfinde ich die mobilisierende Kraft einer sozusagen »zentralen« Interpretation sehr stark; ich kann freilich – doch wäre dies bei anderer
Gelegenheit zu diskutieren – deren Grundlage akzeptieren oder
ablehnen, wie es mir bei einem großen Teil der modernen oder postmodernen Sozialphilosophie ergeht. Aber diese Entscheidung wird
zu einem großen Problem für mich, wenn es um die Herausbildung
eines Denkens der sogenannten »neuen Subjekte« und insbesondere
um das Selbstverständnis von Frauen geht. Ich bin nicht der Meinung,

daß es sich um eine Identität neben anderen handelt; es ist ein ganzes Geschlecht, das Jahrtausende einer spezifischen Geschichte hinter sich hat, in der es von anderen gedacht worden ist, und das nun mit einer doppelten Bewegung der Erkenntnis und der kritischen Distanzierung in die Gegenwart tritt.

Daher bin ich sehr skeptisch gegenüber der Formulierung eines theoretischen Kerns, sofern er den traditionellen Prozeß der Abtrennung einer »Wahrheit« von anderen Formen der Bewußtwerdung, den Wegen und Reflexionen darstellt, die a) an diesem Punkt der Geschichte gegeben sind: der Geschichte des Denkens, der Komplexität der Akkulturationen und des Verhältnisses zwischen den Geschlechtern, zwischen Individuum und Gesellschaft, BürgerInnen und Staat, Frau und sozio-politischem System. Sie alle seien, wie betont wird, mit dem entsprechenden Kategoriensystem neu zu bestimmen, aber bisher hat wenig Neubestimmung stattgefunden; im Gegenteil erscheint mir, wie ich darzulegen versucht habe, an der Politik als Methode des Sich-in-Beziehung-Setzens weniges neu; und die b) in einer breit gefächerten Phänomenologie des weiblichen Seins und Bewußtseins in der Welt bestehen.

Die Differenzen in der Differenz sind für mich mit anderen Worten ein Zeichen, das gerade bei der Konstruktion eines theoretischen Kerns berücksichtigt werden muß. Und dies nicht etwa, weil die Standpunkte gleichgültig wären (einen Relativismus würde mir niemand abnehmen), sondern weil die partiellen Denkansätze mit ihrer Stärke und Autonomie heute im Unterschied zu anderen Epochen ein Material bilden, das nicht vereinfachend als »Ideologie« im Sinne falschen Bewußtseins abgetan werden kann, ohne zu berücksichtigen, was sie ausdrücken. Auch wenn ich gerade von der theoretischen Grundlage der Position des Frauenbuchladens wenig überzeugt bin – wie könnte ich das sich darin ausdrückende Bedürfnis ignorieren, weibliche Identität nicht als Spiegel der männlichen zu begründen? Wie könnte ich die Botschaft der Stärke überhören, die sie den Frauen übermittelt, oder wie in der gar zu einfachen Überzeugungskraft der Formeln vom Sich-Anvertrauen und von einer Hierarchie (die eine andere Form von Abhängigkeit darstellen) nicht auch das Bedürfnis nach einer nicht atomisierten und den Mechanismen des anderen Geschlechts ausgelieferten Daseinsweise sehen? Wie kann ich das, was mich an diesem Block von Thesen nicht überzeugt, diskutieren, ohne von dem auszugehen, was sie mir als Bedürfnis offenbaren und als Untersuchungsform anzeigen? Und wie kann ich zudem heute von Politik – besonders, aber nicht nur

unter Frauen – sprechen, ohne die Geschichte, die Grundlegung und
gegenwärtige Substanz des Terminus zu problematisieren?

Methode und Sache sind nicht mehr so leicht voneinander zu
trennen, wenn sie es je waren. Daher das Interesse, glaube ich, das
Problem nicht unbehandelt zu lassen, das sich beim Virginia-Woolf-
Zentrum aufgetan hat, aber auch anderswo gelten könnte.

April 1989

Versuche einer postumen Wiedergutmachung an den Frauen von 1789

Wie nach dem hundertsten Jahrestag ist auch dieses Mal wieder über die Frauen geschrieben worden, die mit der Französischen Revolution ungestüm die politische Bühne erobert haben, mit dem Gefühl, ihnen eine Wiedergutmachung dafür schuldig zu sein, daß die zeitgenössische und unmittelbar darauffolgende Geschichtsschreibung sie ins Vergessen gestürzt hatte. Ende letzten Jahrhunderts waren es einige aufgeklärte Intellektuelle, die manchmal dazu neigten, über die Geschichte hinaus Legende zu schreiben: allen voran Michelet, der in seine junge Gattin verliebt und deshalb den Frauen zugetan war.

Zum zweihundertsten Jahrestag stellen sich die Verhältnisse anders dar. Die Frauen haben in Untersuchungen zur Französischen Revolution das Wort ergriffen und über ihre revolutionären Vorfahrinnen geschrieben. Überzeugend? Ich weiß es nicht. Und ich spreche von dem, was in Frankreich erschienen ist, denn die italienischen Verlage haben bestenfalls die großen Werke neuaufgelegt oder einige Kuriositäten übersetzt.

Man könnte meinen, die Männer seien sich so sicher, daß die Prinzipien von 1789 für sie ewig gelten, und die Frauen sich ebenso sicher, daß sie uns nichts angehen, so daß bei uns keinerlei Überprüfung angeregt oder gedruckt worden ist.

Im *Dictionnaire critique de la Révolution française* (von Furet und Ozouf, Paris 1988) tauchen im Stichwortregister nur zwei Frauen auf: Marie-Antoinette und Madame de Staël, die Feindin und außenstehende Beobachterin. Diejenigen, die auf seiten der Revolution standen – Jakobinerinnen, Girondistinnen, Sansculotten oder »Enragées« –, werden nur wenige Male im Namensregister genannt (Olympe de Gouges gar nicht), und im Sachregister verweist das Stichwort »Frau« auf Code civil, Entchristlichung, Gleichheit, Enragés, Marie-Antoinette, Sansculotten, Wahlrecht. Die Frauenclubs erscheinen nicht einmal als eigenständiger Unterpunkt. Über Charlotte Corday steht etwas im Artikel über Marat. Unter den AutorInnen eine einzige Frau, die Mitherausgeberin Ozouf.

Ohne damit etwas einfordern zu wollen, läßt sich feststellen, daß die Frauen in dem Moment verschwinden, da man sich für die Geschichte der Revolution als »Ideengeschichte« gegen die »Sozialgeschichte« entscheidet, die sich mit Mathiez, Lefebvre und Soboul

durchgesetzt hatte. Sie äußern keine großen Ideen in Versammlungen, zu denen sie im übrigen nicht zugelassen sind. Sie sind in die
Ereignisse hineingeratene und zumeist von ihnen mitgerissene »Personen«, »Existenzen«, und eine neue massive körperliche Präsenz in
den Versammlungen, Protestzügen oder Zusammenstößen; oder sie
sind Zuschauerinnen vor der Guillotine, wenn sie nicht selbst als
Aristokratinnen darauf gezerrt werden, im allgemeinen, weil sie die
Frau oder Tochter von jemandem waren.

Hier liegt ein erstes Paradox der Ideen- wie auch der Sozialgeschichte. Die Straßenunruhen, der Zug der Frauen, der den König
und die Königin aus Versailles nach Paris zurückbringt, der Druck
der Massen auf die Nationalversammlung, die Aufstände in den Faubourgs – um nur von Paris zu sprechen – sind wesentlich. Ohne die
ersten Bauernunruhen hätte es die Entscheidungen vom August
1789, die zur Abschaffung des Frondienstes und zur Aufteilung der
Kirchengüter führten, nicht gegeben. Die damals diskutierten Ideen,
die die Pyramide der Gewalten für immer einreißen sollten, entstehen aus diesen Ereignissen; es ist zu bezweifeln, daß die Revolution ohne sie stattgefunden hätte, und ebensowenig ist denkbar, daß
eine Debatte über die Institutionen und die Bürgerrechte (welche?
wo?) gereicht hätte, um das Ancien Régime zu beseitigen. Die
Ideengeschichte aber, die heute die Oberhand gewinnt – die be-
geisternde Geschichte der Gründungsthesen der sogenannten Volks-
Souveränität und der Grundsätze der Demokratie –, scheint von diesen Massenbewegungen »angetrieben« zu werden, doch registriert
sie sie nicht, es sei denn als Hintergrundgeräusch, als Moment des
Informellen, des gewalttätigen Chaos.

Für die Gesamtheit der Bedürfnisse, Werte, entscheidenden
Anstöße, welche die Massen der Französischen Revolution brach-
ten, hat sie keinerlei Aufmerksamkeit. In ihr ist nur Platz für diejenigen, die innerhalb des institutionellen Rahmens, wenn auch zumeist
unter dem Druck der Menge, das Wort ergriffen haben. Die Sozialgeschichte dagegen, für die die Bewegungen alles und die Nationalversammlung deren – im allgemeinen reduktive – Übersetzung in
Politik ist, sieht die Massen und ihre gesellschaftlichen Komponen-
ten als geschlossene Gruppen, in denen die Person, auch die Frau-
Person zwar zuweilen auftaucht, die Frauen als Geschlecht jedoch
lediglich die Spitze des spontanen Protests darstellen als diejenige,
die am lautesten schreien: »Sie lassen uns verhungern!«, »Der König
nach Paris!«, »Nieder mit den Raffern!«, »Wir wollen Brot!«.

In diesem Sinn erkennt sie die historische Neuheit an, doch nicht

darüber hinaus. Sie sind das Volk, das erstmals in Gestalt der verzweifelten und mutigen Frau das Wort ergreift – das Volk, und
manchmal auch die Aristokratie und die Vendée, die ihre Kämpferinnen gehabt hat.

Umgekehrt ist es für Frauen schwer, aus dem Schweigen in der Politik und der Homologisierung im Gesellschaftlichen herauszukom-
men. Wer außerhalb der Institutionen steht, vermag die politische
Sprache nicht wirklich anzuwenden. Sie lebt nicht außerhalb der
Stätten, die zu »Machtzentren« werden. Tatsächlich zählt von den
Frauen, was die Entscheidungen angeht, einzig Marie Antoinette,
was die Ideen angeht, nur Madame de Staël.

Je mehr man sie aus der Nähe betrachtet, desto mehr scheinen die
anderen Gestalten der Tradition – Olympe de Gouges, Théroigne de
Méricourt, Manon Roland, Pauline Léon, Claire Lacombe (ganz zu
schweigen von dem in ihrem Wahn friedlichen Geist Charlotte Corday) – der Debatte der Männer verpflichtet zu sein.

Das Paradox besteht darin, daß die Begriffe dieser Debatte
umstürzlerisch klingen, sobald eine Frau sie in den Mund nimmt.
Olympe de Gouges' Thesen zur Gleichberechtigung sind kaum mehr
als eine Paraphrase der Erklärung der Menschenrechte, und sie sind
bereits das radikalste Dokument. Und doch ist allein die Forderung
nach Rechten auch für Frauen – nach gleichen Rechten – in der
unausgesprochenen Ungleichheit der Geschlechter ein solcher
Sprengstoff, daß sie bei Männern Entsetzen auslöst, exorziert und
verdrängt wird. Das Ungewohnte, daß Frauen sich in die Politik ein-
mischen, macht Angst: Dieselben Wörter kommen aus ungewohn-
tem Mund, oder die Gebärden der Frauen, an die man im Haus
gewöhnt ist, werden vor der Guillotine unerträglich. In einer Welt
von Beziehungen, die auf der klaren Trennung zwischen öffentlicher
und privater Sphäre gründet, sind sie Ungeheuer, Schrecken, wie es
im Thermidor heißen wird. Doch hat nicht einmal die Nationalversammlung in ihren besten Zeiten sie geliebt, ganz zu schweigen vom
Konvent. Wenn sie die Tribüne verlassen, wo sie der Debatte beiwohnen, und ums Wort bitten, erteilt man es ihnen zum Zweck eines
erbaulichen Schauspiels: um es zu benutzen, nicht um zuzuhören.
Und fordern sie, wenn sie für sich selbst sprechen, auch nicht mehr
als Condorcet für sie gefordert hat – der einzige, der sie im vollen
Sinn des Wortes zu »Bürgerinnen« erklärt –, so entscheidet die Kommission Amar schließlich doch dagegen, wie für Knechte und
Kinder. Und das vielleicht nicht so sehr, weil man wie Rousseau

denkt, die weibliche Natur sei zu gefühlsbetont, um »die öffentlichen Angelegenheiten gerecht zu beurteilen« – weshalb die Frau Objekt der Bevormundung bleibt, statt Subjekt der Entscheidung zu werden –, als vielmehr, weil im neuen »Bürger« die Vorstellung verankert ist, die auch in der englischen Revolution bestand und unter umgekehrtem Vorzeichen bei Marx wieder auftauchen sollte, daß nur diejenigen frei über sich verfügen können, die »Eigentum« besitzen.

Frauen besitzen indes nur selten und vorübergehend Eigentum. Sie haben entweder eine Rente, die sie geerbt oder als Mitgift erhalten haben und mit Hilfe von fachkundigen Beratern verwalten, oder sie betreiben einen Kleinhandel oder üben irgendein gering geachtetes »Gewerbe« aus; und was das ursprüngliche und dauerhafte Eigentum an ihrem Körper angeht, scheinen die Frauen aus dem Volk es gar nicht wahrzunehmen, und die randständigen Amazonen stehen noch unter dem Einfluß der Freiheit der adligen Frauen des 18. Jahrhunderts.

Besonders zu Anfang bitten Frauen des Dritten Standes nur korporativ um den Schutz ihrer »Gewerbe« gegen Männer (daß die sich nicht unterstehen, Wäsche zu waschen, Blumen zu verkaufen oder zu sticken) und auch gegen andere Frauen, die auf den Markt zu drängen suchen: siehe die *Cahiers de doléance des femmes* (Beschwerdehefte der Frauen), die von »Des Femmes« herausgegeben wurden (Paris 1988, Vorwort von Marie Duhet, einer der wenigen ins Italienische übersetzten Texte, erschienen im Verlag »La Luna«, Palermo). Es sind vorsichtige *Cahiers*, in denen die Frauen sehr darauf bedacht sind, ein Bild der Tugendhaftigkeit von sich zu geben, Befürworterinnen der Ordnung, im Namen des geliebten Königs. Die Idee der gleichberechtigten Frau, die folglich das Recht, ja die Pflicht hat, sich gegen die Ungerechtigkeit aufzulehnen, kommt nach den Generalständen. Doch erscheint sie im eigentlichen Sinn als eine »Nicht-Idee«, als ein Gedachtes, das unmöglich zur Kenntnis genommen werden konnte: Über diesen inneren Widerspruch der Französischen Revolution und die Weisen, in denen er verschleiert wurde, scheinen mir wenige nachzudenken.

So verschwinden die Frauen also entweder in der Ideengeschichte oder gehen als exponiertester, zugleich schwacher und gewalttätiger Teil des gesellschaftlichen Körpers in der Geschichte unter, in den Bewegungen, die aus dem Kampf für die Grundbedürfnisse und gegen die sichtbar und damit ahndbar gewordenen Ungerechtigkeiten hervorgegangen sind.

Jetzt geben uns die Archive einige Frauenleben zurück, die dem

Strom, der sie mit sich fortzunehmen drohte, entrissen worden sind. Für Frauen ist es schwierig, in Erinnerung zu bleiben, wie für alle Subjekte ohne Macht, und ein weiteres Hindernis kommt hinzu: Frauenfeindlichkeit. Von Marie Antoinette bis zu den Kämpferinnen (die zumeist als »Ehefrauen«, »Frau Boudray« usw. ohne Mädchenname erinnert werden; auch Marie Antoinette ist »Frau Capet«) entgeht ihr keine: Die Frauen, die in die Politik eingestiegen sind, waren ihres Geschlechts unwürdig, weil sie schrien, rachsüchtig und unzüchtig waren (der geschürzte Rock und das Musselintuch, das den Busen nur eben bedeckt – in der Ikonographie der Rechten ist er immer entblößt). Die Seite seiner selbst, die nur Haß ist, dekliniert der Revolutionär weiblich: So würden Männer jemanden um der Sache willen in den Tod schicken, Frauen dagegen aus angeborener Niedertracht lachen, wenn Köpfe rollen.

Keine kann dem entgehen. Marie Antoinette war unselig, weil sie dumm war; sie hat ihren schwachen Mann und sich selbst buchstäblich in den Tod geschickt, indem sie sich zur Flucht entschloß. Aber die uferlose Literatur, die zu ihren Lebzeiten und nach ihrem Tod gegen sie veröffentlicht wurde – meist anonym und »in London« – ist ein Meisterwerk an Sexismus. Sie beschreibt sie wie wahnsinnig ihren Lüsten ergeben, immer halbnackt im Salon, in einem Alkoven, einem Gebüsch oder an einem Brunnen des Petit Trianon, stöhnend in wilden Umarmungen. Beim Prozeß sollte man sie des Inzests anklagen (ihren Sohn, den kleinen Ludwig XVII. – der dann auf geheimnisvolle Weise vor den Augen der Aufseher und Aufseherinnen verschwand, die die Bewachten nicht einmal bei den intimsten Bedürfnissen allein ließen –, soll sie zur Masturbation aufgefordert haben). Keine Karikatur kommt an Grausamkeit Davids Zeichnung von Marie Antoinette gleich, wie sie zum Galgen geführt wird – eine Hexe, halb lächerlich, halb grauenerregend, deren aufrechte Haltung und Würde im Tod wenigstens durch seine Feder festgehalten bleiben. Ob er die Erklärung von Olympe de Gouges je gelesen hat? Ich glaube nicht. Auch Olympe sollte im Gefängnis enden und sich, nachdem der Mut sie verlassen hatte, schwängern lassen, um der Guillotine zu entgehen. Sie sollte gebären und dann trotzdem dorthin geschleift werden. Der »Moniteur« berichtet darüber wie über die Hinrichtung einer Mänade, einer Furie. Dagegen zeichnen die Zeugnisse das Bild einer nicht mehr ganz jungen, geistreichen und sanften Frau. Wie Anne Josephe Terwagne, die von den Royalisten scherzhaft Théroigne de Méricourt genannt wurde, war sie eine Randfigur sowohl für das Volk wie für den Adel; sie konnte lesen

und schreiben, verfügte frei über sich selbst, und zuweilen bezog sie
ein kleines Einkommen von Männern. Ist das bei Verheirateten denn
anders? Es reichte jedenfalls, um sie als Kurtisane abzustempeln.
Théroigne wurde darüber verrückt, und das Gesicht, das Gervais
während der langen Jahre des Wahnsinns für Esquirol gemalt hat,
zeigt es.

Doch ist die weibliche historische Konkretheit so ungewiß, daß
Anne Soprani (*La révolution et les femmes de 1789 à 1796*, Paris
1988) es vorzieht zu schreiben, ihr Wahnsinn sei ein Märchen. Erst
Elisabeth Roudinesco (*Théroigne de Méricourt, Histoire d'une
mélancholique sous la révolution*, PUF, Paris 1989) befreit ihre
ganze oder nahezu ganze Geschichte Dokument für Dokument vom
Schleier der Misogynie und von den Schatten, die der Verdacht der
Misogynie auch auf die sicheren Quellen wirft.

Die Girondisten haben Manon Roland geliebt, die deutlichere
Spuren hinterlassen hat: Spuren eines Charakters, den die Jakobiner
verabscheuten, jedoch erkennbar. Spuren eines Denkens? Das läßt
sich schwer sagen, wenngleich sie eine der wenigen war, die Mittel
und Position dazu hatte. Das gleiche gilt für Pauline Léon und Claire
Lacombe, die Enragées, die dem Tod nur entgehen, um in Vergessenheit zu geraten, während die Frauen des Direktoriums kurzfristig
die klugen Nymphen, Lebenslehrerinnen oder Koketten des ausgehenden Jahrhunderts, zu neuem Leben erweckten; zweitrangige
Gestalten. Der Frauenfeindlichkeit entrinnt nicht einmal die, die am
meisten geschrieben und nachgedacht hat, Germaine de Staël. Sie
hat zwar keinen»Frauen«-, ganz sicher aber einen autonomen Standpunkt. Sie war es, die Einfluß auf Benjamin Constant ausüben sollte
und nicht umgekehrt; und er liebte sie, doch auf dem Höhepunkt
seiner Verliebtheit notierte er in seinem Tagebuch, daß sie zwar
faszinierend, aber nicht schön und bereits alt sei: ganze siebenund-
zwanzig Jahre, ein Jahr älter als er. Sie war nicht wehrlos, doch hatte
sie gewiß kein leichtes Leben, da sie sich unter anderem der Macht
weniger beugte als ihre Männer.

Und die ohne Namen und ohne Biographie? Der vielleicht interessanteste Forschungsbeitrag ist der von Dominique Godineau,
Citoyennes tricoteuses (Paris 1988), ein Versuch, die flüchtige Phy-
siognomie der Pariser Frauen aus dem Volk einzufangen, gewalt-
tätige und rachsüchtige Silhouetten, in Damenhut, Schürze oder
Amazonenkleid, wie sie von der Ikonographie bei Protestzügen,
Festen und Tumulten dargestellt werden, oder während sie lachend
den Hinrichtungen beiwohnen. Doch nur selten haben sie einen

Namen, ein Gesicht, die konkreten Züge einer Person – bestenfalls in den Archiven der Polizei oder anderer wachsamer Gewalten. Gesellschaftlich gehören sie zur arbeitenden Bevölkerung: Viele sind Arbeiterinnen, Handwerksgehilfinnen, kleine Kurzwarenhändlerinnen; im Paris vor und während der Revolution stellen sie einen hohen und lächerlich schlecht bezahlten Teil der Arbeitskräfte, der bereits auf eine moderne städtischen Sozialstruktur hindeutet.

Solange sie arbeiten, haben sie einen Namen, und zuweilen behalten sie ihn, wenn sie Politik machen. Häufiger aber besteht ihre Politik in der Teilnahme an Protestzügen und Tumulten oder an der Erstürmung der Nationalversammlung. Diese Teilnahme ist entscheidend, wird jedoch durch die Masse anonymisiert. Daher scheinen sie alle denselben Weg zu gehen: den der klassischen Grenzüberschreitung. Sie kommen aus den Faubourgs, sind aus ihrem eigentlichen Ort, dem Haus, ausgebrochen, haben zu den Piken statt zu den Kochlöffeln gegriffen, schreien statt zu schweigen, rufen auf zum Kampf statt zum Frieden, zur Rache statt zur Versöhnung. Im Unterschied zu denen, die einen Namen haben, können sie mit den Paraphrasen des fiktiven Römertums, die der Revolution lieb waren, nichts anfangen: Ihre Sprache ist die alte, wütende, ungeschriebene Sprache der Frauen, die das Brot auf den Tisch bringen müssen und es nicht schaffen, und die überall Raffer, Betrug oder Verrat sehen. Die innere Zerrissenheit der Nationalversammlung und des Konvents geben der Vorstellung von einer gegen das Volk gerichteten Verschwörung Nahrung. Und Frauen sind es, die die Erinnerung an die Ungerechtigkeiten bewahren – denn was haben sie anderes kennengelernt? Und sie verachten auch den Teil ihres Geschlechts, der keine rissigen Hände, keine Frostbeulen an den Füßen, sondern Gewänder aus Seide hat. Sie werden als Jakobinerinnen in die Geschichte eingehen, weil sie sich den Jakobinern, obwohl diese entsetzlich frauenfeindlich waren, darin am nächsten fühlen (es sollen auch Jakobinerinnen gewesen sein, die Théroigne de Méricourt, die dann von Marat gerettet wurde, öffentlich ausgepeitscht haben). Später sollten es die Enragées sein. Sie treiben die Muscadins zur Verzweiflung, nachdem sie die zu Tode gekommenen Adligen beleidigt haben. Sie zeigen an und werden angezeigt.

Aus den Polizeiakten ergeben sich so die immer gleichen Umrisse der Normverletzung: Die Frauen sind der schlimmste Auswuchs der aufgebrachten Masse, und zugleich der schwächste. Sie bereuen, leugnen mit müder Stimme, kollaborieren nicht. Sie werden eingesperrt; die Clubs sind schon seit einiger Zeit geschlossen, niemand hilft ihnen; ihren Kopf retten sie gewöhnlich, um – wenn alles gut geht – zu ihrem alten Leben zurückzukehren; wenn nicht, liegt dort am Ende der Straße das Hôtel Dieu, das Armenhaus.

Dann sind sie von der Bühne abgetreten und aus dem Gedächtnis, aus der Geschichte verschwunden.

Auf der Bühne bleiben Männer, die häufig in den Dienst der neuen Machthaber treten, und »ihre« Frauen. Die Frauenclubs sind schon einige Zeit zuvor, und zwar von den Revolutionären, nicht von der Reaktion geschlossen worden. Der Schicht der zweitrangigen Revolutionäre, den Bürokraten des neuen Staates, haben Frauen nie angehört. Sie kehren nach Hause zurück.

Das folgende Jahrhundert sollte sie zweifach in die Familie einsperren, durch den Herrn in der Fabrik und den Herrn im Bett. Konkret sollten sie weniger Rechte haben, als ein Teil von ihnen, die Adligen, sich bereits vor der Revolution genommen hatten. Auch als die Restauration für Männer zu Ende war, dauerte sie für Frauen fort. Für sie, die nicht einmal Zeit hatten, über sich nachzudenken, sollte sie erst in unserer Zeit enden.

Juli 1989

Eine unbequeme Intransigenz

Vor zehn Jahren starb Jean-Paul Sartre, gerade rechtzeitig, ehe die Angriffe gegen den Typus der bzw. des engagierten Intellektuellen losbrachen, dessen Symbol er gewesen war. Die wenigen Jahre, um die Simone de Beauvoir ihn überlebte, reichten, um sie erfahren zu lassen, mit wieviel Groll die französische und nichtfranzösische intellektuelle Welt das Begräbnis periodisch mit einem immer tiefer werdenden Grab wiederholte, in dem zu enden verdiente, wer »den Kommunismus unterstützt« hatte; bis ihn schließlich auch in Italien *Micromega* auslöschte, indem sie ihm »Unterwürfigkeit« gegenüber der UdSSR vorwarf (und sich dabei auf einen mittelschweren Racheakt Moskaus gegen seine kurz zuvor verstorbene Übersetzerin Lena Zonina stützte).

Dem Engagement konnte nach Sartres Tod leichter der Garaus gemacht werden, denn er war wirklich kein zaghafter oder bequemer Polemiker gewesen, und die, die Streit gesucht hatten, hatten ihn auf eigene Kosten gefunden. Damit die Ideologie des Bestehenden um sich greifen kann, muß das »andere« Subjekt verschwinden oder stürzen – auch in Italien ist die von Pietro Citati angezettelte Polemik eine kümmerliche geblieben, bis die KPI selbst anfing, nur das Schlechteste über den Kommunismus und über all jene zu sagen, die irgendwie auf seiner Seite gestanden hatten.

Aber in Sachen Engagement hätte Sartre nicht nachgegeben; viel eher hätte er, der immer bereit war, die Stellung zu überprüfen, die er bezogen hatte, mit den Achseln gezuckt, wenn jemand gesagt hätte, daß es auch möglich ist, *nicht* Stellung zu beziehen. Als moderater Marxist – André Gorz sagte einmal boshaft, er sei nicht weit über die *Deutsche Ideologie* hinausgegangen – war Sartre seit 1936 unbedingter Vertreter der Klassenlehre gewesen, das heißt überzeugt von einer Marxschen Wahrheit, der zufolge die Freiheit der Person und die Möglichkeit ihrer Verwirklichung durch die Produktionsweise bedingt ist.

Die Verknüpfung des Themas der Existenz (das seinen Historismus zu etwas ganz anderem machte, als es der der italienischen hegelianischen Linken ist) mit der Lektüre nicht so sehr von Marx als vielmehr der Geschichte des politischen Konflikts bis zur Volksfront, Spanien, dann seiner ungeheuren Ausweitung im Weltkrieg, zudem sein Interesse für die kurze Zeit des zentristischen Frankreich und die lange des Frankreich unter Guy Mollet bis zum

Algerienkrieg, von da zu Fanon – diese Verknüpfung hatte ihn dazu gebracht, die beteiligten Parteien genau in den Blick zu nehmen und einzusehen, daß man immer auf seiten der einen oder anderen steht. Dem Bestehenden genügen das Schweigen oder das Lob der Gegenwart, und so reicht es zu schweigen, um auf seiten der Konservativen zu stehen; will man sich dagegen auf die Seite derer schlagen, die kämpfen, dann muß man sprechen, argumentieren, in gewissem Sinne entlarven und den Preis dafür zahlen.

Eher als eine politische Haltung war dies für Sartre und die Seinen eine konsequent durchgehaltene ethische Haltung. Er hat nicht nur gegen die Philister gestritten, sondern auch gegen Camus und eine von der Ethik des Sozialen getrennte oder ihr entgegengesetzte Ethik der Person oder des Blutes. Als Camus sich weigerte, das französische Heer wegen der Folter in Algerien anzugreifen, so entrüstet er auch darüber war (»ich werde doch nicht meine Mutter angreifen«), attackierte ihn Sartre. Ebensowenig verzieh er Merleau-Ponty, dem Freund und Denker ganz anderen Kalibers, daß er sich in gewisser Weise aus der Affäre zog, als das kommunistische Lager, Parteien wie Staaten, ihm unerträglich geworden war. Sartre und *Les Temps Modernes* dagegen hatten das Unerträgliche dokumentiert, indem sie David Rousset und den ersten Zeugnissen über die Lager Seiten einräumten, und ebenso sollten sie diejenigen sein, die Solschenizyn in Europa bekannt machten. Doch die Fehler und sogar die Schrecken der Linken geben keinen Freibrief, um nach rechts zu driften; davon wäre Sartre niemals abgegangen.

Und dies nicht aus Solidarität mit den Schwächeren, selbst wenn sie im Unrecht sind, sondern aus der Gewißheit heraus, daß die Scheidelinie der Mächte unauslöschlich ist. Sartre betrachtet die KommunistInnen, die Mittellosen und die Verdammten dieser Erde, ohne ihre Formen des Sektierertums, ihre Fehler und Grausamkeiten zu übersehen, und er zögert nicht, diese zu verurteilen – was notwendig ist für ihren eigenen Kampf. Denn all ihre Fehler machen sie doch nicht weniger ausgebeutet und unterdrückt, und die »andere Seite«, die der Herrschaft, ist der historische Feind, den es zu besiegen gilt. Und deshalb nimmt Sartre diese Fehler nicht zum Anlaß, das Lager zu wechseln.

Was Sartre für den organischen Intellektuellen der »postmodernen« kapitalistischen Gesellschaft unerträglich macht, ist eben diese Einsicht – die einige Abtrünnige voll Abscheu als »Freund-Feind-Schema« bezeichnen –, gepaart mit der Freiheit, offen mit denen zu sprechen, auf deren Seite er steht. Deswegen ist er einsam gewesen, erfolgreich, aber einsam, ein Outsider; sicher half seine Bildung ihm dabei, es zu sein. Er verspürte keinerlei Notwendigkeit, einer Familie und weniger noch einer Truppe anzugehören – der Stolz des denkenden Individuums blieb in seinem Verhältnis zu »den Massen« unangetastet.

Die KPF, die CGT, aber auch die heute zerstreuten jungen Freundinnen und Freunde der *Gauche prolétarienne* (man darf bezweifeln, daß Sartre die heutige *Libération* gefallen würde, obschon er sie mit ins Leben gerufen hatte und sie seinen Sinn für die Provokation bewahrt) hätten einen einflußreichen, aber weniger unbequemen Freund vorgezogen; jede Gruppe, die zur Partei wird, bevorzugt Weggenossen, die nicht zuviel diskutieren. Bezeichnend ist Sartres Verhältnis zu Pierre Victor, 1972 noch Führer der GP, in *Der Intellektuelle als Revolutionär* – und dann acht Jahre später im letzten Interview, kurz vor Ende seines Lebens, zu demselben Pierre Victor, der den Namen Benny Lévi wieder angenommen hat: Benny Lévi ist und bleibt ein Intoleranter, in seinem Eintreten erst für die Gewalt, dann für die Gewaltlosigkeit. Sartre besitzt die Stärke der Intransigenz; die Sturheit des Intoleranten, für den es allein diejenige Wirklichkeit gibt, an die er im jeweiligen Moment glaubt, ist ihm fremd.

Genau das aber ist *Engagement*. Wobei man nichts von sich selbst aufgibt. Gewiß eine riskante Sache, wo die Vorsicht doch gebietet, sich in Deckung zu bringen. Wer Sartre indes zu Vorsicht geraten hätte, hätte dafür, mehr als für irgendetwas anderes, einen erstaunten Blick geerntet.

April 1990

Der Klang des Denkens in Foucaults Stimme während der Vorlesung

Wir sind Mauro Bertani und Alessandro Fontana für die italienische – und weltweit erste – Ausgabe der von Michel Foucault zwischen 1970 und 1984 am Collège de France gehaltenen Vorlesungen Dank schuldig. Der erste Band, der die Vorlesungen des Jahres 1976 enthält, ist soeben beim Florentiner Verlag Ponte alle Grazie erschienen.

Das Unternehmen ist im weiten Sinn des Wortes frag-würdig, und die Herausgeber unterstreichen dies. Foucault hat diese nach Band transkribierten, übersetzten und mit einem neuen Titel oder erstmals mit einem Titel versehenen Texte nie durchgesehen. Die einzigen von ihm überprüften Seiten sind die im Anhang abgedruckten Ankündigungen, die alle Dozierenden des Collège de France dem Beginn ihres Kurses voranstellen müssen. Die Wahl des Themas der Kurse ist völlig freigestellt, muß jedoch einen originellen Forschungsbeitrag darstellen. Foucaults Vorlesung des Jahres 1976 trug den Titel *Il faut défendre la société*, doch wird er beim Lesen ausschließlich der Gliederung, ohne Kenntnis der Vorlesungen, ziemlich zweideutig, mehr noch als der italienische Titel *Difendere la società*. *Il faut, man muß* scheint sich tatsächlich auf die Ordnung der Untersuchung und des Diskurses zu beziehen, während es zunächst präskriptiv klingt, und nichts konnte Foucault ferner liegen. Im übrigen entsprechen die Vorlesungen diesem Titel nicht in ihrer Gesamtheit, während sie ganz genau dem in der Zusammenfassung formulierten Hauptthema entsprechen: Der Schwerpunkt der Forschung müsse sich von der These eines unversehrten und ganzheitlichen Subjekts im Gegensatz zu den politischen oder staatlichen Formen, die es verhinderten, zu den Formen des Verhältnisses selbst hin verschieben, weil diese das Subjekt zum größten Teil konstituierten. In der Vorlesung des Jahres 1976 geht Foucault öffentlich – nicht ohne Bedenken und nicht ohne in einige Sackgassen zu geraten – der Frage nach, ob nicht die konstitutive Form der Politik die des Krieges sei. Des Krieges und nicht einfach des Konflikts, weil der Zusammenprall nicht nur die Niederlage, sondern die Vernichtung des Gegners impliziere, um sich selbst zu behaupten. Von daher lasse sich der zuweilen abenteuerliche Übergang vom Krieg zum Rassismus begreifen, da letzerer die vollendete Form desjenigen Ichs darstelle, das sich durch die bloße Existenz der oder des Anderen bedroht fühle und sie/ihn daher von der Erdoberfläche auslöschen möchte.

Der Zeitpunkt der Vorlesungen scheint mit dem Beginn der Wende zusammenzufallen, die Foucault in seinen letzten Werken unter anderem dazu bringt, die Privilegierung dessen aufzugeben, was in seinen ersten Studien wesentlich war und wofür er in den siebziger Jahren vor allem als Theoretiker der Unterdrückungs- und Ausschließungsformen, die die Herrschaftsmächte gegenüber der Person ins Werk setzen, rezipiert wurde. Zwar entgeht ihm die *auch* repressive Natur dieser Mächte nicht (tatsächlich kommt *Überwachen und Strafen* nach dieser Vorlesung heraus), aber immer mehr erscheinen sie ihm konstitutiv für die Subjekte, wie in einer Verdoppelung des Widerspruchs gegenüber einer naiven Sichtweise, derzufolge die Person immer der »Wilde« ist und die staatlich organisierte Gesellschaft immer und ausschließlich die unversehrten Tugenden des Individuums unterdrückt (sehr schön die Unterscheidung zwischen dem Wilden und dem Barbaren und davor – davor im logischen Sinn – die Zivilisation). Foucaults letzte Arbeiten – oder vielleicht die Linie, die mit der *Archäologie des Wissens* ihren Anfang nimmt, zunächst bei *Der Wille zum Wissen* als erstem Band der Geschichte der Sexualität anlangt und dann im langen Intervall zwischen diesem ersten und den nachfolgenden Bänden heranreift und sich verändert – geben uns das Bild von ihm, das wir am wenigsten kennen. Hier geht es um die Aufmerksamkeit für die Effekte der Beziehung, bis hin zur Betrachtung der besonderen Beziehung des Ichs zu sich selbst, wo dem naiven und triebhaften Ich eine »Disziplinierung« gegenübertritt, die einem Selbstbild entspricht und es formt. Die siebziger Jahre waren weit davon entfernt, dieses Thema zu rezipieren, wie das unverdiente Schicksal der *Mikrophysik der Macht* zeigt. Es ist ein dramatisches Thema in der Geschichte des Menschen Foucault, wenn es stimmt, daß er gezwungen ist, in der Disziplin nicht nur eine Idee, sondern auch eine »Sorge um sich« zu erforschen.

Die Veröffentlichung der Vorlesungen ist folglich sehr nützlich, sei es um die von ihm durchlaufene Entwicklung nachzuvollziehen, sei es um der Zerstreutheit und Oberflächlichkeit entgegenzuwirken, in der er nach einer – vielleicht kritisch neu zu untersuchenden – Phase der Popularität begraben worden ist. Diesbezüglich möchte ich mich auf die Bemerkung beschränken, daß für die weitere Veröffentlichung der Vorlesungen eine Analyse der in vielerlei Hinsicht innovativen Sprache Foucaults und ihrer Wiedergabe im Italienischen gewinnbringend wäre.

Ich habe bereits Zweifel hinsichtlich des Titels angemeldet (die sich auf den Untertitel ausdehnen ließen) und möchte hinzufügen, daß die Übersetzung seiner Sprache mir seit langem fragwürdig erscheint – diesmal im engeren Sinn –, angefangen beim Gebrauch des Schlüsselwortes »Diskurs«, das in unsere Sprache richtiggehend übersetzt werden muß, um größere Mißverständnisse zu vermeiden. Auch Foucaults Syntax und die Verwendung des Konditionals, die auf eine mögliche, nicht explizit ausgesprochene Bedeutungsproblematik hindeuten, lassen sich im Italienischen durch eine wörtliche Übersetzung nicht wiedergeben. Foucault war ein großer, scharf formulierender Autor, und es gilt seinen Ton in unserer Sprache wiederzufinden, die jenseits der oberflächlichen Gemeinsamkeit höchst verschieden ist. Nicht zufällig werden die Grenzen der Übersetzung bei den tatsächlich von ihm geschriebenen Texten deutlicher als bei der Übertragung der gesprochenen Rede.

Zur Problematik der mündlich vorgetragenen Texte sagen die Herausgeber indessen das Wesentliche. Die Vorlesungen unterscheiden sich von einem mündlichen Vortrag; der Aspekt der Kommunikation dominiert, und die Forschung im Rahmen eines Kommunikationsprozesses beinhaltet eine durchaus originelle, ungewöhnliche und sogar unverhältnismäßige Betonung von einzelnen Elementen gegenüber dem geschriebenen Text, auf Grund des Gewichts, das der Sprecher dem einen oder anderen Element zumißt, dessen er sich mehr als Beweisstück denn als Quelle seiner Untersuchung bedient. So erklärt sich die Beachtung, die hier eigentlich zweitrangigen Denkern, an denen aber eine Problematik deutlich wird, die bei anderen verborgen bleibt, zuteil wird. Darin liegt eine Faszination, vielleicht auch eine Manier der Vorlesungen, die man in einem schriftlichen Text schwerlich finden wird – die Bibliographien der Bücher Foucaults sind nicht nur streng, sondern werden auch streng nach dem Wert erstellt, den sie zu ihrer Zeit hatten und der ebenfalls ein konstitutives Element des Diskurses ist.

Die Hauptfrage bleibt die nach der Bedeutung dieser Vorlesungen im Verhältnis zum schriftlichen Werk. Es geht nicht nur um die Skrupel, die die Herausgeber in Hinblick auf einige Schwierigkeiten bei der Wiedergabe der Darstellung haben, die im Verhältnis zur Strenge des Schriftlichen manchmal weniger glücklich oder redundant ist, wie es eben geschieht, wenn man einen Gedanken vermitteln will, der im Entstehen begriffen ist und seine Bezugspunkte immer wieder neu suchen muß. Die Frage ist vielmehr die nach dem absoluten Wert der Vorlesungen. Über sein schriftliches Werk hat

Foucault kurz vor seinem Tod drastische Verfügungen getroffen; im Unterschied zu dem, was er selbst hier und an anderer Stelle in bezug auf Nietzsche häufig gesagt hat, war er nicht der Meinung, daß jede seiner eigenen Zeilen bewahrt werden solle. Im Gegenteil, er selbst hat eine Menge Manuskripte vernichtet, als sei er, wie jeder wahre Forscher, mehr vom Ergebnis und seiner Gültigkeit als vom »work in progress« begeistert gewesen.

Daher ist es wahrscheinlich, daß er nicht noch einmal Hand an die Vorlesungen gelegt hätte, um sie in eine Reinfassung zu bringen, um einen schriftlichen Text daraus zu machen: Die Vorlesung war eben etwas anderes als das Schreiben, etwas, was sich nicht in einem Dialog mit sich selbst, sondern zwischen ihm und den Zuhörenden abspielte: Sie ist eine »Beziehung«, die den Diskurs verändert. Ist dieser Diskurs bedeutender oder weniger bedeutend, engagierter oder weniger engagiert, der Schöpfung/Forschung näher oder ferner als der schriftliche?

In der Vorlesung ist auch ein verführerisches und spielerisches Element gegeben, und Foucault hegte keine übermäßige Verehrung für das Collège de France. Er wußte sehr wohl, daß es eine akademische Superinstitution war, über die er entsprechend seiner freien Art auch herzlich lachen konnte. Aber Vorlesung war Vorlesung, und wenn er ihr auch nicht den magischen Charakter gab, den Lacan dem gesprochenen Wort verlieh, so zeigen die Abschriften, die uns heute vorliegen, doch auch die Emotionen – die Forschung hat durchaus ihre Emotion –, die auf verschiedene Weise in sie eingingen. Ich weiß nicht, ob Michel Foucault sich je darüber geäußert hat, welche Bedeutung die Vorlesungen für ihn im Verhältnis zum ganz sicher bevorzugten schriftlichen Diskurs hatte.

Diese Ausgabe ist folglich eine wertvolle Quelle, weniger für den Weg als für die Ergebnisse, die er nach und nach mit großer Strenge selektierte, für die Formen der Foucaultschen Forschung in ihrem Werden und manchmal auch in ihrem Versuchscharakter, wie es bei der Radikalität mancher Hypothesen der Fall ist, die er verfolgt. Und die beste Weise, sie zu lesen, ist vielleicht, sie sich einzeln vorzunehmen, quasi für sich, in ihrem unterschiedlichen Fortgang – manche sehr schön, andere abenteuerlicher, weil die Einstellung des Fernglases auf dieses oder jenes Fragment, diesen oder jenen Befund ihn unverhältnismäßig vergrößert, ihm vorläufige Bedeutungen verleiht; Bedeutungen, die sogar im Widerspruch zur ursprünglichen Gliederung stehen können, in der Foucault sehr genau unterscheidet, was in der Geschichte der Ideologien – im strengen Sinn

der eigentliche Untersuchungsgegenstand – Schein und was Sein
ist.

Die andere mögliche Lesart ist grundsätzlicher Natur, das heißt,
es läßt sich fragen, inwiefern das Schema, das Foucault 1976 am
Collège de France vorschlägt, brauchbar ist. (Und warum er in
späteren Jahren davon abgerückt ist.) Als könne das Raster des
»Krieges« alles umschließen und allem einen Sinn geben oder als
erweise es sich im nachhinein, *après coup*, als Rohform der »Beziehung«. Aber dies ist ein völlig anderer Gedankengang, in den die
Foucault-Forschung innerhalb und außerhalb Italiens erst noch
Licht bringen muß.

Juli 1990

Moderne Faustgestalten in Miniatur

Jungsein ist ein gesellschaftliches Muß. Aber warum beugen wir uns diesem Zwang so gefügig? Ich glaube, daß er an drei Punkten ansetzt, die eine nicht manipulierbare Tiefe berühren.

Der erste ist das unklare Verhältnis zu unserem Körper. Obwohl überall laut gerufen wird, daß wir ihn nunmehr von A bis Z akzeptieren, lieben und gebrauchen, bleibt der Körper von den »Gegenständen« des ständigen Umgangs derjenige, den wir am wenigsten kennen und am meisten fürchten. Wir haben eine im wahrsten Sinne des Wortes oberflächliche Vorstellung von ihm: Alles, was unter der Haut liegt, sogar das Blut, an das wir eher gewöhnt sind, jagt uns Schrecken ein, und wir wagen nicht einmal es anzusehen, wenn wir keine BerufsmedizinerInnen sind. Eine gewisse Einsicht erlangen wir, wenn wir krank werden; die Kenntnis unseres Körpers hängt eng mit der Krankheit zusammen. Vor allem aber nehmen wir ihn in der Regel als »Ihn« wahr, auch wenn wir rational – und verlogen – sagen: »Wir sind unser Körper«. In Wirklichkeit ist »er« es, der wächst, sich verändert, krank wird, feige schlapp macht, während wir uns ganz quirlig fühlen, und uns eines schönen Tages – man verzeihe mir den Ausdruck – reinlegt. Kann man sich eine unrealistischere Wahrnehmung und Beziehung denken?

Und doch erleben wir es so. Nicht genug damit. Der Körper ist »unsere Hülle«, und die Haut bezeichnet die Grenze unserer Sichtbarkeit – man wende es, wie man wolle: unserer »Form«. Und von dieser Form haben wir eine mächtige archetypische Vorstellung: den »jungen«, gerade zur Reife gelangten und »gesunden« Körper. Jegliche Abweichung von dieser Form empfinden wir als Verstümmelung, Verkrüppelung oder »Deformation«, als Anomalie. Und das gilt nicht nur für die Formen, für die die Teratologie als Wissenschaft von den Mißbildungen »verniedlichende« Bezeichnungen hat (Elefantiasis usw.); auch hinkend oder mit einem fehlenden Glied, mit einer schwulstigen Lippe oder einem Buckel zur Welt zu kommen, ist De-formation. Mit zunehmendem Alter ist die Deformation unvermeidbar, wird deshalb jedoch nicht weniger als Degradierung oder weniger dramatisch wahrgenommen. Für Frauen wird der Archetyp des Körpers zudem durch die Vorstellung und Erfahrung der »Fruchtbarkeitsperiode« verdoppelt: Sie haben einen zyklischen Körper, der die Reife zweifach – von der Unreife und vom Alter – abgrenzt.

Die Aufforderung, sich in Form, also jung – jung, also in Form –
zu halten oder die Form »wiederzuerlangen«, appelliert folglich an
ein Prinzip körperlicher Identität – unserer Identität, oder gibt es
eine andere? Gesellschaft und Werbung »erfinden« nicht einfach,
sondern arbeiten auf der Grundlage eines realen Faktums. Man mag
vielleicht über die furchtbaren Diäten, die schrecklichen Gymnastik-
übungen, über Massagen und Lifting aller möglichen Teile – Bauch,
Busen, Gesicht, Arme und was sonst noch geliftet werden kann –
lachen. Wer aber vermag lächelnd die Deformation zu akzeptieren – es
sei denn, sie oder er hat eine bereits derart anderswo angesiedelte
Selbstwahrnehmung, daß es wiederum »anomal« ist?

Der zweite Punkt ist einfacher und betrifft die Sexualität. Hier ist
das gesellschaftliche Muß nach Zeiten und Zivilisationen verschieden. Andere Zivilisationen haben mehr Sex praktiziert und weniger
darüber nachgedacht, oder sie haben Sex jedenfalls von jeglichem
ethischen Problem und der Qual des Selbstbildes losgelöst gesehen.
    Wie Foucault in *Der Wille zum Wissen* bemerkt, gibt es das Wort
»Sexualität« als Gesamtheit aus Vorstellung und Erfahrung erst seit
kurzem, und die »Rede« über Sex, auch den repressiven, hat ihn für
Männer und Frauen so wichtig gemacht, daß er zu einem regelrechten Maßstab oder zu *dem* Maßstab geworden ist.
    Jetzt hat Sex ein Alter, ist eingegrenzt zwischen einem Vorher und
einem Nachher; vorher ist er unvollkommen, nachher ein Risiko –
für den Mann das Risiko des Verlusts seiner Männlichkeit, die
immer unsicher und überprüfbar ist (verständlich, daß die verborgene Sexualität der Frau ihn wütend macht), für die Frau das Risiko
eines Gesichtsverlusts und somit einer Niederlage, einer noch starken narzißtischen Verletzung. Jugend und Sexualität gehen Hand in
Hand: Zählt der Sex soundsoviel, zählt auch das Jungsein soundsoviel; zählt der in der Mutterschaft sublimierte Sex soundsoviel, zählt
wiederum das Jungsein soundsoviel. Man kommt nicht darum
herum. Die medizinischen und pseudomedizinischen Theorien
sowie viele neuere Filme, die uns hinsichtlich des sexuellen Verstehens und Vermögens Achtzigjähriger beruhigen sollen, klingen
wie liebenswerte Beschwörungen.

Drittens und letztens ist die Jugend die Zeit der Entscheidungen, die
Zeit, in der wir einen Funken von Macht über uns selbst haben, was
auch immer die sonstigen Überdeterminierungen sein mögen, die
uns von Geburt an konditionieren. Das wenige, was wir über die

Lenkung unserer Existenz vermögen, vermögen wir, wenn wir jung sind. Erst verfügen wir nicht über diese Macht (ja die Jugend wird durch eine ganz und gar unrechtmäßige Verlängerung des »Heranwachsens« in die Ferne gerückt), und danach bringt das Alter eine drastische Einengung der Spielräume und Möglichkeiten mit sich, ja selbst für die vagsten Hoffnungen bleibt wenig Raum.

Die Volksweisheit sagt, daß »weise« diejenigen Alten sind, die sich dreinfügen, keine Pläne schmieden und würdevoll einen schmalen Weg beschreiten. Das ist schwer zu schlucken. Als Sean Connery, nachdem er die fünfzig überschritten, einen Bauch bekommen und eine ganze Reihe Schläge eingesteckt hatte, es den jungen Gaunern zeigte, war dies eine Botschaft der »Befreiung« von der Gleichung »alt, also geistig und körperlich schwach«, die man leider, ach, an sich selbst erfahren kann, und das macht ihn aus ganz anderen Gründen als in seinen frühen Filmen anziehend. Die Jugend ist also, kurz gesagt, das Leben, das uns noch offensteht; das Ende der Jugend bedeutet, daß wir uns als »begrenzt« wahrnehmen, egal wie erfolgreich wir (gewesen) sind.

Mit steigender Lebenserwartung ändert sich nicht die unmittelbare Wahrnehmung der Lebensqualität durch das, was der Körper ist und vermag: Vielmehr fällt weiterhin die »Normalität« mit dem Jungsein zusammen. »Bleib jung« wird folglich die Botschaft der Cremewerbung oder der Titelseiten sein, aber sie berührt uns in der Tiefe. Daß darauf eine Industrie aufbaut, ist folgerichtig, so wie es im vorindustriellen Zeitalter folgerichtig war, daß eine gesellschaftliche Ethik des Alters galt, die nicht weniger zwanghaft, vielleicht aber weniger freimütig war. Ich würde also nicht insbesondere aufs 20. Jahrhundert schimpfen, weil es in uns allen Faustgestalten in Miniatur enthüllt.

Juli 1990

Ein Kind im Dunkeln

Eine seltsame Vorbemerkung ist Christa Wolfs Roman *Kindheitsmuster* vorangestellt, der jetzt in Italien erscheint: »Alle Figuren
in diesem Buch sind Erfindungen der Erzählerin... Ebensowenig
decken sich beschriebene Episoden mit tatsächlichen Vorgängen.«
Sie würde den Hinweisen zu Filmen gleichen, mit denen Rechts-
streitigkeiten vermieden werden sollen, wenn sie nicht mit der Feststellung endete, daß – wenn jemand sich selbst oder andere in den
Personen wiedererkenne – »auf den merkwürdigen Mangel an Eigen-
tümlichkeit verwiesen [sei], der dem Verhalten vieler Zeitgenossen
anhaftet«, und dessen müsse man »die Verhältnisse beschuldigen«.
Nichts in *Kindheitsmuster* entspricht also der Wahrheit außer dem
Wesentlichen.

Es ist die Bildungsgeschichte einer Frau von den dreißiger Jahren
bis in die unmittelbare Nachkriegszeit, die viele Jahre später, 1972,
während einer kurzen Rückkehr in die Geburtsstadt an der deutschen Ostgrenze, noch einmal ins Gedächtnis gerufen wird. *Kindheitsmuster* erschien 1976.

Das Kind und später die junge Frau gleichen Christa Wolf sehr,
sind vielleicht das, was sie von ihrem Selbst nunmehr wiederfindet.
1929 geboren, ist sie zehn Jahre alt, als der Krieg ausbricht, sechzehn, als er mit der ungeheuren Verschiebung von Bevölkerungen
und Grenzen unter der amerikanischen, dann englischen, dann russischen Besatzungsarmee zu Ende geht, und knapp über vierzig, als
sie für nicht einmal zwei Tage in die Geburtsstadt zurückkehrt, die
wieder polnisch geworden ist: eine Rückkehr, die Bewegung in die
Vergangenheit bringt und zur Befragung der Erinnerung führt.

Was erinnern wir von unserer Kindheit? Die Vergangenheit ist von
uns verschieden, nicht so sehr »vergangen« oder »tot« als vielmehr
»fremd«; sie muß neu erforscht werden, als sei sie ein Anderes oder
die einer oder eines anderen. Christa Wolf als Ich-Erzählerin
betrachtet also das Kind und dann das junge Mädchen aus Lands-
berg/Warthe, das sie Nelly nennt, von außen und in der dritten Person, während sie sich auf einer doppelten Zeitebene wiederfindet,
der des Besuchs jenseits der Grenze und der des Schreibens. Genau
das passiert im übrigen, wenn wir über uns nachdenken: Ein Teil
von uns hat sich losgelöst und ist erstarrt, hat kaum noch einen emotionalen Widerhall in uns, während wir eine tiefe Verbindung wahrnehmen zwischen unserer jüngeren Vergangenheit und dem, was wir

jetzt sind, wenn Sein und Denken sich vermischen; wenn das, was uns umgibt, noch betäubend und nicht im kollektiven Gedächtnis geordnet ist, wenn das, was geschieht, uns bestürmt, die Fragen noch unausgearbeitet und die Prioritäten noch nicht durch die Zeit selektioniert sind. Diese Art des Erzählens beherrscht Christa Wolf meisterhaft, und es hat ihr in der DDR einigen Ärger eingehandelt, als die Partei noch 1959 predigte, es gelte, sich an der Kultur und den Ausdrucksformen der Arbeiter und Bauern, denen des »Realismus«, zu orientieren. Wer aber *Nachdenken über Christa T.*, das vor *Kindheitsmuster* erschien (1968), und *Kassandra*, das danach kam (1983), kennt und schätzt, wird in *Kindheitsmuster* diesen ihr eigenen Rhythmus wiederfinden, der sich nach und nach in der Freiheit der Fiktion reiner entfaltet. Und vielleicht wird er *Kassandra* als das lesen, was von *Kindheitsmuster* »bleibt«: die Reinform der Selbstaufgabe in einem Krieg anderer.

Wenn zwischen uns und dem, was wir gewesen sind, die nicht unschuldige Erinnerungsarbeit mit ihren Evidenzen und ihren Lücken liegt, so wirft das Erinnerte beunruhigende Fragen auf: Wie und warum erinnern wir uns an dieses und nicht an anderes? und weiter: Wie haben wir das, was heute Erinnerung ist, seinerzeit wirklich erlebt? Wie wird unser Leben im unmittelbaren Dahinfließen der Tage gefiltert und abgeschirmt? – besonders das eines Kindes, Junge oder Mädchen, vor dem die Erwachsenen vieles verbergen, sei es um es zu schützen, sei es, um sich selbst nicht bis ins letzte Rechenschaft ablegen zu müssen. So wächst Nelly, das Mädchen von damals, in den dreißiger und Anfang der vierziger Jahre heran und bahnt sich, mit dem Mißtrauen der Kleinen gegenüber den Großen, mühevoll den Weg in einer Welt, in der das, was gesagt wird, vielleicht nicht wahr ist und im Ungesagten vielleicht ein unerreichbares Wahres liegt. Auftauchende und wieder verschwindende Gestalten, Veränderungen und Leiden erscheinen gleichermaßen unerklärlich und daher frei von dem Schrecken, den die wissendere Erinnerung ihnen zuschreiben wird. Die frühe und späte Kindheit, dann die Jugend werden wie ein Gewebe rekonstruiert, dessen Muster anders wahrgenommen wurden, als sie waren oder sich heute darstellen; und doch waren sie die »Wahrheit« der kindlichen Erfahrung, die von soviel Unbehagen erfüllt ist, wenn sie die Welt der Erwachsenenbeziehungen streift.

Was die Erinnerung Christa Wolf zurückgibt, ist das Heranwachsen des Mädchens in der natürlichen Einsamkeit des sich formenden Ichs, neben den geheimnisvollen Mustern der Welt der dreißiger und

vierziger Jahre. Die Reise in die Vergangenheit gibt ihr keine Landschaften oder verzücktes Naturerleben, keine Formen und Farben
zurück, sondern Wörter, Personen, Ereignisse, als existierten einzig
die Beziehungen für sie, in denen sich das konkrete Leben entfaltet,
mit seinem Tun, mit wem und wie und seinen Brechungen im Innern
voller Zweifel. Was Nelly, aber auch der Frau, die später nach
Landsberg zurückkehrt, vor Augen steht, bezeichnet immer auch ein
Stück Leben: der weiße Kittel der Mutter, die den ganzen Tag im
Laden arbeitet, das schwarze Kleid der Konfirmation, die kalten
oder engen, jedenfalls immer mit dem Wohnen verknüpften Orte.
Auch die Vegetation, die den verlassenen Friedhof des Geburtsortes
überwuchert, Steine und Grabsteine zerstört, ist eine Metapher der
unterbrochenen Zeit, wodurch das »Früher« unscharf, fast unsichtbar wird. Wer weiß, ob Christa Wolf »unbegründete« Landschaften
in sich hat; gewiß hat sie keine Zeit, sich an sie zu erinnern, ver-
wickelt wie sie ist ins Netz der Beziehungen und Bedeutungen. Es
folgt daraus eine rastlose Schreibweise, die etwas von jenen Tagen
hat, an denen wir den Stecker nicht herausziehen können, soll das
Dunkel um uns her nicht noch tiefer werden.

Wenn Nelly auch tatsächlich im Dunkeln lebt wie alle Kinder, die
durch Halbwahrheiten und Täuschungen geschont werden, so ist
ihre Kindheit doch auch eine einzigartige Umschreibung des Lebens
der Deutschen unter Hitler. Auch sie waren im Dunkeln, sagen, sie
seien im Dunkeln gewesen, haben gelebt, als seien sie im Dunkeln
gewesen. Sagen sie. Aber wie weit ist das wahr? Was wußten sie? Was
für Kinder, umgeben von Unausgesprochenem, waren die Großen,
die Angehörigen, die Mutter, die Großeltern? Nelly hört das Wort
»Nazi« erstmals mit sechzehn oder siebzehn Jahren von einem Offi-
zier der britischen Besatzungstruppen, der es »Näsi« ausspricht.
»Wo habt ihr bloß alle gelebt?« hatte ein KZler, dem sie eines abends
zu essen gegeben hatten, zu ihrer Familie gesagt, ohne Wut in der
Stimme. Mehr hatte er nicht gesagt, war aufgestanden und gegangen. Und als jemand zu ihrer Mutter sagt: »Hitler hat Deutschland
kaputtgemacht«, da antwortet sie: »… das ist Ihr Standpunkt. Sie
werden mir erlauben, den meinen zu behalten. Ich trete keinen mit
Füßen, der sowieso am Boden liegt« – nicht weil sie ihn verteidigen
will, sondern weil man aus Prinzip niemanden mit Füßen tritt, die
oder der am Boden liegt.

Und dennoch: Was mußte und konnte man wissen? Was hat man
nicht wissen wollen oder können? Auch Nelly, wie sie ins Gedächtnis zurückgerufen wird, ist nach dem zwangsweisen Dunkel der

Kindheit vor der Wirklichkeit geflohen, zum Beispiel davor, was es in jenen Jahren bedeutete, Jüdin oder Jude zu sein. Sie ist nicht zum Antisemitismus erzogen worden, die Regung ist unbewußt, doch man sprach nicht darüber, und es war besser, nicht weiterzufragen. Die Seiten über Herrn Lehmann sind grausam, für ihn wie für Nelly, beide gleichermaßen feige. Nelly ist auch zu den ukrainischen Flüchtlingen grausam, nicht in dem, was sie tut, sondern in dem, was sie unterläßt. Kinder sind grausam wie Katzen, um zu überleben. Und nicht einmal nach der Besatzungszeit stellt sich die fleißige Sekretärin Nelly allzu viele Fragen. Zwar stimmt es: Wie in den letzten Kriegsjahren ist man damals in Gedanken vollauf mit der Mühsal, dem Schmerz und so manchem Grauen – Christa Wolf verzichtet auf jegliche Effekthascherei – eines Lebens in der Etappe beschäftigt, das fast dem im Schützgraben gleicht. Und doch, sagt sie, kann man unwissend und trotzdem mitverantwortlich sein. Im Leben geht es nicht zu wie vor einem angelsächsischen Gericht. Nachdem etwas geschehen, und zwar unwiderruflich geschehen ist, zeichnen sich im Gewebe der Vergangenheit die Fäden ab, die hätten erfaßt werden müssen, und die Wahrnehmung der Schuld wird – für immer – von der des Mitleids begleitet sein, wegen der Mühseligkeit dieses Lebens in Blindheit.

In diesem Voranschreiten vom Erlittenen zu dem, was man wählen mußte, besteht das Kennzeichen von *Kindheitsmuster* und auch das Geheimnis von Christa Wolfs Schreibweise, die gelöster ist, wenn sie durch den Filter von Nellys Unruhe und der ihrer Angehörigen hindurch erzählt, als wenn die großen Daten oder Ereignisse, das heißt die Geschichte in den Vordergrund tritt oder das Echo der Gegenwart oder jüngsten Vergangenheit sich auf den Seiten findet (z.B. die Erinnerung an Vietnam auf der Reise). Für Christa Wolf liegt die Verbindung zwischen den Dingen der Welt und dem Leben der Person und umgekehrt im Gewebe, sie ist Teil des Musters und weist unbarmherzig auf die möglichen Alternativen hin, die nicht ergriffen worden sind. Wenigen ist diese Erzählweise eigen: Oder war es die Alltäglichkeit jener Jahre unter dem Donner einer weltweiten Tragödie, die jedes Beginnen unter dieses Zeichen gestellt hat? »Du könntest einen Berg von Leichen nicht beschreiben, in seinen Einzelheiten«, läßt sie sich sagen; »gerade das müsse ein Autor in diesem Jahrhundert wenigstens können«. Mag sein. Doch die Fragen der Lebenden stellt Christa Wolf alle – in ihrer ganzen Unsicherheit und Unerbittlichkeit.

Ist nicht auch *Kassandra* genau das, und noch radikaler? Denkt man darüber nach, so möchte man gerne den Versuch wagen, *Kind-heitsmuster* in Christa Wolfs intellektuelle Biographie einzuordnen. Warum drängt es sie in jenen Jahren, zwischen 1974 und 1976, zu dieser Bildungsgeschichte, zu dieser Erzählung über eine Schule des Lebens inmitten der deutschen Tragödie vom Nationalsozialismus bis zum Zweiten Weltkrieg? In diesen Jahren ist man sich in der DDR über die historische Verurteilung der Tragödie bereits einig: Im Osten wie im Westen fühlen sich viele mehr als Opfer denn als Schuldige, doch wissen jene besser, worum es eigentlich ging, als es die Bundesrepublik zugeben will. Diejenige, die Mitte der siebziger Jahre Fragen stellt über Wissen und Nicht-Wissen, ist eine Nelly, die zwei Jahre nachdem sie das Wort »Nazi« gehört und vielleicht gleich nachdem sie die grauenerregenden Fotografien der Lager gesehen hatte, Mitglied der SED geworden ist. Und nicht nur das. Vielmehr ist sie seit 1965 auf Grund der Fragen, die sie nicht nur über die Ver-gangenheit, sondern über die Gegenwart Deutschlands gestellt hat, nach und nach aus der Führung der Partei ausgeschlossen worden, die sich ihr als noch ganz junger Frau geöffnet hatte: Fast ins Zen-tralkomitee gelangt, ist sie wieder zurückgedrängt worden. Außer-dem hat sie nach einem kurzen Eintauchen in die Massenpädagogik, die 1959 gepredigt wurde – sie hatte eine Zeitlang in der Fabrik ge-arbeitet –, seit 1962, ein Jahr nach dem Bau der Berliner Mauer, nur noch geschrieben. Im Jahre 1968 wurde *Nachdenken über Christa T.* scharf kritisiert. Und die russischen Panzer waren in Prag einge-fahren. Zwischen dem Kriegsende, mit dem *Kindheitsmuster* schließt, der Reise nach Landsberg im Jahr 1972 und dann der Abfassung des Buches liegen fast zwanzig Jahre, auf die sich in *Kindheitsmuster* nicht einmal ein indirekter Hinweis findet.

Aber in diesen zwanzig Jahren hatte Christa Wolf die Frage nach dem Wissen und Nicht-Wissen, dem Verwickeltsein oder Nicht-Verwickeltsein, dem Erleiden oder Wählen – in welcher Situation, um welchen Preis? – an die Gegenwart richten müssen. Gewiß ahnte sie nicht im mindesten, daß weniger als drei Jahrzehnte später der DDR-Staat und sein Regime beschuldigt werden sollten, ebenso repressiv gewesen zu sein wie das Nazi-Regime ihrer Kindheits-jahre, und daß 1989 auch über sie eine Flut von Beschuldigungen hereinbrechen sollte, weil sie nicht gewußt, nicht geredet, nicht angeklagt habe. Und wenn sie es wahrscheinlich auch heute noch nicht für legitim hält, die beiden Erfahrungen zu vergleichen, so muß ihr doch sicher die Frage »Was tun?« als zwar weniger tragische, aber nicht weniger moralisch dringliche Wiederholung der Frage erschienen sein, welche sich die Erwachsenen hätten stellen müssen, die den Rahmen zu Nellys Schule des Lebens bildeten. Vielleicht war diese Schule selbst eine Metapher der Gegenwart, und aus der Gegenwart ergab sich die unbeantwortete Frage danach, was man weiß und tun muß: die Frage nach den Verantwortlichkeiten und der Schuld.

»Dies scheint das Ende zu sein« – so heißt es am Schluß des Romans – »Das Kind, das in mir verkrochen war, ist es hervorgekommen? Oder hat es sich, aufgescheucht, ein tieferes, unzugänglicheres Versteck gesucht? Hat das Gedächtnis seine Schuldigkeit getan? Oder hat es sich dazu hergegeben, durch Irreführung zu beweisen, daß es unmöglich ist, der Todsünde dieser Zeit zu entgehen, die da heißt: sich nicht kennenlernen wollen? Und die Vergangenheit, die noch Sprachregelungen verfügen, die erste Person in eine zweite und dritte spalten konnte – ist ihre Vormacht gebrochen? Werden die Stimmen sich beruhigen? Ich weiß es nicht.«

Sie weiß es nicht. Und nimmt sich vor, sich dem Traum zu überlassen, denn jedenfalls kann man »sicher [sein], beim Erwachen die Welt der festen Körper wieder vorzufinden«. Am 2. Mai 1975, dreißig Jahre nach dem Krieg, schreibt sie diese Zeilen. Ein Jahr später wurde sie durch den Schriftstellerverband gemaßregelt. Fünf Jahre später begegnete sie in Griechenland Kassandra und verfolgte die Spuren des vorausgesehenen Schmerzes, aber auch einen Traum, die Gemeinschaft der Frauen am Skamander, »ein schmaler Streifen Zukunft in der finsteren Gegenwart«. Doch ist zerbrechlich, was von außerhalb der Geschichte Eingang finden will. 1989 sollte diese mit all ihrer undifferenzierten Gewalt über sie hereinbrechen.

April 1992

Auf der Reise zum Heiligen

Vom Dekonstruierten zum Heiligen und zurück, dies ist die Formel der meistverkauften intellektuellen Reise in Büchern und Zeitungen. Im Vergleich verblassen sogar die großen Erzählungen, weil sie jedenfalls auf einen Horizont mit begrenzten Varianten verweisen, äußerst dechiffrierbare und historische Hypothesen sind und eine ethische Dimension eröffnen. Es gibt eine Moral von der Geschicht', ob einer sie nun erzählen will oder nicht.

Beim Dekonstruierten gibt es sie nicht. Wie das Wort schon sagt, gibt es hier unendlich viele Variablen, so viele wie es Leserinnen und Leser des Textes gibt, der wie ein Aal entschlüpft, während die Pluralität der Bedeutungen jedem Sinn, der sich herauszukristallisieren sucht, eine lange Nase zeigt. Wahrscheinlich wäre Derrida nicht einverstanden, aber aus genau diesem Grund gedeiht der Derridaismus, dominiert an den europäischen Fakultäten, und aus dem gleichen Grund begegnet der Philosoph in Person einigen bösen Schwierigkeiten in Cambridge.

Von der Unfaßbarkeit jeglichen Sinns ist es nicht weit zum Eintauchen ins Heilige, das einen gewissen, im übrigen unaussprechlichen, unerkennbaren, gesellschaftlich und geschichtlich nicht buchstabierbaren Trost spendet. (Wahrscheinlich wären die Zuständigen, die ExegetInnen und TheologInnen nicht einverstanden, aber es gibt Martin Heideggers »Nur ein Gott kann uns erretten« in der Version des *Spiegel*.) Woran man sich klammern kann, wenn Marx uns enttäuscht hat, wie es Claudio Napoleoni widerfahren ist, oder wenn man den Sinn an irgend etwas festmachen will, wie George Steiner in *Von realer Gegenwart*.

Im einen wie im anderen Fall ist die Möglichkeit genommen, in der Wirklichkeit zu handeln, da diese sich nicht fassen läßt, nicht nur in den letzten Fragen über Leben und Tod, sondern nicht einmal in den ganz und gar irdischen Fragen der Beziehungen zwischen den Menschen und zwischen Männern und Frauen. Männer, Neutren und dergleichen entdecken bei einer jüngst abgehaltenen Soziologietagung, daß der *homo* – man höre und staune – nicht nur *oeconomicus* ist, wie wir bis vor kurzem auf Grund der »Rationalität ökonomistischen Typs« geglaubt hatten. Das wollten wir doch meinen, daß die Politik zur »religio« zurückkehren müsse, nicht zu verwechseln mit der Religion, weil auf viel subtilere Weise heilig und gegen die bereits in den siebziger Jahren bekannten, aber nie hinreichend verdammten Missetaten der Vernunft gerichtet. Der Logozentrismus ist – via Derrida – auch die bevorzugte Zielscheibe des feministischen Denkens, in seinen strengeren Versionen des Phallozentrismus und des Phallo-Logozentrismus. Wobei hier, als Garantie eines provisorischen Sinns, das Symbolische Abhilfe schafft, das den Vorteil bietet, daß es nicht auf das geschichtlich-gesellschaftlich Konkrete zurückgeführt werden kann.

Bei genauem Hinsehen zeigt sich, daß Popper die Fäden zieht, der wie nie zuvor in Mode ist mit seinen Werten, die es nicht nötig haben, sich auszuweisen und Geburtsdatum und -ort anzugeben. Der Weg von Kant zu Husserl, von Husserl zu Derrida und Heidegger ist ehrlich gesagt etwas interessanter, aber das, was zählt, ist das kommerzialisierbare, vergängliche und konsumierbare Produkt. Und darin ist Sir Karl Popper ein Zauberer, fast wie der amerikanische Regisseur Demme.

Juni 1992

208

Ein scharfer Verstand gegen die Banalität des Völkermords

Immer häufiger wird Hannah Arendt, die lange vernachlässigt wurde und jetzt von ihren jüngsten Entdeckerinnen und Entdeckern als Schlüsselfigur der Philosophie des Jahrhunderts verherrlicht wird, in Italien gelesen. Die Neuauflage von *Eichmann in Jerusalem. Ein Bericht von der Banalität des Bösen* in Italien, einer Arbeit aus dem Jahr 1963, bietet Gelegenheit, die Besonderheit ihres Ansatzes zu erfassen – auch für die, die den grundlegenden Essay über den Totalitarismus, aber auch *Vita activa* und *Vom Leben des Geistes* kennen, was ihre ehrgeizigsten systematischen Werke sind. Denn in diesem Buch und im *Briefwechsel mit Karl Jaspers* erreicht ihre Reflexion die genaueste und höchste Ausprägung.

Spezifisch für Hannah Arendt scheint mir ein Verständnis von Erkennen zu sein, das untrennbar vom Ethischen ist – des strengen Ethischen in der Frage nach richtig und falsch, gut und böse im Leben und Politikmachen unseres Jahrhunderts. Darin besteht ihr ganz besonderer Beitrag, der Seltenheitswert hat in einer Geschichte des Denkens, die gewöhnlich dazu neigt, die beiden Ebenen zu trennen, als sei im Moment der Forschung die moralische Problematik zweitrangig oder in der Praxis, im Tun das Moment des Erkennens ein bloßer Zusatz. Diese beiden Bücher, die in vielerlei Hinsicht in engem Bezug zueinander stehen, zeugen dagegen von der Tragik einer unvermeidlichen Gleichzeitigkeit. Hannah Arendt spricht niemanden frei, auch sich nicht, weder im Methodischen noch bezüglich der Konsequenzen. Ich weiß nicht, ob wir sagen können: »Das kann nur das Denken einer Frau sein«; sie selbst hätte es nicht gesagt, auch nicht zugelassen. Gewiß können wir jedoch behaupten, daß ein weibliches Denken, um bestehen zu können, wie kein anderes die beiden Enden zusammenbringen muß, die auseinandergerissen worden sind.

Mit dem Eichmann-Prozeß in Jerusalem kam das Gewirr in seiner ganzen Dramatik zum Vorschein: eine alte Frage, wer wen richten darf, Person wie Gemeinschaft; eine Frage der jüngsten Geschichte, der Völkermord an den Jüdinnen und Juden; eine Erkenntnis- und folglich Methodenfrage, und eine der Ethik, des Rechts, der Moral. Hannah Arendt, Frau und Jüdin, kannte die Problematik Zeit ihres Lebens: In der zweiten Hälfte der zwanziger Jahre hatte sie als ganz

junge Frau in Freiburg bei Heidegger und Jaspers studiert und kurz
darauf emigrieren müssen, während die beiden in Deutschland
blieben (sie waren »Arier«; Jaspers' Frau war Jüdin). Heidegger war
nicht nur ein faszinierender Lehrer gewesen, sondern eine Liebe,
die sechs Jahre lang geheim gehalten wurde, da er nichts von sich
aufs Spiel zu setzen beabsichtigte. Hannah sollte ihm auf persönlicher
Ebene nie etwas vorwerfen, alles dagegen, und sicherlich nicht ohne
Schmerz, auf politischer – »ein Mörder«, schreibt sie Jaspers in einem
Augenblick der Verbitterung; und sie zögert nicht, sein Denken in
Sein und Zeit anhand eines Maßstabs zu überprüfen, dem Heideggers
Arroganz im übrigen die Legitimität nicht abgesprochen hätte. Die
Notwendigkeit, den gesamten Komplex ohne jegliches Zugeständnis
zu durchdenken, bricht erneut in *Eichmann in Jerusalem* hervor.

Eichmann war der Organisator der Deportation von Jüdinnen und
Juden in Deutschland, der Fachmann sozusagen, der sich auf ihre
Verschleppung verstand, erst »woanders« hin, dann der Endlösung
entgegen. Das hat er auch nie geleugnet, obwohl er hinsichtlich der
Natur des »Woanders« wie auch der Endlösung jegliche Verantwortung von sich weist; er sagte sich immer, er hätte sie gern nach
Madagaskar gebracht, damit sie dort glücklich würden. Und doch
entzog er sich nach 1945, solange er konnte, floh und tauchte in
Argentinien unter, wo ihn der israelische Geheimdienst aufspürte,
festnahm und nach Israel brachte, um ihm darauf den Prozeß zu
machen und ihn zum Tode zu verurteilen. Hannah Arendt, die
normalerweise keine Reportagen schrieb, hatte 1961 zugesagt, den
Prozeß in Jerusalem für den *New Yorker* zu verfolgen (und daß sie es
für dieses Blatt tat, dem es nicht an einer gewissen intellektuellen
Frivolität fehlte, wurde ihr unweigerlich angekreidet, wie hätte es
auch anders sein sollen?). Sie war ohne Voreingenommenheit gegenüber dem Gericht hingefahren, und nicht ohne darüber nachgedacht
zu haben, ob Israel das Recht zur Verletzung einer internationalen
Regel besaß oder nicht, wie sie die Tatsache auffaßte, daß es seine
AgentInnen auf die Suche nach KriegsverbrecherInnen in die Welt
aussandte. Die Antwort, die sie darauf gibt, ist sozusagen die denkbar problematischste, weil sie fest daran glaubt, daß die Territoria-
lität eines Staates und das Recht jeder und jedes einzelnen, für eine
im eigenen Land begangene Straftat auch von den eigenen Lands-
leuten gerichtet zu werden, nicht verletzt werden darf, gleichzeitig
aber weiß, daß das jüdische Volk niemals als irgendwo ansässig
betrachtet werden konnte und erstmals einen Staat hatte, der es
als einziger auf sich genommen hätte, die Greueltaten – nicht des

Nazismus insgesamt – aber der Theorie und Praxis der Endlösung anzupacken.

Doch sollte diese im wahrsten Sinn des Wortes ambivalente Entscheidung auch eine solche bleiben, weil das Gericht unfähig, es ihm unmöglich oder es damit überfordert war, dem Problem auf den Grund zu gehen, denn schließlich setzte es sich aus Menschen, und zwar aus unterschiedlichen Menschen, zusammen. Ebenso schwierig war es auf Grund des erlebten Grauens, daran festzuhalten, daß – wie Arendt erinnert – im Mittelpunkt des Prozesses die Täterin/der Täter und nicht das Opfer steht und sich gerade dadurch die Rechtsprechung von der Rache unterscheidet. Das Außergewöhnliche des Verbrechens – Jüdinnen und Juden waren immer verfolgt worden, aber vor dem Nazismus hatte niemand gedacht und noch weniger erklärt, daß sie ausgerottet werden müßten –, das Außergewöhnliche des Gerichtes und der Regeln, an denen es festzuhalten galt, all dies überstieg den Prozeß beständig.

Arendt stand vor zwei Fragen, auf die es keine Antwort, für die es keine Lösung gab: erstens die der Prozeßführung, zweitens die der Figur Eichmanns. Sowohl bei der Verhandlung im Gerichtssaal als auch bei dem langen, im Gefängnis abgelegten und zu den Akten genommenen Geständnis erschien er, weit davon entfernt, sich als selbstsicheres Ungeheuer zu erweisen, als Bürokrat, der mit sehr mittelmäßigem Verstand und noch mittelmäßigerer Fähigkeit begabt war, sich über das zu befragen, was er tat. Derart banal war das Werkzeug von so viel Grausamkeit, ein moralisch kopfloses Wesen, daß sich noch mehr als in Nürnberg die Thematik des Mißverhältnisses zwischen Person und verübten Taten, zwischen Gewissen und Gehorsam und somit die Frage der Schuldfähigkeit aufdrängte.

Dieses Thema gibt dem Buch seinen Titel, ist aber nicht dessen wichtigster Aspekt. Daß die/der Nazi ein gewöhnliches Wesen und kein Ungeheuer war, war bereits Gegenstand von Büchern und Filmen gewesen, die immer unbequem waren, weil es tröstlicher wäre, wenn man die Mörderin oder den Mörder außerhalb der Normalität ansiedeln könnte. Höchstens sieht Hannah Arendt an der Persönlichkeit des Angeklagten, daß im Maximum der »geordneten« Normalität das Minimum an moralischem Problembewußtsein liegt, weil es ein Minimum oder überhaupt keine Freiheit darin gibt. Doch darum geht es auch in ihrer Arbeit über den Totalitarismus.

Die Brisanz ihrer Untersuchung lag woanders. Angesichts der zerstörerischen Ausmaßes dieses kleinen Willens hatte Hannah Arendt begonnen, die Geschichte der Deportationen in den verschiedenen

Ländern eingehend zu studieren. Dabei hatte sie gewisse Unterschiede, sowohl bei den Organisatoren der Deportation festgestellt – was die Verantwortung der einzelnen Regierungen betont – als auch in bezug auf die Haltung, die die jüdischen Gemeinden einnahmen, um sich zu schützen. Manchmal waren sie außerstande zu verstehen, womit sie es wirklich zu tun hatten, manchmal neigten sie zum Verhandeln und waren bereit, den Nazis einige wenige auszuliefern, in der Hoffnung, so die Mehrzahl zu retten. Deswegen fragte sich Hannah Arendt an einem bestimmten Punkt ohne Umschweife, ob nicht einige Gemeinden zum Massaker beigetragen hatten, und kam zu dem Schluß, daß es weniger Opfer gegeben hätte, wenn sie nicht eingegriffen hätten und jede und jeder für sich allein versucht hätte durchzukommen. Es ist verständlich, daß das Buch heftige Reaktionen auslöste.

Wie? Eine Antifaschistin, eine Jüdin wagte es, sowohl über den Prozeß als auch über das Ungeheuer und über ihr Volk Fragen zu stellen? Konnte man wie sie daran zweifeln, daß Eichmann so unmenschlich, also nicht menschlich, so weit außerhalb des Menschlichen war, daß das Gericht selbst beschlossen hatte, ihm einen nichtjüdischen Verteidiger zu geben, um dem Recht auf Verteidigung Genüge zu tun? Schlimmer noch, konnte man zu verstehen geben, wie Arendt es tat, daß Jüdinnen und Juden sich damit dem Muß, universell gerecht zu sein, auf gewisse Weise entzogen? Durfte man schreiben, daß einige Gemeinden gegen sich selbst mit dem Todfeind gehandelt hatten? Es brach eine Welle von Angriffen los, in denen sie mit ihrer unermüdlichen Aufmerksamkeit für die Gründe bestimmter Verhaltensweisen gewiß die Unerträglichkeit des Schmerzes, die Unzulässigkeit eines scharfen Blickes, die Last, sich gewissermaßen des Rechts einer Nation auf Rache beraubt zu fühlen, wahrnehmen mußte. Und das mußte die Angriffe für sie noch schlimmer machen. Doch sollte sie sich dadurch nicht verunsichern lassen; im Anhang des Bandes bekräftigt sie alles klipp und klar. Auf die politisch-moralische Natur des Angriffs antwortete indessen Mary MacCarthy für sie, eine Schriftstellerin von grundlegend anderem Charakter (das Beste von sich gab sie in der vernichtenden Entschlüsselung von Situationen und Personen), die dennoch ihre treueste Freundin war. Doch sollte noch vor zwei Jahren die Neuauflage des Bandes in Frankreich von den alten, etwas hinterlistiger vorgebrachten Anschuldigungen begleitet sein. In Paris erwies sich die Schule Furets – der selbst auf diesem Gebiet unangreifbar war – als jeglichem Argument der »revisionistischen« Gegenseite gegenüber taub, wohingegen die jüdischen Intellektuellen erneut über die Arendtsche Rationalisierung debattierten. Wem jede Wahlmöglichkeit entzogen und wer in seiner Existenz negiert worden ist, habe eine Erfahrung durchlebt, die niemand verstehen könne und die betroffene Person folglich in gewisser Weise von der Kommunikation entbindet.

Nichts kann von der Kommunikation entbinden, ohne daß wir sowohl das Erkennen als auch das Ethische, den Sinn des Daseins ebenso wie eine menschliche Gemeinschaft an der Wurzel leugnen – das ist Hannah Arendts Position. Und das macht aus dem Epilog des Buches einen eigenständigen Aufsatz von allgemeinem Interesse: Wer verlangt heute in Italien angesichts weit geringerer Tragödien von sich, was sie verlangt hat? Wer durchlebt in ihrem ganzen Ausmaß die körperliche und existentielle Erschütterung durch den Schmerz und die Notwendigkeit einer »abstrakten« Regel? Und was ist von 1960 bis heute dem Thema des Rechts der und des einzelnen, in ihrem/seinem Staat gerichtet zu werden, und jedes Staates, seine Bürgerinnen und Bürger zu richten, Neues hinzugefügt worden? Was ist getan worden, um das Kriegsverbrechen nach dem Golfkrieg neu zu bestimmen, oder den Völkermord und die Verbrechen gegen die Menschlichkeit neu zu definieren? Arendt legt unerbittlich den Finger in die Wunde, daß wir darin seit 1945 auf der Stelle treten – und was sie sagt, scheint heute gültiger zu sein als gestern.

Es bleibt zu hoffen, daß dieses Beispiel für die Würde politischen Denkens die heftigsten Leidenschaften wachruft und nicht in einem Wortschwall untergeht.

Oktober 1992

Das Tabu der Wechseljahre

Die Bezirkskrankenkasse 12 in Rom hat jüngst eine selten interessante Untersuchung zum Thema Wechseljahre durchgeführt und vor einigen Tagen eine Tagung darüber abgehalten. In einem völlig überfüllten Saal saßen nicht nur Medizinerinnen und Mediziner, und das Problem wurde nicht nur in medizinischer, sondern in psychologischer, sozialer und kultureller Hinsicht betrachtet. Fünf Stunden mit gedrängten Vorträgen (Vicoli, Vittori, Serra, Granata, Perucci, De Aloysio) und ein ExpertInnengespräch (geleitet von Manuela Cadringher) im kleinen Theater der ehemaligen psychiatrischen Klinik Santa Maria della Pietà, während draußen Regenschauer die liebenswürdigen Geisteskranken, die vorsichtig wie die Schnecken hinauszugehen versuchten, zwangen, fluchtartig Schutz unter den Bäumen zu suchen.

Es fehlte die Presse, auch die feministische Presse, die doch in fieberhafte Aufregung geraten ist wegen des mittelmäßigen Buches von Germaine Greer über das, was einst das kritische Alter genannt wurde und dem wir alle unvorbereitet begegnen. Es wird wenig darüber gesprochen, vergessen sind die Arbeiten des Feminismus der siebziger Jahre zur Gesundheit. Sich selbst überlassen, schwanken Frauen zwischen einer unkontrollierten Medikamenteneinnahme und einem wilden »es mit sich selbst abmachen«.

Die Tagung, bei der die im Bereich der Bezirkskrankenkasse zwölf durchgeführte Untersuchung vorgestellt wurde (1 580 Frauen, typisches römisches Durchschnittsviertel), stellte einen Versuch dar, die beiden Extreme zu verknüpfen: Die klinischen und pharmakologischen Daten decken sich nicht restlos mit der subjektiven, »existentiellen« (G.B. Serra) Natur der Wechseljahre. Ist der Übergang in der Tat von bedeutenden physisch-neurologischen Veränderungen gekennzeichnet – über die Frau Dr. Graziottin und ihre nüchternen Diapositive wenig Zweifel gelassen haben –, so wird er doch von den einzelnen Frauen auf sehr unterschiedliche Weise erlebt hinsichtlich dessen, was sie über ihre eigene Identität, ihre Bedürfnisse und ihr Schicksal denken.

Daher sind die beklagten Symptome ebenso wichtig wie die feststellbaren klinischen Daten. Diese im Mund eines Mediziners seltene Feststellung wird auf der Tagung beständig wiederholt, was vielleicht auch das ungewöhnliche Verhalten der »Patientinnen« nahelegt: Sie gehen zum Arzt, besonders wenn sie verheiratet sind (wer weiß, was das bedeutet), lassen sich Untersuchungen und Medikamente verordnen, geben die Behandlung dann aber bald auf. Als seien sie zugleich von großer Resignation und großen Ängsten erfüllt; als bewege sie die Angst vor den Gefahren, von denen gesprochen wird (Kreislaufstörungen, Brust- oder Gebärmutterkrebs), dazu, entweder in eine zwanghafte Wiederholung der Diagnoseuntersuchungen zu flüchten oder ihre Wiederholung in vernünftigen Abständen zu »vergessen«. Und in der Regel nehmen sie Zuflucht zu einem massiven Kauf von Medikamenten, die sie dann nicht einnehmen. Noch weniger machen sie Gebrauch von der Prävention oder der Selbsthilfe.

Haben die Frauen keine »Sorge um sich«? Der Körper ist das Gebiet, wo die Asymmetrie zwischen den Geschlechtern eklatant ist, auch in der Weise der Selbstwahrnehmung und des Selbstverhältnisses. Es heißt, wir seien erfahrener im Umgang mit der eigenen Person und wüßten auch mehr davon. Dennoch verläßt uns angesichts unserer Wechseljahre jegliche Weisheit, als stießen wir blind gegen alte Verbote, angefangen beim ersten: Das Aufhören der Menstruation und die Wechseljahre seien »natürlich« und müßten hingenommen werden, ohne sie hinauszuzögern oder zu korrigieren zu wollen. Ist es »richtig«, ihnen mit Medikamenten zu begegnen und zu welchem Zweck und in welchem Maß? Es ist kein Problem, sie mit Schminke zu verbergen, die nur das Bild angeht, das wir nach außen hin geben und an das wir gewöhnt sind. Zwar treten die Wechseljahre parallel zur Zerstörung dieses Bildes durchs Altern auf, sind aber doch nicht identisch damit: Alle altern, Männer wie Frauen, doch für die Frauen gibt es die einschneidenden Phasen. Der Zyklus endet, seine Prozesse und Organe verändern sich, wir trocknen aus, fatale Gonadotropinen beginnen im Blut herumzuschwimmen, der Körper beschwert sich, lehnt sich heftig auf. Die Mutterschaft bleibt uns verschlossen, was für die Vaterschaft nicht gilt: Diese Erfahrung bleibt zwischen den Geschlechtern unkommunizierbar.

Aber was heißt »natürlich«? Natürlich wäre auch, sich weder Haare noch Nägel zu schneiden. So weit, so gut. Aber »natürlich« ist auch, daß viele geboren werden, damit wenige überleben wie bei den anderen Tieren; natürlich ist, beim Gebären das Leben zu riskieren und im Durchschnitt nach der dritten Geburt zu sterben. Und tatsächlich sind wir bis zu diesem Jahrhundert sehr viel früher gestorben als die Männer, wie Edward Shorters Studien zeigen. Die Natur kümmert sich um die Gattung, nicht um das Individuum;

jeder Mann verschwendet Samen in enormen Mengen, gleich einem Fisch, und jede Frau kann, wenn sie keinen Eisprung mehr hat, von der Bühne abtreten. Das Individuum ist ein spätes Produkt der Gesellschaft und das weibliche Individuum noch mehr: Geschichte und Macht haben sich gesagt, daß sie der Natur entsprächen, indem sie der Frau das Recht auf volle Individualität vorenthielten.

Dieser alte Befehl der Natur, der durch die Trennung der Geschlechterrollen betont wird, lebt in einigen Falten unseres Unbewußten fort. Nicht als (vernünftiger) Sinn der Vergänglichkeit, sondern als besondere weibliche »Unvollkommenheit«, sobald es mit der Reproduktionsfunktion vorbei ist: ein selbstzerstörerischer Trieb. Die Jahre vor und nach der Menstruation dauern mittlerweile länger als sie selbst, aber auch von den gängigen Interpretationsmustern werden sie für die Feststellung herangezogen, daß eine Frau nur kurze Zeit »wirklich eine Frau ist«. Im übrigen tritt das fruchtbare Alter, das von den archaischen Gesellschaften freudig begrüßt wird, in unserer jüdisch-christlichen Kultur ebenso heimlich ein, wie es heimlich zu Ende geht, schamhaft, denn es betrifft die Sexualität. Und außerdem ist die Menstruation Blut, die am meisten zu fürchtende aller Flüssigkeiten. Tritt sie aus dem Körper des Mannes aus, so zeigt sie Krankheit oder Verletzung an, ist ein Grund zur Sorge. Tritt sie aus unserem aus, zeigt sie an, daß alles in Ordnung ist, aber es ist und bleibt Blut, muß verborgen werden, ist lästig, verfärbt sich rasch, verdirbt und kann uns verraten. Sergio Quinzio hat es in unserer Zeitung als »heilig« bezeichnet – ehrlich gesagt, ist es jedoch Blut wie jedes Blut (auch wenn es in der Vergangenheit als Zutat für Hexen angesehen wurde), und wie jedes andere ist es überladen mit Symbolen des Lebens und des Todes. Bei den Frauen kommen noch ein paar hinzu. Und damit nicht genug: Wenn wir bluten, sind wir für den größten Teil der Welt noch immer »unrein«; bluten wir dagegen nicht, sind wir keine Frauen. Es ist schon viel, wenn wir unsere sexuelle Identität zusammenhalten, ohne verrückt zu werden.

Das kommt zum physischen Sturm der Wechseljahre hinzu. Daran ist wenig zu rütteln. Im Gegensatz zu Roberta Tatafiore, die in *Noi donne* (Oktoberheft) freimütig die Erschütterung schildert, die sie empfindet, versichern andere, nein, es ist nichts, es macht keinen Unterschied. Das glaube ich nicht. Das Ende eines grundlegenden, ins genetische Programm eingeschriebenen Vermögens kann nicht keinen Unterschied machen: Um es zu kompensieren, bedarf es einer starken Betonung des bewußten Lebens, des Vorrangs des Tuns und einer wirksamen Umgestaltung des Daseins. Die Trennung von Sexualität und Fortpflanzung, Sexualität und einem bestimmten Alter und einer bestimmten Form des Körpers geht nicht von selbst. Nichts in der Wahrnehmung des Körpers geht von selbst. Er trägt uns, drückt uns aus, von ihm werden wir bewegt, aber wir kennen wenig mehr als seine Schale. Und nicht einmal die kennen wir. Die Strategie, um sich in der eigenen Haut wohlzufühlen, deren gefährlichstes Terrain gewöhnlich die Sexualität ist, verlangt eine Strategie der eigenen Person – womit Foucault sich vor seinem Tod beschäftigt hat –, die nicht wenig Erfahrung voraussetzt.

Langsam wandelt sich unser Blick auf uns. Einer der starken Punkte der Emanzipation besteht darin, daß sie unsere Bewertungskriterien auf anderes verlagert, indem sie uns von der festgeschriebenen Rolle der Gattin und Mutter befreit; doch wird dabei das Problem, geschlechtliche Wesen zu sein, ausgeklammert. Einmal von der Mutterschaft getrennt, wird Sexualität uns tatsächlich so dargeboten, wie sie als Sukkubus oder Inkubus in der Phantasie des Mannes vorkommt: Was sonst sagen uns die Medien oder *Basic Instinct*? Zwischen der Mutter mit ergrautem Haar und der jungen Hüpferin von Bett zu Bett, oder besser zum Tisch, Schreibtisch oder Korridor, bleibt wenig Raum für die Frau, der wir gern geähnelt hätten. So wenig, daß die Versuchung groß ist, Paulus' Worten zu folgen und die hormonellen Schwierigkeiten in Askese zu verwandeln. Der Verzicht ist eine Sache der Frau; Frau Greer verkauft bekannte Ware.

Die Bezirkskrankenkasse 12 und ihre Ärztinnen und Ärzte machen sich die Wechseljahre dagegen zu einem Problem. Die Frauen klagen in der Regel – sagt die Untersuchung, und die Angaben stimmen mit einer vergleichbaren amerikanischen und einer schwedischen Untersuchung überein – über Depressionen, Kopfschmerzen und Schlaflosigkeit, sämtlich Frustrationssymptome; seltener über andere Beschwerden, wofür Schamhaftigkeit der Grund sein mag. Danach gefragt, bestätigen sie ein Nachlassen der Lust, man weiß nicht, inwiefern dies neurophysiologischen Problemen zuzuschreiben ist und inwiefern der Angst, zurückgestoßen zu werden – eine Schattenseite, die dem Mann als Folge des Alters unbekannt ist. Deshalb geht es darum, die Kultur und die Instrumente zu entwickeln, um diesen besonderen Zustand zu begreifen und für ein »Wohlbefinden der Frau« während der Wechseljahre und danach zu sorgen – und hier zeigt die öffentliche Einrichtung, daß viel getan werden könnte, was ohne sie nicht zustande kommen wird: Dieses Wohlbefinden muß richtiggehend »geschaffen« werden, auch die Überzeugung bei Frauen, ein Anrecht darauf zu haben – wenigstens wenn es einen Sinn hat, unser kurzes Alter so gut wie möglich zu leben.

Wie? Hier kommt die Ambivalenz der Östrogenanwendung ins Spiel: gefährliches Terrain. Das Östrogen verlängert die Jugend, bremst Prozesse des Verfalls (Verkalkung und andere) und der Erschöpfung (speziell der neurologischen), es kann eine Gefahr darstellen, unheilvolle Blüten treiben. So spiegelt sich die Problematik des »Natürlichen« auf wissenschaftlichem Gebiet, ganz zu schweigen von Fausts Abenteuer. Wo läßt sich ein Gleichgewicht finden? Hier müssen wir uns der Forschung anvertrauen. Niemandem können wir uns dagegen anvertrauen, was unseren Verhaltenskodex anbelangt, der zwischen Resignation und Mißtrauen, Angst und Lust, uns gehen zu lassen, schwankt – wie angesichts jedes Zeichens der grausamen Natur. Das Körper-an-Körper mit unserem Körper hat eben erst begonnen.

November 1992

Zweckgerichtete Vergewaltigung

Es gibt qualitative Sprünge der Barbarei, denen eine verblüffende Tatenlosigkeit entspricht oder besser nicht entspricht. Die Vergewaltigung von zehntausenden von Frauen im innerjugoslawischen Konflikt ist einer von ihnen. Selbst wenn man – auf Grund der inzwischen unvermeidlichen verzweifelten Übertreibung der Quellen – von etwas überhöhten Zahlen ausgeht, ist das, was geschieht, meines Wissens beispiellos.

Vergewaltigung geht mit allen Kriegen und Bürgerkriegen einher, weil der weibliche Körper als eines der zu plündernden Güter des Feindes angesehen wird und zugleich eine Weise ist, den Feind zu demütigen, indem man in seinen Bereich sexueller Herrschaft einbricht. Und es ist bereits skandalös, daß darüber, wenn von Menschenrechten die Rede ist, so wenig gesprochen wird und erst in den nächsten Tagen in Genf auf Initiative einiger Frauen der Friedensbewegung verlangt wird, es unter die Verbrechen gegen die Menschlichkeit aufzunehmen – bisher ist sie das nicht.

Aber jetzt gibt es eine ungeheuerliche Neuheit: die Gewalt, die Frauen angetan wird, um sie zu schwängern; um sie, Töchter der feindlichen Ethnie, zu Reproduzierenden der Ethnie ihres Vergewaltigers zu machen – es geht nicht nur um die Verletzung der Integrität ihres Körpers, sondern um die Benutzung ihres Körpers, damit ihr eigener Feind in ihnen entsteht. Dies ist in der Tat die Wahnvorstellung der Vergewaltiger, von denen hier die Rede ist. Kurz, *Alien 3*. Die Vergewaltigung wird ideologisiert und zweckgerichtet. Der einzige Präzedenzfall von gewissem Gewicht war der Versuch der Rassisten im Dritten Reich, nach Ariertum, Kraft, Schönheit und was weiß ich noch ausgewählte Frauen von starken Männern begatten zu lassen, wie man es mit den unterschiedlichen Arten von Kühen macht – eine Art Superrasse innerhalb der erwählten Rasse. Die Kultur hatte diese Vorstellung bereits kurz gestreift, sie findet sich in Huxleys *Schöner neuer Welt*. Frauen des Feindes aber mit dem eigenen Samen zu schwängern, um sie als Waffe gegen die Ihren zu benutzen, ist neu.

Und damit beschäftigt man sich wenig. Die Reportagen betonen die Ruchlosigkeit der Serben, einige antworten, es komme auch auf kroatischer Seite vor usw. Nur einige Frauen haben in den Medien die Absolutheit dieser Gewalt unterstrichen, die der Frage der Zugehörigkeit zu den Tschetniks oder den Ustascha vorausgeht: Auch ein

Mann kann vergewaltigt werden, aber nicht mit dem Ziel, ihn zu schwängern. Diese Männlichkeit, die vorher kommt, wird auch von der Ethnie der vergewaltigten Frau geteilt, wenn sie diese zurückweist oder verstößt. Sie ist, wie Sigourney Weaver, Gebärerin von Ungeheuern geworden und wird gegen sich selbst und die Ihren vom Vergewaltiger am Leben erhalten; sie wird von der eigenen Seite, und zwar nicht nur symbolisch, ausgelöscht. Wenn jede Frau, die nach einer Vergewaltigung schwanger wird, spürt, daß etwas Unannehmbares in ihrem Körper vor sich geht, so wird ihr im hier behandelten Fall gesagt, daß ihr Körper, also sie selbst, unannehmbar ist.

Ich möchte einige Überlegungen zu dieser Frage anstellen. Erstens ist es ein Unding, mit dem Thema der Nationalismen und der Ethnien zu tändeln und schamhaft vor den »Rassen« haltzumachen. Jede Kultur, die der Abstammung und dem Blut eine Legitimation, ja einen Vorrang einräumt, verleiht der Männlichkeit eine zusätzliche, erdrückende Macht. Im Gegensatz zu dem, was die Bewunderinnen und Bewunderer aller Differenzen sagen, zu denen die jüngsten VerehrerInnen der nationalen Differenzen/Identitäten gehören, ist jede vormoderne, irrationale Kultur, insofern sie mit einer nicht existenten »Biologizität« ausgestattet ist, immer eine Kultur, die das Weibliche zerstört. Das ist ein heißes Eisen, denn daraus sind viele und grundsätzliche Schlußfolgerungen zu ziehen. Auch hinsichtlich der Polemik zwischen modern und postmodern, »Okzident« und Ökumenismen des »alles gleicht allem« und »jeder hat bei sich zu Hause recht«, wenn diese nicht das Problem der Geschlechterdifferenz aufwerfen, die nicht *eine* Differenz ist (verflucht sei dieser subalterne Begriff), sondern *die* Differenz, die Männern und Frauen seit Jahrtausenden eine unterschiedliche Selbsthabe auferlegt.

Die zweite Überlegung betrifft uns Frauen, sie geht unsere Tatenlosigkeit an. Im Gespräch mit einigen Freundinnen hat mich die Aussage »wir können uns nicht mit allem und jedem befassen« getroffen, oder noch krasser »Frauen haben ihre Zeiten für ihre Untersuchungen«, als wollten sie sagen »für dieses Gebiet ist es jetzt noch zu früh«. Ich glaube nicht, daß es sich so verhält. Nach dem wenigen, was ich von Psychoanalyse weiß, glaube ich nicht, daß das, was Frauen wie dir und mir widerfährt, nur schwer in uns eindringt, wo doch die Vorstellung/Angst der Vergewaltigung so mächtig ist. Es findet die ungeheure Verdrängung eines Gespenstes statt, das tief in uns sitzt.

Warum wollen wir nicht damit abrechnen? Aus einer alten Resignation heraus, weil wir wissen, daß Frauen dies widerfährt, und im

Verborgenen vielleicht sogar sehr vielen, womöglich mit dem eigenen Lebensgefährten? Eine Reduktion. Oder weil es uns ein Tun abverlangen würde, zu dem unsere Kräfte in überhaupt keinem Verhältnis zu stehen scheinen? Ein Ausweichen. Das Mißverhältnis ist diesmal nicht so groß, daß es uns daran hindern würde, etwas zu unternehmen: vom Minimum, es in unseren Ausarbeitungen zu berücksichtigen, bis zum Maximum, das in einer schönen Invasion Bosniens von, sagen wir, zwanzigtausend Frauen aus Europa bestehen könnte. Die »seligen Friedenskonstrukteure« sind hingegangen, und ich bezweifle nicht, daß es für sie weniger schwierig gewesen ist, als es für uns wäre – aber der Wert eines, wenn auch nur symbolischen Skandals, einer Abschreckung, die diese massive Präsenz, wäre es auch nur an einer der Grenzen, hervorrufen würde, würde diese Gewalt und ihre Verinnerlichung als eine von vielen weniger einfach machen (ein weiteres Problem, wenn man Filme wie *Alien 3* und das Sprießen männlicher Phantasien über die Frau/das Böse bedenkt).

Zwischen diesem Minimum und diesem Maximum könnten viele Initiativen liegen: In Zagreb ist wegen des Auftritts von vier Feministinnen im internationalen Pen Club ein Donnerwetter losgebrochen. Doch gegen ein politisches Eingreifen, das traditionell aussieht, stehen zwei Axiome, die der politischen Reflexion von Frauen zugrunde liegen. Das erste Axiom besagt, daß das politische Subjekt Frau, da es (offensichtlich) nicht das ganze weibliche Geschlecht ist, dennoch politisches Subjekt Frau sein und dabei »einstweilen« das weibliche Geschlecht, das konkrete *hic et nunc* aller Frauen außer acht lassen kann. Das ist ein Schritt zurück sogar hinter die Emanzipation, ein Ideologismus von Frauen, die auf derjenigen Seite der Welt und der Gesellschaft stehen, wo noch über die eigenen Prioritäten entschieden werden kann. Tatsächlich stellen wir uns diese Vergewaltigung als eine unter Rückständigen vor; ein Mangel an konkreter Vorstellungskraft, um es mit Gramsci zu sagen, bringt uns dazu, innerlich auszuschließen, daß die Frauen in den Lagern oder in den Zwangsbordellen, was weiß ich, mehrfach promoviert und mehrsprachig sind und dieselben Sitten, dieselbe Sensibilität haben wie wir: eine Operation »kolonialen« Typs.

Das zweite impliziert eine mangelhafte Wahrnehmung unserer Wirklichkeit: Wir meinen, wir hätten unsere Zeiten, nicht nur um sie gegen die Überwältigung durch männliche Zeiten zu verteidigen, sondern als seien »alle« Zeiten von uns bestimmbar. Mächtig ist die uneingestandene Neigung, dem System und den bestehenden Gewalten

Vollmacht zu geben, damit sie ein Minimum an Gleichgewicht auf-
rechterhalten, das denen, die außerhalb stehen, zu leben und zu
wachsen erlaubt. Mächtig und, ich fürchte, illusorisch.

An diesem Punkt stehen wir Frauen immer noch und sind daher
schwach und ohne Aufmerksamkeit für eine Zusammenarbeit – und
nehmen es nicht einmal auf uns, wenigstens die Stimme zu erheben,
um Frauen, wie wir es sind, gegen eine Tortur zu verteidigen, die sie
drei Flugstunden von uns entfernt erleiden.

Januar 1993

Die Geschichte über die Stasi hinaus

Eine schlimme Geschichte, die neuerliche Lancierung der *Affäre* Christa Wolf. Ich mag die Lynchaktionen nicht, auch nicht die symbolischen. Es gefällt mir nicht, daß dieser ins Scheinwerferlicht der Medien gestellte Körper von Feindinnen-/Feindeshand oder Freundinnen-/Freundeshand auf der Suche nach verborgenen Wahrheiten, Beweisen, Vergessenem, Verdrängtem abgetastet wird. Es gefällt mir nicht, daß jedwede Person sich herausnimmt, ihn durch die Brille der Stasi-Akte zu erforschen. Ich mag die Geheimpolizeien, ihre Archive und Akten nicht; ich weiß, wie sie aussehen und daß sie manipuliert werden, insbesondere dann, wenn das Regime wechselt. Es gefällt mir nicht, daß die Akten derjenigen offengelegt werden, die die Stasi für »nützlich« hielt, und nicht die der Opfer (wenn es stimmt, daß es so ist). Mir gefallen die »Volksprozesse durch die Presse« nicht: Es hat sich nicht erwiesen, daß die Beschuldigten irgend jemandem geschadet hätten, außer dem Bild der/des höchst integren Intellektuellen, das ihre AnklägerInnen von sich selbst geben. Rache läßt sich gut verkaufen.

Christa Wolf hat einen Fehler gemacht, als sie den Artikel für die *Berliner Zeitung* schrieb, den auch *Il manifesto* veröffentlicht hat. Ich erinnere mich, daß sie fast tödlich getroffen war, als ihr klar wurde, was für eine Partei das war, wenn sie sich auch schon zwanzig Jahre zuvor von ihr abgewandt hatte. Und dann der Hagel von Anschuldigungen, weil sie dieser Partei angehört hatte. Verstummt, krank. Als sie nach Rom ins Virginia Woolf-Zentrum kam, hatte sie sich erholt, blickte aber auch auf sechs Monate Frieden in einer Stiftung in Kalifornien zurück. Sie würde nicht mehr schreiben; sie wußte nicht, ob sie je wieder schreiben würde. Dieser Ruhepause in einem mühevollen Leben wurde ein plötzliches Ende bereitet, und zwar durch Vertreterinnen und Vertreter unseres ehrbaren Berufs, denen es um den Beweis zu tun war, daß sie nur ein Spitzel der kommunistischen Partei Ostdeutschlands, vielmehr des kommunistischen Staates, womöglich Moskaus gewesen sein konnte. Sie hat die Naivität besessen zu antworten, sich zurückzubesinnen, zu erklären. Als ob es sich darum handelte, die Wahrheit zu erfahren. Das Ergebnis: In den Zeitungen bricht ein Sturm los.

Sie hätte nicht antworten dürfen. Sie hätte diesem Gericht weder Autorität noch Recht zuerkennen dürfen. Ich hoffe, sie wird es nie wieder tun.

Es geht nicht um sie. Diese warmherzige und bis gestern geachtete Frau ist ein Werkzeug der in Deutschland nach der Vereinigung in Gang gesetzten Operation und dient der Vernichtung der DDR in den Strukturen und in der Erinnerung. Nichts Vergleichbares ist nach 1945 mit den Strukturen und der Erinnerung des Dritten Reichs geschehen. Nicht die Deutschen, sondern die Alliierten hatten in Nürnberg einige besonders belastende Akten geöffnet und geschlossen, nicht ohne sich zu fragen, ob die Sieger das Recht hätten, das zu tun. Sicher gab es kein deutsches Gericht, das das damals hätte tun können, und auch später gab es nur vereinzelte Stimmen, die auf die Vergangenheit zu sprechen kamen. Es mußte mindestens die Zeit einer ganzen Generation vergehen.

War es ein Übel, daß es keine wahre »Entnazifizierung« gegeben hat? Die entsetzlichen Worte verraten ein gewisses Entsetzen. Sicher wurde mit zu vielen Kontinuitäten nicht gebrochen. Aber was heißt es, fast ein ganzes Land zu richten? Und wer sollte wen richten? Als in Italien die Regierung, die auf die Resistenza gefolgt war, die Archive der faschistischen Geheimpolizei (OVRA) in die Hände bekam, beschlossen Togliatti und Nenni (wenn ich mich recht entsinne), sie nicht zu öffnen. Den Bruch mit der Kontinuität hatte es gegeben – den Krieg und die Resistenza –, und er zwar einschneidend gewesen. Den Leuten lange und zweifelhafte Auflistungen vorzulegen, nachdem die großen Verbrecher bestraft worden waren, hätte zudem bedeutet, eine zermürbende Hexenjagd zu eröffnen. Racheakte sind nicht frei von Unsauberkeiten.

Vor allem wußten Togliatti und Nenni, was ein totalitäres Regime ist und was die Geheimdienste sind. In Wahrheit kann das jede und jeder wissen, wenn sie/er eine grundlegende Bibliographie durchblättert. Im Totalitarismus gibt es einen einzigen Typus von BürgerInnen, der nicht überwacht, erfaßt und verfolgt wird: Und das sind diejenigen, die sich a) ausschließlich um ihre Angelegenheiten kümmern und die b) nicht in Bereichen in Erscheinung treten, wo Handeln Kommunizieren bedeutet. Auch in der DDR war das so. Der gleichgültigen Mehrheit wurden zu Beginn ein paar Sympathiebekundungen bei Versammlungen und Kundgebungen abverlangt; ich erinnere mich, daß 1960 in Ostdeutschland Druck ausgeübt wurde, um »die Freizeit zu politisieren«. Aber niemand wurde wegen Lauheit festgenommen. Und Laue gab es viele in einem System, das Beschäftigung, Ausbildung und Fürsorge garantierte und sogar eine größere gesellschaftliche Mobilität hatte als unseres, unter der einzigen Bedingung, daß man in der Politik den Mund hielt.

Schwierig und einzigartig war in diesen Ländern die Stellung der
klassischen Intellektuellen. Sie können es unmöglich vermeiden,
mit der einen oder anderen Verbindungsstelle des Staatsapparates in
Berührung zu kommen – Schriftstellerinnen und Schriftsteller mit
Verlagen, Regisseurinnen und Regisseure mit Filmstudios, Theater-
leute mit dem Ministerium und seinen Strukturen, Journalistinnen
und Journalisten mit den politischen Verlagen. Auch Naturwissen-
schaftlerinnen und Naturwissenschaftlern kann das passieren, aber
sie kommunizieren nicht, übermitteln keine Botschaften und sind
daher vor der »Politik« sicher; nur wenn sie ihre wissenschaftliche
Autorität benutzen, um es doch zu tun, werden sie zur Zielscheibe
(Sacharow).

In diese Beziehung zu den Strukturen der intellektuellen Produk-
tion ist jede und jeder eingebunden, die/der irgendeine Förderung
erhält oder Mitglied irgendeiner Kommission ist, egal in welchem
Land, und sie bringt eine Reihe von Kontakten mit sich – sei es hinter einem Schreibtisch, sei es an einem Restauranttisch –, bei denen
gesprochen wird. Worüber? Über die Situation des Kinos, über
diese Regisseurin oder jenen Regisseur, über diese Schriftstellerin
oder jenen Schriftsteller. In einem totalitären Regime enden diese
Unterhaltungen mit einer Akte; sie sind Teil der *Intelligence*.

Und das ist überall das gleiche. Die *Intelligence* ist kein Polizei- und
Informationsdienst, sondern ein ausgeklügeltes System von Informationen über die Gesellschaft. Bronislaw Baczko erzählte mir, daß
seine besten Studentinnen und Studenten an der Warschauer Fakultät, besonders die mit dem ausgeprägtesten Interesse für Gesell-
schaftsanalysen, in der *Intelligence* endeten: Diese verfüge als einzige über die Instrumente zur Erforschung der Gesellschaft, die bei
uns auch andere Institute haben, Ausrüstung zur Datenverarbeitung
eingeschlossen, und bat sie um interessante Analysen, scheinbar zu
nichtrepressiven Zwecken. Zwischen Staat und Polizei steht der Filter eines Bestands an totaler vertraulicher und nichtvertraulicher
Information; die Dienste herrschen darüber, für die Zwecke derer,
von denen sie abhängen, über die sie aber zugleich Macht haben.
Der CIA ist und bleibt eine gewaltige Fundgrube von Kenntnissen,
deren für Repressionen genutzter Teil von Mal zu Mal variiert.

Als der CIA, ich glaube auf Grund einer Gesetzesänderung des
Kongresses, zuließ, daß jede Bürgerin und jeder Bürger an einem
bestimmten Punkt Einsicht in die sie oder ihn betreffende Akte nehmen könne, hat Graham Greene seine zu sehen verlangt. Sie wurde

ihm mit vielen geschwärzten Stellen ausgehändigt. Betroffen aber war er darüber, daß sie sich nicht auf AgentInnen stützte, die man auf ihn angesetzt hatte, sondern auf die bedeutsame Gruppierung nicht geheimer Informationen über Personen, die er getroffen hatte, Arbeitsbeziehungen, Artikel, Polemiken – das, was aus ihm tatsächlich einen Abtrünnigen des *american way of life* machte. So haben nicht wenige ForscherInnen und Reisende in Europa der Ford Foundation interessante Berichte überlassen und konnten sich vorstellen oder auch nicht, für wen. Im übrigen ist seit Richard Sorges Zeiten auch in der internationalen Spionage die Interpretation des Sichtbaren bedeutender als die Entdeckung des Unsichtbaren.

In den demokratischen Ländern bilden die »Garantien« (ein heutzutage ziemlich verhaßtes Wort) das Gegengewicht zum Wissen der Dienste. In totalitären Regimen gibt es keine Garantien. In den demokratischen halten die Garantien stand oder halten nicht stand, je nach gesellschaftlichem Druck: Man denke an die McCarthy-Ära, die Lillian Hellman in *Die Zeit der Schurken* beschreibt. Fällt dieser Druck weg, kommen Durchschnittsbürgerin und Durchschnittsbürger davon, aber die *Intelligence* ist, wie *JFK* zeigt, imstande, auch einen Mächtigen zum Nutzen anderer Mächtiger auszuschalten, und ganz sicher dazu, für immer die Wahrheit zu verbergen.

Doch kehren wir zum Fall Christa Wolf zurück. Sie ist keine Frau auf einer »einsamen Insel«: Tiefe Wißbegier, ein Bedürfnis, mit anderen zu handeln und zu verstehen, treibt sie in die Welt hinein. Zur Zeit der ungeheuren Bevölkerungsverschiebungen nach der Kriegsniederlage im Osten war sie zwanzig Jahre alt und hat den Leuten geholfen, ein Dach oder ein Zelt zu finden, fortzugehen, hat Beistand geleistet. In welchen Strukturen, wenn nicht in den zusammenbrechenden Strukturen des Dritten Reichs? In Deutschland gab es nichts anderes, auch nicht im Keim.

Zwei Jahre später sollte sie die Entdeckung, was ihr Land gewesen war, zutiefst erschüttern. Das Ausmaß des Schreckens hatte niemand geahnt, weder die Freunde noch die Feinde Deutschlands. Ihre Schlußfolgerung daraus ist nicht der Rückzug ins Private. Sie war nie eine Partei- oder Staatsfunktionärin und schreibt, reflektiert, interveniert in der SED, die anfänglich nichts anderes als die kohärentere demokratische Wiedergeburt zu sein schien. Sehr bald schon sollte sie im gleichen Dilemma stecken, das die denkenden Köpfe z.B. in Kuba oder in China erlebt haben und noch erleben: Sie sollte vor einer Entscheidung für das kleinere Übel stehen, einer Hoffnung auf Veränderung, die nicht mit der Auslöschung der Schwächeren einhergehe.

Sie diskutiert, protestiert, wendet sich dann ab. Sie ist in den akademischen Strukturen und im Schriftstellerverband gewesen. Die Stasi-Akten über sie halten das fest, wie auch die über Heiner Müller, denke ich. Der eine wie die andere kannten das Regime genau, in dem sie lebten, und den Kontext, in dem sie sprachen. Sie konnten sich zurückziehen, auf Äußerungen verzichten, aufgeben und eine Stimme außerhalb des Chores sein oder versuchen, mitzumachen, ohne irgendwem zu schaden, dabei aber eine Botschaft an alle zu übermitteln. Sie haben sich für das zweite entschieden. Als ihnen eine förmliche Mitarbeit, wie es heute heißt, angetragen wurde, haben sie abgelehnt.

In Italien ist es vielen ebenso ergangen. Deshalb war es klug, die Akten des OVRA offenzulegen, nachdem die Emotionen verflogen waren: Es interessiert höchstens irgendein schwatzhaftes Wochenblatt, was Norberto Bobbio mit sechsundzwanzig Jahren getan oder nicht getan hat. Es wird ein bißchen Staub aufgewirbelt, ein Massaker wird verhindert. Im vereinigten Deutschland hat man es in Gang setzen wollen. Auch in Jelzins Rußland, doch sind die Archive zu umfangreich und zu stark manipuliert. In Polen und der Tschechoslowakei wird die Jagd immer wieder eröffnet und dann abgeblasen. Die Sieger im Osten haben wohl den Kopf verloren.

Darunter die Intellektuellen, die sich für unbescholten halten, weil sie an den schmutzigsten Kampagnen des kalten Krieges oder des Ultraliberalismus der Rechten beteiligt waren. Sie sind die öffentlichen Minister dieser Prozesse ohne Straftat, die Inquisitoren der Verletzung einer politischen Moral, deren unbestimmte Grenzen von ihnen festgelegt werden. Sie beschwören ein Hirngespinst, schütteln andere Vergangenheiten ab und ziehen einen gewissen Profit daraus.

Die Presse ist ihr Sprachrohr. Im politischen Krieg sind die Medien heute Heer, Polizei und Gericht. Es gibt kein Verfahren, keine Rechte, keine Garantien. Und es kann keine geben, ohne den Schaden noch größer zu machen. Wahrlich kein geringes Problem. Wenn die Scheinwerfer der Presse auf dich gerichtet sind, schlag die Hände vors Gesicht, schließ die Augen. Warte ab. Vielleicht bleibst du am Leben.

Januar 1993

Über die Autorin

Rossana Rossanda, 1924 in Triest geboren, war mit neunzehn klandestines Mitglied der Kommunistischen Partei Italiens und kämpfte in der Resistenza. Mit fünfunddreißig Jahren wurde sie als jüngstes Mitglied ins Zentralkomitee der KPI gewählt. 1969 kam es zum Bruch mit der KPI: Rossana Rossanda wurde als »Linksabweichlerin« aus der Partei ausgeschlossen. Seit Anfang der siebziger Jahre schreibt sie für die von ihr mitbegründete Zeitung *Il Manifesto* Artikel zu politischen, kulturellen und theoretischen Fragen. Im Zentrum steht dabei immer wieder die Frage der Beziehung zwischen Politik und Feminismus.

Quellennachweise

Die im vorliegenden Band zusammengestellten Artikel von Rossana Rossanda sind zwischen 1973 und 1993 in verschiedenen Zeitungen und Zeitschriften, hauptsächlich in *Il Manifesto*, erschienen.

Coyote-Kultur

Wer die Sonne befreite

Einst leuchtete weder Sonne noch Mond über der Erde. Die Welt war in graues Halbdunkel gehüllt, niemand vermochte richtig zu sehen, und niemandem wollte etwas Rechtes gelingen. Einzig die Eule mit ihren riesigen runden Augenlichtern konnte sich den Weg leuchten.

Coyote war so mager, daß man unter der Haut sämtliche Knochen sehen konnte. Wohl machte Coyote allmorgendlich Jagd auf Kaninchen, doch in dem herrschenden Dunkel gelang ihnen immer wieder die Flucht. Coyote konnte nur einen Grashüpfer fangen und mußte dankbar sein, überhaupt etwas zwischen die Zähne zu kriegen. Als Häufchen Elend hockte Coyote vor der Höhle und ließ hungrig die Augen schweifen.

Da hörte Coyote das Rauschen mächtiger Schwingen: Besuch von Adler. Coyote verbeugte sich ehrfurchtsvoll und sagte dann:

»Oh, welch hoher Besuch! Ich heiße dich herzlich willkommen, liebend gern würde ich dir ein Mahl anbieten, doch habe ich selbst nicht das geringste zu essen. Ganz schwach bin ich schon vor Hunger und halte mich kaum noch auf den Beinen. Du hast es besser. Könnte ich doch gemeinsam mit dir jagen ... «

Nachdenklich blickte Adler Coyote an. Wie ein Gespenst, dachte Adler, nichts als Haut und Knochen.

»Laß uns einen Versuch wagen«, erwiderte Adler nun, »aber daß du hübsch fleißig bist.«

»Nichts lieber als das! Ich werde alles tun, was du mir sagst!« antwortete Coyote eifrig und schlang in dankbarer Umarmung die mageren Pfötchen um Adler.

Am nächsten Tag machten sich die beiden zusammen auf den Weg. Adler schwang sich hoch in die Lüfte und kaum, daß sich eine Beute zeigte, ging es pfeilschnell hinunter zur Erde. Coyote selbst erjagte nicht ein einziges Tier – bemühte sich nicht einmal – in der Hoffnung, daß Adler gern teilen werde.

»Du bist mir wirklich keine Hilfe!« erzürnte sich Adler. »Nicht einmal deinen Freßplatz hast du aufgeräumt, alle Knochen läßt du hier herumliegen.«

»Ich kann doch nichts dafür. Bei der Düsternis kann ich kaum mein eigenes Maul finden«, zog Coyote sich aus der Affäre. »Wir brauchen unbedingt Licht.«

»Du hast recht«, stimmte Adler zu. »Ganz weit von hier, im Westen, so habe ich gehört, gibt es zwei helle Lichter, Sonne und Mond geheißen. Die wollen wir uns aufmachen zu suchen.«

Gesagt, getan. Und sie liefen und liefen – das heißt, natürlich lief nur Coyote, und Adler flog hoch oben. Nach langer Zeit erreichten sie einen großen Fluß. Ein einziger Flügelschlag, und schon landete Adler am jenseitigen Ufer. Coyote jedoch blickte zögerlich in die reißenden Wellen, nicht geneigt hineinzuspringen. Und sprang doch, denn einen anderen Weg gab es nicht. Nur ein spitzer Kopf war zu sehen und weit aufgerissene Augen, als Coyote mit aller Kraft hinüberschwamm. Kaum am rettenden Ufer angelangt, war ein wildes Fluchen zu hören: »Ich hätte ertrinken können... Und was machst du? Machst es dir gemütlich, wo du mich doch hättest auf deinen Flügeln mitnehmen können!«

»O je, ich habe gar nicht bedacht, daß du keine Flügel hast wie ich und nicht fliegen kannst«, gab sich Adler zerknirscht und musterte voller Stolz das eigene herrliche Federkleid.

»Du Biest! Ich wünschte, wir könnten tauschen. Schnell würde dir das Spotten vergehen.«

Um sich aber mit Adler nicht gänzlich zu entzweien, sagte Coyote wohlweislich nichts mehr, und weiter ging es.

Allmählich veränderte sich die Gegend um sie herum. In der Ferne konnten sie – erst undeutlich, dann immer klarer – einsam aufragende Gebirge erkennen, denn unsere beiden Wandernden kamen dem Licht immer näher. Mit einem Mal schlug Adler eine andere Richtung ein, um kurz darauf in großen Bögen kreisend auf der Erde zu landen. Coyote stieg geschwind auf einen kleinen Felsen und konnte nun einen großen Platz überblicken, auf dem sich sehr fremde Gestalten tummelten. Sie tanzten und sangen so ungestüm und waren vor allem so furchterregend bemalt, daß sich Coyotes Fell sträubte.

»Still!« zischte Adler. »Das sind bestimmt böse Geister!«

»Wenn sie uns nur nichts antun«, flüsterte Coyote voller Angst.

»Fürchte dich nicht. Solange sie nicht wissen, daß wir hier sind ... Schau, die beiden Truhen dort ...« Adler deutete in die Mitte der wilden Geschöpfe, von denen das eine oder andere im Tanzen immer wieder den Deckel der Truhen anhob. Blitze züngelten jedesmal daraus hervor.

»Was mag das sein?«

»Sonne und Mond sind dort gefangen. Erstere in der großen, zweiterer in der kleinen Truhe«, gab Adler wissend zurück.

»Du, wenn es uns gelänge...«

»Wenn die Geister schlafen, dann... Nun hör schon auf, dich zu ängstigen!« Coyote verbarg den Kopf zwischen den Pfoten und fürchtete sich trotzdem.

Dann hörte das Tanzen und Singen auf. Die Geister waren müde, legten sich nach und nach zur Ruhe, und ihr Schnarchen hallte von den Bergen wider.

Das war der Moment, auf den die beiden gewartet hatten. Wie ein Pfeil schoß Adler zur Erde nieder, hackte die Krallen in die Truhen und stieg ebenso schnell hoch in den Schutz der Wolken. Coyote rannte so flink die Beine trugen unter Adler her.

Sie verschnauften erst, als sie den Felsen weit hinter sich gelassen hatten. Aber niemand war ihnen auf der Spur. Die Geister schliefen tief und fest.

Ich wüßte doch zu gerne, wie die Sonne aussieht – in Coyote brodelte die Neugier. – Und der Mond, den stell ich mir noch tausendmal schöner vor! Könnte ich doch einen Blick auf die beiden Zauberdinger erhaschen.

»Gar nicht müde?« fragte Coyote wie nebenbei.

Doch Adler lachte nur: »Ich halte durch. Es ist auch nicht mehr weit.«

»Aber dann laß mich tragen. Es geziemt sich nicht, dir, dem Häuptling der Tiere, solche Arbeit aufzubürden.«

»Mir egal.«

»Aber was sollen die anderen denken, wenn sie sehen, wie du dich mühst. Nicht, daß ich nachher schuld bin!« bohrte Coyote weiter und bat und bettelte und ersann, von Neugier getrieben, immer neue Einwände.

»Wenn du unbedingt willst«, gab Adler schließlich seufzend nach und ließ die Truhen zu Boden. »Aber bewache sie wie einen teuren Schatz.« Sprach's und erhob sich wieder in die Lüfte.

Sowie Adler außer Sichtweite war, öffnete Coyote wißbegierig den Deckel der Sonnentruhe...

Wunderschönes war darin, glänzend wie Gold... Das soll mich wärmen, dachte Coyote bei sich und schob die Pfoten unter den Deckel.

»Aua! Das ist ja glühend heiß!« Erschrocken ließ Coyote den Deckel nicht etwa zufallen, sondern klappte ihn ganz auf. Die Sonne sprang sogleich hinaus und stieg hoch in den Himmel. Coyote konnte noch so sehr flehen und die verbrannten Pfoten recken, die Sonne ließ sich nicht aufhalten.

Dann soll der Mond hinterherfliegen und sie zurückholen, dachte Coyote und klappte auch den Deckel der zweiten Kiste auf.

Doch der Mond machte Coyote einen Strich durch die Rechnung, als er der Sonne nachstieg und sich in ihrem Schatten versteckte.

Coyote umkreiste rastlos die leeren Truhen und spähte aus nach Adler. Und es dauerte auch nicht lange, bis Adler auftauchte.

»Was hast du angerichtet! Kein immerwährendes Leuchten werden wir haben, sondern ein Wechseln von Tag und Nacht – so weit, wie die Sonne weggelaufen ist!«

Coyote war schon ein wenig zerknirscht: »Wenn ich das geahnt hätte ... aber immerhin können auch die Geister die Sonne nicht wieder stehlen ...«

»Das stimmt allerdings«, gab Adler zu, »aber besser, du erzählst die Geschichte nicht weiter. Glauben würde dir sowieso niemand!«

Und mit einem Abschiedswinken verschwand Adler hinter dem Gebirge.

Coyote wandte sich gen Heimat – in die Prärie. Vergnügt und mit sich einverstanden blickte Coyote in die Ferne, und das Auge reichte unendlich weit ... Denn soeben wurde im Land der indianischen Leute der erste Tag geboren.

Indianische Überlieferung (Anasazi)
Deutsch nacherzählt von Iris Konopik und Else Laudan